高职高专财政金融类专业规划教材

银行信贷项目化教程

韩宗英　编著

清华大学出版社

北　京

内容简介

本书将客户经理与客户经理制度、信贷部门设置与工作流程、贷款的申请与处理、贷款受理与调查、客户风险识别与评估、贷款的审查与审批、合同的签订和担保、贷款的发放与支付、贷后管理与风险预警、贷款的回收与处置10个项目融合到银行信贷业务的工作流程这一主线中，通过任务导入、知识准备、教学互动、案例透析、视野拓展等模块使每个任务既具有独立性又具有整体性，既生动又科学。

本书既可以作为高职高专金融类、经济类及相关专业的教材，也可以作为应用型本科院校教学用书及金融机构培训教材。

图书在版编目(CIP)数据

银行信贷项目化教程 / 韩宗英 编著. —北京：清华大学出版社，2019（2024.7重印）
(高职高专财政金融类专业规划教材)
ISBN 978-7-302-51942-3

Ⅰ.①银… Ⅱ.①韩… Ⅲ.①商业银行—信贷业务—高等职业教育—教材 Ⅳ.①F830.5

中国版本图书馆 CIP 数据核字(2018)第 295811 号

责任编辑：施　猛
封面设计：常雪影
版式设计：方加青
责任校对：牛艳敏
责任印制：丛怀宇

出版发行：清华大学出版社
　　　　网　　　址：https://www.tup.com.cn, https://www.wqxuetang.com
　　　　地　　　址：北京清华大学学研大厦 A 座　　　邮　　编：100084
　　　　社 总 机：010-83470000　　　　　　　　　邮　　购：010-62786544
　　　　投稿与读者服务：010-62776969，c-service@tup.tsinghua.edu.cn
　　　　质 量 反 馈：010-62772015，zhiliang@tup.tsinghua.edu.cn
印 装 者：涿州市般润文化传播有限公司
经　　销：全国新华书店
开　　本：185mm×260mm　　印　张：20.5　　字　数：455 千字
版　　次：2019 年 2 月第 1 版　　印　次：2024 年 7 月第 4 次印刷
定　　价：58.00 元

产品编号：072409-02

前言

　　为了适应我国经济发展和产业结构调整对高技能人才的需求，近年来，我国高等职业教育的迅猛发展令人瞩目，但由传统学习方式的被动性、依赖性、统一性、虚拟性、认同性向现代学习方式的主动性、独立性、独特性、体验性、问题性的转变任重道远。

　　作为教学运行的载体，教材的改革一直是课程改革的风向标。

　　本书是高等职业教育金融类专业必修课所用的教材，侧重在职场环境下培养学生的职业能力和职业素质，为高技能人才培养的总目标服务。

　　银行为提高工作效率从来没有停止过对银行信贷的业务办理机制、管理体制进行变革，以期满足客户融资的需求。从银行业务管理的根本上讲，有些条件和流程是无法减少的，因此，对客户来说，对银行融资的了解、准备与配合是加快流程的重要手段。

　　在实际操作过程中，很多银行的步骤、顺序、方式与方法不尽相同，进行课程讲授时，就需要找到一个清晰的思路将银行信贷业务的内容清晰化、规范化。

　　作者根据几十年的金融类专业课程教学实践经验以及对金融机构的大量调研，对银行信贷业务进行梳理，把银行信贷的理论知识和实际操作融合到10个项目中。基于"务实、有用"的原则，根据银行具体的工作任务对本书进行了1条主线、10个项目的设计，旨在培养既精通银行信贷理论知识又具有银行信贷实战能力，既能迅速适应信贷岗位又具有发展潜力的金融业专业人才。

　　本书将客户经理与客户经理制度、信贷部门设置与工作流程、贷款的申请与处理、贷款受理与调查、客户风险识别与评估、贷款的审查与审批、合同的签订和担保、贷款的发放与支付、贷后管理与风险预警、贷款的回收与处置10个项目融合到银行信贷业务的工作流程这一主线中，通过任务导入、知识准备、教学互动、案例透析、视野拓展等模块，使每个任务既具有独立性又具有整体性，既生动又科学。

　　本书具有前瞻性、适用性，可供金融管理工作的从业人员和金融学专业的大学生学习使用，也可作为高校金融类专业教师的参考书。本书语言活泼生动，文笔特色鲜明，一改传统金融类专业教材枯燥的缺点，为广大读者打开了一扇系统了解现代银行信贷理论与实务的窗口，有助于读者结合金融业实际信贷工作将所学到的理论知识加以灵活运用，为推动中国金融业的改革与发展发挥积极作用。

本书由辽宁金融职业学院韩宗英教授完成。本书吸收并借鉴了近年来国内外银行信贷学科和相关研究领域的最新研究成果，得到了清华大学出版社、中国人民银行沈阳分行、铁岭市农业银行、丹东市交通银行和辽宁金融职业学院的大力支持。在此，谨向上述各有关单位及专家、同仁表示衷心的感谢。

由于水平所限，在编写本书过程中，尽管力求周详和严密，其中疏漏和错误依然难免，敬请指正。反馈邮箱：wkservice@vip.163.com。

作　者

2018年10月

目录

项目九　贷后管理与风险预警

项目十　贷款的回收与处置

项目一　客户经理与客户经理制度

▶ 项目目标

职业知识

了解金融机构客户经理要具备的基本素养；了解客户经理的职责；掌握客户经理的礼仪规范；了解客户经理制度的含义、内容和构建模式。

职业能力

培养专业化与职业化能力、学习创新能力、交流与沟通能力、团队建设与督导能力。

职业道德

培养诚信意识、责任意识、管理意识、敬业意识。

▶ 项目提出　根据所给情境找出应对客户不同情况的对策

情境一：客户主动提出疑问
情境二：客户没有明显表态
情境三：客户反应较为冷淡

▶ 项目任务

认识客户经理 ⇨ 客户经理的礼仪规范 ⇨ 客户经理制度

任务一 认识客户经理

■ 学生的任务

了解客户经理的职业定位，能够根据市场竞争的需要和客户拓展工作的要求，为客户提供高水准的专业化金融服务。

■ 教师的任务

培养学生提高自身的修养，帮助学生规划自己的职业生涯。

任务导入

客户经理小吴如何让客户欣然同意与××银行合作的？

客户经理小吴是某股份制商业银行客户经理，他在一次偶然的机会下了解到江西吴先生八年前在广东万州辖区投资办厂，经济效益很好，是一个很有实力的私营企业家，在广东有数千万元的个人储蓄存款。小吴又通过多种方式进一步了解了该客户的经济实力、个人爱好、生活习惯、家庭背景等情况，确认该客户的确有资金实力以后，小吴兴奋不已！

为了替客户保密，小吴没有声张，向支行行长做了汇报，行长非常重视，表示将全力支持。之后，小吴数次拜见客户，与他进行了真情交流。这位客户讲到出身农民，求学读书创业至今，两人找到了共同的感受，谈起了小时候的种种酸甜苦辣，拉近了彼此的距离；当他看到详细、规范的《服务方案》时，被××银行和小吴的服务意识所感动；当得知在股份制银行工作压力巨大，如果任务完不成，不仅个人要受到处罚，其分管领导也难辞其咎，他表示深深地理解。该客户认识到××银行作为上市银行，不仅管理规范，而且具有竞争优势后，欣然同意与××银行合作……

知识准备

客户经理从事客户开发与管理工作，因此必须具备一定的素质、知识和技能，这些必备的素质、知识和技能有些是与生俱来的，有些则要通过培训逐步得到。

一、客户经理的作用

客户经理在银行的营销工作中发挥着极其重要的作用，他们的工作质量和工作态度都对行业的发展有一定的影响。

1. 客户经理是银行与客户的联系人

客户经理是银行与客户接触的第一线员工，银行和客户的所有业务都通过客户经理完成，客户经理必须能有效地连接客户和银行内部的各个业务部门。由于客户经理要直接面对客户，在一定程度上体现了银行的整体形象，如果客户经理的形象是非常专业的，人们就会认为这个银行是一个专业的机构。

2. 客户经理是银行的信息媒介

银行的营销策略、经营方式要跟随市场的发展而变化，而营销策略、经营方式的改变有赖于及时的信息反馈，银行要想得到及时的信息反馈，就需要一线客户经理每天提供有价值的信息。对于银行来说，一方面，客户的信息和需求要通过客户经理传达给银行内部有关部门；另一方面，银行的各种信息也要通过客户经理传递给客户。

3. 客户经理是客户经理制的重要载体

客户经理制是银行适应市场和客户需求变化而产生的一种具有营销导向的制度安排和组织架构设计，它要求银行必须建立一支高素质的客户经理队伍，并针对这支客户经理队伍建立一套管理规范的制度，以激励和约束客户经理努力工作。客户经理制的核心是为客户配备专职业务经理，提供"一对一""面对面""一站式"的专职服务，主动适应金融竞争的要求。

二、客户经理应具备的基本素质

客户经理为客户提供多层次、全方位业务的服务，是金融业务的拓展者和金融产品的营销者。客户经理的工作性质决定了其必须具备良好的职业素质。

客户经理应具备的职业素质主要包括品德素质、业务素质、公关能力、风险防范与控制能力。

(一) 品德素质

品德素质具体体现在思想品德、事业心、责任感、敬业精神等方面。良好的个人品德素质提高是客户经理素质的基础和关键，可归纳为以下几个方面。

1. 强烈的责任感和使命感

在全新的市场营销理念下，在开放的市场环境中，面对激烈的市场竞争，客户经理应在积极开发客户、维护客户关系、防范金融风险的同时，最大限度地实现自身价值。

【教学互动】1.1　　　　　　　　为客户雪中送炭

有一个集烟草、机械、军品、物流生产和销售于一体的大型集团，其子公司主营施工业务，规模较小，主要为集团建设配套厂房。子公司多次向其他银行申请融资200万元，都被拒绝。某客户经理为其母公司服务多年，了解到母公司从异地迁到昆明后，将进行大规模厂房扩建，子公司前景十分看好。于是，果断上报了客户授信，很快发放了200万元贷款。这本是笔小业务，但对客户来说却是雪中送炭。在随后几年里，随着母公司大规模改建和扩建，子公司规模急剧扩张，效益成倍增长。

问： 此案例中，客户经理为什么向子公司发放200万元贷款？

答： 客户经理在服务过母公司客户之后，仍然时刻关注客户的动态，对客户的项目有所了解，所以敢于对前景看好的项目大胆贷款，一方面急客户之所急，赢得了客户的感激；另一方面也得到了忠诚客户，创造了效益。

2. 良好的道德品质

道德品质主要体现在人生观、价值观、道德伦理、社会公德及诚实守信等方面。客户经理要具有健康向上的人生观和符合企业取向、时代取向的价值观，遵循伦理道德，维护社会公德，诚实守信，在展示自身良好的道德品质的同时，树立良好的企业形象。

3. 强烈的事业心，爱岗敬业，有激情

强烈的事业心，是成功的开始；爱岗敬业，才能持之以恒，才能吃苦耐劳；工作要有激情，才能激发积极性、创造性，才能充分发挥个人主观能力。

【教学互动】1.2　　　　　　　　锲而不舍

B银行客户经理在向S集团推荐网上企业银行时，被S集团以安全为由一口拒绝，毫无商量的余地。B银行客户经理不灰心，一次次地为其设计使用方案，集团财务总监终于同意开通查询功能。后来财务总监人事变动，该客户经理又发起了新一轮营销攻势，现任财务总监终于同意将集团的费用报销通过网上银行解决。经过半年的试用之后，现已决定将集团的全部支付业务通过网上银行进行。从不行到离不开，经历了近两年的时间，其间B银行先进的支付工具经受住了企业的考验，B银行客户经理的毅力也经受住了考验。

问： 此案例体现了B银行客户经理的什么精神？

答： 敬业精神。客户经理必须能够综合运用各种知识和技能，根据客户的需求提供"量体裁衣"式的金融服务，通过一次次地为客户设计使用方案，最大限度地为客户提供专业化服务。

4. 自尊、自强、自立、自律

自尊，即自我尊重，有了自尊，才能做到不亢不卑；自强，才能促使客户经理花费

更多的精力和时间去工作、学习，以提高业务能力；自立，则要求客户经理独立思考、自主工作的能力比一般银行员工要强，并勇于开拓，勇于创新，勇于接纳新鲜事物和挑战性工作；自律，即自我约束、自我控制和自我保护，要求客户经理诚实守信、遵纪守法，严格执行银行经营管理制度，自觉约束自己的行为，防范、控制风险，维护银行利益。

5. 兢兢业业，秉公办事

客户经理应兢兢业业、勤奋工作、秉公办事、不谋私利、不刁难顾客，全心全意为顾客服务，一心一意为银行工作。

【案例透析】1.1　　　　东风公司案件

某日，东风公司财务人员与中信银行武汉梨园支行(以下简称中信梨园支行)对账时被告知，公司持有的1亿元存款是假的，公司在该支行的账上仅有164.20元。次日，东风公司向武汉市公安局经济侦查大队报案。

警方调查发现，这是一起策划得十分周密的公款挪用案，资金流向了李志勇等人的账户。

东风公司在银行的存款怎么会被私人取走？警方调查发现，李志勇因急需资金周转，勾结中信梨园支行客户经理潘晓翔，拿到东风公司全套开户资料，私刻了东风公司的印鉴，分两次把东风公司存在中信梨园支行的1亿元存款转走挪用。

李志勇还通过潘晓翔拿到中信梨园支行印鉴，伪造了虚假的开户资料和存款回执，并通过银行工作人员交给东风公司。潘晓翔从李志勇处获得好处费45万元。

启发思考： 客户经理潘晓翔为什么会走向犯罪的道路？

(二) 业务素质

(1) 作为客户经理，首先要对自己所从事的职业有所了解。"知己知彼，百战不殆"，客户经理把自己所从事的职业琢磨透了，做好客户经理的工作就有50%的把握了。

① 掌握丰富的金融专业知识。客户经理必须熟悉并掌握丰富的金融专业知识，具备必要的企业经营管理知识，熟悉与经济、金融相关的法律法规，有超强的市场调研分析能力，具有金融产品操作和管理经验，为客户提供综合的金融服务。

② 有出色的业务协调能力。客户经理必须熟知客户信息，主要包括注册信息、经营现状信息、内部管理信息、管理团队主要人员基本信息等。对于客户信息，要求掌握得越多越好，越详细越好。

(2) 一名优秀的客户经理必然是一个"全才"，除专业知识外，金融、经济、管理、法律、心理学、谈判学等方面的知识都要懂。例如，企业股票融资、购并、银团贷款等复杂的大型交易，需要金融机构的专家参与决策，以帮助企业顺利完成交易。

(3) 优秀的客户经理一定要具备学习意识，要积极、主动地学习与业务相关的知识，未来的竞争本质为学习能力的竞争，未来的人才也必然是学习型人才。

银行客户经理不仅要对自己银行的产品和业务十分熟悉，还要掌握投资市场、理财市场上的各种动态，考取各种专业资质。如果是服务高端客户的客户经理，还需要了解红酒、茶艺、奢侈品或者高端客户感兴趣的其他内容和信息。

 **【案例透析】1.2** **董先生的欣喜**

董先生收到一条招商银行的短信："尊敬的客户，您好！您的理财客户经理为×××，将为您提供优质的服务，如有理财方面的需求请拨打186×××××××。"董先生想起来，不久前单位将工资卡换成了招商银行的，所以才收到这条短信。

董先生说："虽然我也知道这是银行营销的一种方式，但服务确实让人觉得很受用。"

董先生打电话联系上自己的客户经理。客户经理对他的家庭情况、资产情况进行了解后，为他制定了一套合理的理财方案，还给出了很多建议，这让从未接触过理财的董先生很欣喜："以前以为银行客户经理只是推销产品的，没想到人家真有水平。"

启发思考： 真正打动董先生的是什么？

(三) 公关能力

客户经理每天与客户进行业务沟通与商洽，公关能力的强弱直接关系到其业绩的好坏和客户网络的拓展与维护，较强的公关能力是银行客户经理必备的业务素质之一。

1. 具有沟通能力

优秀的客户经理应活泼开朗、举止文明、谈吐优雅、兴趣广泛、善于交际；衣着整洁、举止大方，具有较好的形象和气质；知识面广、阅历丰富，具有较高的文化艺术修养；善解人意、灵活机敏，具有较高的悟性；语言表达能力强，懂得语言的艺术，善用诙谐、幽默的语言调节会谈的气氛；具有豁达、宽容的处世态度，善于合作等。

2. 具备沟通技巧

一个优秀的客户经理应该在更高的层次上有所突破，即具有缜密的逻辑思维能力、敏捷的现场反应和应答能力。

3. 团队合作精神

随着企业经营规模、银行业务范围的变化，客户管理的难度也相应加大，这就需要客户经理发扬团队协作精神，相互沟通、协调，这样方能将自己的工作开展得有声有色，利用集体的智慧化解问题。

团队合作精神是人的社会属性在当今的企业和其他社会团体中的重要体现，事实上它所反映的就是一个人与其他人合作的精神和能力。一个优秀的客户经理总是具有强烈的团队合作意识，与团队成员间相互依存、同舟共济，互敬互重、礼貌谦虚，彼此宽容、尊重个性。

【视野拓展】1.1　　　　　　　　**小张的服务**

某银行有个贷款客户，是个大型制药企业，客户经理小张在做贷后检查时，发现其资金主要流向某个原料供应商。小张想，如果将这个原料供应商也开发成银行的客户，资金就可以封闭运作，不仅能够增加存款，还容易控制客户风险。于是，小张找到制药企业的老总，请他帮助引荐。小张告诉他，如果这个原料供应商能够与银行合作，就能更有效地保证对企业的原料供应，这是合作多赢的好事。老总很感兴趣，亲自带小张去了这家公司，使小张又成功开发了一个优质客户。这几年，小张正是通过"客户推荐客户"的办法，使客户群像滚雪球一样，越滚越大。

(四) 风险防范与控制能力

客户风险分析与识别是指依照客户的特点和账户属性，综合考虑地域、业务、行业、身份、资金规模、交易行为等因素判断客户发生风险的可能性。

风险可以存在，也可以化解；可能造成危害，也可能转变为机遇。客户面临的风险多种多样且相互交织，因此，认真地加以识别，对其进行有针对性的估计、评价和处理，才能将带来伤害、损害或损失的可能性降到最小。可见，开展客户风险分析与识别工作是防范、化解风险的重要环节。

客户经理要对事情有预见性；能力多元，业务全面，能够满足客户的各种金融需求；了解客户的财务与管理状况，既能为客户提出负责任的建议方案，给客户提供有效的帮助，又能对客户存在的风险有准确的判断和有效的控制。

【视野拓展】1.2　　　　　　　　**对续贷的怀疑**

2015年，某银行受理了一笔钢结构企业续贷申请，金额3 000万元，以房产作为抵押，该企业三年前已与银行开展合作，为异地客户。客户经理在受理资料时发现，调查报告中呈现的经营状况较好，企业利润及现金流均很乐观。然而，钢结构行业主要针对工业房产需求，受外部环境影响，同行业上市公司业绩在同期均有所下滑，该客户与行业规律不相符。因此，客户经理对其产生质疑，并结合自身熟悉的下游客户直接进行了抽查，通过第三方渠道核实该企业个别下游客户的合同量及付款情况，发现果然与实际情况不符，这表明上报的经营情况存在水分。

但此时客户经理仅是怀疑，尚未最终确认，因为主办信贷员的业绩很好，有其他优质基础客户，日均存款高达2亿元，之前上报的项目质量也不错。难道是评审过虑，产生了误判？客户经理决定与主办信贷员进行电话沟通，在合理怀疑的基础上了解其态度。在沟通过程中，客户经理发现主办信贷员极力陈述客户经营状况良好，且在客户经理反映客户经营状况不符合行业常规时，主办信贷员反应过激(可能为心虚)，但是也没有正面回应，只是以客户经理对行业不够了解为理由进行反驳搪塞。当客户经理提出适度压缩1 000万元额度时，主办信贷员极度敏感，强调一旦压缩，客户就会寻找其他银行来续做全部还清。主办信贷员的此种状态不符合客户经理对其的一贯印象和认识，种种迹象表明，该项目值得进一步怀疑。

客户经理决定重新进行实地调查。到了车间发现，生产经营虽然正常，但存货、应收账款记录不清楚难以核实。税控系统中存在大量未开票订单，但是银行流水不足，虽然拿出了大量承兑汇票的收票和开票记录，仍存在空转嫌疑，且无法说清缘由。企业实际控制人对客户经理百般殷勤，在晚餐期间频频劝酒，并带有美女公关行为。客户经理产生强烈直觉：主办信贷员和客户的关系很不一般。

客户经理觉得此项目风险较大，决定提前向银行行长汇报。行长极为重视，银行动用自身关系向当地同业了解企业情况，同时通过特定渠道了解主办信贷员与该客户的认识历史及私人关系。最终，明确判断此笔贷款有风险，不予贷款。

三、客户经理的职责

客户经理的职责概括起来就是根据市场竞争的需要和客户拓展工作的要求，积极、主动地寻找客户、评价客户，向客户推荐和营销适当的产品，联合后勤、产品及风险控制等部门为客户提供高水准的专业化金融服务，在为金融机构选择优质客户并向客户提供金融服务的过程中，实现收益的最大化。

1. 客户经理的职业定位

按照职能范围来划分，金融客户经理可分为销售类、咨询类与综合服务类三种类型。

销售类金融客户经理只负责开发客户，也就是销售本金融企业的金融产品，而不负责具体的客户服务工作，一般根据产品销售量或资金量提取报酬。

咨询类金融客户经理负责为客户提供个性化、专业化的咨询服务，但不需要进行客户开发工作，通常领取固定收益。

综合服务类金融客户经理不仅要自己开发客户、营销金融产品、发展市场，而且要为客户提供信息咨询、专业分析等服务，职能范围比较广。

此外，按照金融客户经理的任职高低来划分，可分为初级客户经理、中级客户经理和高级客户经理；按照金融客户经理的服务对象来划分，可分为机构客户经理和个人客户经理。

各种类型的金融客户经理要求的能力各不相同，从业人员要根据自己的特征、兴趣和能力等选择适合自己的工作类型。

2. 客户经理展业内容

拓展业务是一项极具挑战性的工作，它需要客户经理富有工作激情，并具备很高的素养和全面的知识。

1) 收集目标客户的信息

目标客户的信息主要包括以下内容：

(1) 目标客户基本信息，如名称(姓名)、所在地、规模、人数、所有制、产品服务种类；

(2) 目标客户的生产经营状况、销售量的变化情况、产品市场情况、服务质量状况、财务信息、管理资源信息、行业动态信息(如同行竞争的情况、同行推出的新产品等)；

(3) 目标客户与其他金融企业的业务关系状况；

(4) 目标客户管理和决策人员的姓名、年龄、性别、宗教信仰、学历、爱好、社会活动、联系方式等；

(5) 目标客户与其他客户的关系和评价；

(6) 国内外市场和需求的变化情况；

(7) 其他需要了解的相关情况等。

2) 分析客户资料

客户经理将收集到的资料、信息加以整理，建立客户档案，并对客户档案及时更新以保证资料的连续性、完整性和真实性。

(1) 及时给出关于客户或行业的综合评价报告及风险分析报告，供金融企业有关业务决策及风险控制部门参考。

(2) 对金融企业决策部门、相关产品或服务部门，以及综合管理部门提出的问题或要求、提供的其他信息，及时进行回复；

(3) 根据客户情况做出客户初步评价、相关产品方案设计、业务建议等；

(4) 研究客户的现实情况和未来发展趋势，发掘客户对金融产品的潜在需求，并根据客户需求与客户探讨合作方案。

3) 对潜在优质客户进行鉴定

由于银行客户的主体不同，对银行客户进行分类的标准及评价标准也不同。

(1) 优质公司客户的鉴别标准包括：工商执照、从业资格证照和相关许可证、授权书等齐全，从事符合国家产业政策鼓励和扶持的行业或产品的经营活动；行业或产品技术含量高，产品或服务处于成长或成熟前期，有广阔的市场需求，在行业中处于领先地位或在行业中的位置比较靠前；具有特有的核心竞争力，连续多年经营业绩良好、机制灵活、管理科学、治理结构合理；在短期内有比较好的现金流；纳税大户；客户众多，经营状况良好，在其他金融企业无不良信用记录，各项财务比例指标合理，尤其是债务比例低或无负债；社会形象好、地位高，市场地位牢固，已经发行股票并公开上市；主要经营管理和决策人员素质高、经验丰富，有良好的人际关系、雄厚的社会背景和成功的经营管理业绩；重合同守信誉，有良好的企业文化和凝聚力，主要骨干人员相对稳定，重视员工福利和教育；金融产品和服务需求量大，且本金融企业能够为其提供具有优势的金融产品和服务。

经营和盈利能力高、信用水平强、有金融产品和业务的需求是其中的主要指标。

(2) 优质个人客户的鉴别标准包括：有良好的个人素质，较为完整的教育经历，法律意识强，注重社会公德和个人品质修养，社会关系良好，个人信用等级高；有较好的经营、创业能力；从事较高收入的职业，在企业中的地位、级别、职称高，主要负责管理和高技术工作；连续多年缴纳个人所得税且税额较高；有较高的人生追求和个人抱负；热爱生命，生活观念积极，身体状况良好，宗教信仰正常，无赌博、吸毒等恶习；在其他金融企业无不良信用记录；无犯罪记录；有金融意识，主观上有经常性的金融产品和服务需求，客观上有金融产品的购买能力和行为。

4) 制订目标客户访问计划

营销前，应了解目标客户状况，迅速掌握营销重点，准备好合适的营销话语和技巧，能充分运用宝贵的时间制订可行、有效的营销计划。

(1) 拟订计划。在对客户尤其是重点的优质大客户拜访前，应该根据该客户的实际情况，研究和拟订有针对性的、详细的客户拜访计划。

(2) 选择拜访时机。在制订拜访客户的计划时，选择一个合适的拜访的时机很重要。

5) 客户经理接触客户

在开发客户的过程中，与客户进行接触和交谈是不可或缺的环节。通过接触客户了解客户需求，摸清客户的消费心理，把握客户的动态，并采取相应的策略和方法。

(1) 了解客户、剖析客户，对客户需求特点进行分析。

第一，个人客户的具体金融需求。个人优质客户主要为大中型公司、外资企业的高层精英，一些垄断性国有企业如电力、电信的中高级管理人员，热门行业的企业经理，高等院校的高级职称的教学人员和中层以上教学管理人员，以及演艺、体育明星等。这些个人优质客户喜欢接触一些有创新意义的、科技含量高的、综合性强的金融产品或业务。

第二，公司客户的具体金融需求。公司客户的金融需求呈现以下特点：企业资金缺口较大，向金融企业贷款成为解决企业资金缺口的主要渠道；大部分企业认为目前获得银行贷款困难，手续烦琐；企业保险意识增强，购买保险品种齐全，且对保险公司提供的服务较为满意；企业对中介机构在融资、投资、收购、兼并等活动中所提供的服务收费价格判定模糊，对其提供的服务评价褒贬参半。

(2) 约见客户。客户经理约见客户的方式有很多种，主要有电话约见、媒体约见、信函约见、中介约见、随机约见。

(3) 与客户会谈。客户经理开发客户的主要办法是会谈，通过会谈让客户接受自己、信任自己。适度的赞美可使对方产生亲和心理，为交往沟通提供便利。与客户交谈时，要学会利用幽默这个工具，根据不同的对象、不同的情境，选择幽默的形式和内容，但要避免弄巧成拙。

6) 签订合作协议

客户经理如果与目标客户达成一致意见，则需要用协议的方式确定下来。

一个完整的协议一般由下列要素构成：协议名称(标题)；协议签订者名称、地址和法人代表姓名；签订协议的出发点(依据和目的)；合作的基本内容；各方的权利和义务；经济责任和违约责任；争议的解决方式；协议的有效期限；协议的份数与保存方式；未尽事宜；协议的签章、日期。

🦅【视野拓展】1.3　　　　客户经理的"铜头""铁嘴""茶壶肚"

　　"铜头"即客户经理胆子要大，不怕碰壁，不怕被拒绝，每一个客户经理都有很多被拒绝的经历。

　　"铁嘴"即客户经理与客户打交道要有礼有节。不因为对方是大客户就一味迎合，对客户的不当要求坚决拒绝，在谈判中应为银行的利益据理力争，反而会赢得客户的尊重。

　　"茶壶肚"即客户经理心胸要开阔。和客户打交道受委屈是难免的，笑一笑就过去了，不可将情绪带到工作中。

任务二　客户经理的礼仪规范

　　■ 学生的任务
　　掌握客户经理的礼仪规范和交往技巧，培养健康的审美情趣。
　　■ 教师的任务
　　培养学生具备良好的行为礼仪，促进学生养成良好的行为习惯。

任务导入

分析礼仪的重要性

　　丰子恺是浙江桐乡人，我国著名的现代画家、文学家、教育家。早年从事美术和音乐教学，五四运动以后，开始进行漫画创作。

　　丰子恺在平时生活中就经常教育孩子们要懂礼仪。丰子恺是名人，家里经常有客人来访。每逢家里有客人来的时候，他总是耐心地对孩子们说："客人来了，要热情招待，要主动给客人倒茶、添饭，而且一定要双手捧上，不能用一只手。如果用一只手给客人端茶、送饭，就是非常不恭敬的。"他还说："要是客人送你们什么礼物，可以收下，但接礼物的时候要躬身双手去接。躬身，表示谢意；双手，表示敬意。"这些教导都深深地印在孩子们的心里。

　　有一次，丰子恺在一家菜馆里宴请一位远道而来的朋友，把几个十多岁的孩子也带去作陪。孩子们吃饭时还算有礼貌，吃完饭后，他们之中就有人嘟囔着想先回家。丰子恺听到了，也没有大声制止，悄悄地告诉他们不能急着回家。事后，丰子恺对孩子们说："我们家请客，我们全家人都是主人，你们几个小孩子也是主人。主人比客

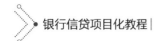

人先走，那是对客人不尊敬，就好像嫌人家客人吃得多，这很不好。"孩子们听了，都很懂事地点头。

在丰子恺的正确教导下，他的孩子个个都是懂规矩、讲礼貌，长大后有出息的人。

知识准备

礼仪虽是生活小节，但优雅的行为举止、得体的仪态和言语、真挚的情感和规范的礼仪，无疑是人与人之间沟通的桥梁，也是成功的重要基石。

相反，一次失礼带来的往往不仅是失意、沮丧、难堪、尴尬，甚至可能是生意的失败、事业的阻碍和人生的失意。因而，身处社会之中，别让那些看似平凡的行为成为破坏我们形象的杀手。注重仪表形象，掌握交往礼仪，融洽人际关系，应是每个人在人生旅途中一门重要的必修课。

掌握客户经理礼仪规范是提升客户经理自身素质的重要手段，是提高销售业绩的有效工具，是考核客户经理的标准尺度之一。

一、日常礼仪和行为规范

(一) 服务形象

1. 着装

男职员须以浅色、素色衬衣搭配领带，着深色西裤及深色鞋袜，配深色西装外套，注意鞋袜颜色不得浅于西裤。

【视野拓展】1.4   **男士的着装**

在众多服饰中，西装通常是企业从业人员、政府机关从业人员在较为正式的场合，男士着装的一个首选。

1. 穿西装的三个方针

(1) 三色原则。穿西装正装时，全身上下的颜色不能多于三种。

(2) "三一"定律。鞋子、腰带、公文包三个要件应该是同一个颜色，并且首选黑色。

(3) 三大禁忌：①袖子上的商标必须拆掉。②非常重要的涉外商务交往中忌穿夹克时打领带。③忌裤子出现问题，一是不穿白袜子，要穿深色袜子；二是不穿尼龙丝袜，要穿棉袜或者毛袜。

2. 穿西装的五个细则

(1) 衣扣的系法：①单排扣西装最下面那粒扣子永远不系；②两粒扣西装最下面那粒扣子可不系；③三粒扣、四粒扣西装最下面那粒扣子不系或最上面的扣子不系，这是比较时尚的穿法；④只是最下面那粒扣子不系；⑤不要所有的扣子都不系。

(2) 西装口袋里面放的东西越少越好。西装上衣两侧口袋里面原则上是不装东西的，东西只装在西装内兜里，如笔、名片。

(3) 衬衫的穿法。衬衫只能穿一件。在正式场合穿的衬衫应为白色的，且没有过多的图案，格子、条纹类的衬衫尽量少穿，彩色的衬衫一般不要穿。长袖衬衫是正装，短袖衬衫则是休闲装，后者不宜用来搭配西装。长袖衬衫里面要穿内衣、背心的时候，领型应选择U形或者V形，不能使之露出来。如果打领带的话，衬衫最上面的扣子要系上。不打领带的话，衬衫最上面的扣子可以不系。

(4) 领带及配饰。领带可打可不打，穿套装一定要打领带，不穿套装可以不打领带，不穿西装绝对不打领带。领带要注意颜色，正式场合最好选单一颜色，不要有花纹，可以和西装一个颜色，比如蓝色的西装搭配蓝色的领带，灰色的西装搭配灰色的领带。此外，还可以选紫红色领带，庄重而热情。

(5) 领带夹的用法。在重要场合，男士佩戴的饰物要少而精。穿西装时，手表与包是最重要的饰物。领带夹可用可不用，一般只有两种人用领带夹：第一，穿制服的人；第二，高级官员、高级将领、大老板。

女职员搭配与正装协调的皮鞋，所穿鞋子不能露趾。穿裙装时必须配肤色丝袜，无破损。正装衣物必须平整、清洁，领口、袖口无污迹，上装口袋不放物品。

【视野拓展】1.5　　　女士的着装

女士着装应遵循国际通用的着装规范——TPO原则，TPO即时间(time)、地点(place)和场合(ocasion)，也就是说，不同的时间、地点和场合有不同的着装特点。

1. 职业装

较为正式的场合，应选择正式的职业套服；较为宽松的职业环境，可选择造型感稳定、线条感明快、富有质感和挺感的服饰，以较好地表现职业女性的职业能力。服装的质地应尽可能考究，色彩应纯正，不易出现褶皱。服装款式应以舒适、方便为主，以适应工作场合和工作内容。

办公室服饰的色彩不宜过于鲜艳，以免干扰工作环境，影响整体工作效率。应尽量考虑与办公室的色调、气氛相搭配，并与具体的职业分类相吻合，坦露、花哨、反光的服饰是办公室服饰所忌用的。款式应端庄、简洁、稳重和亲切，便于走动，不宜穿着过紧或宽松、不透气或面料粗糙的服饰。正式的场合仍然以西服套裙最为合适；较正式的场合也可选择简约、品质好的上装和裤装，并配以女式高跟鞋；较为宽松的场合虽然可以在服装和鞋的款式上稍做调整，但切不可忘记职业特性是着装标准。

2. 外出职业装

外出工作最忌着装具有强烈的表现欲，色彩不宜复杂，并应与发型、妆容、手袋、鞋相统一，避免干扰对方视线，甚至给对方造成视觉压力。不宜选择造型夸张的饰品。手袋宜选择款型稍大的公务手袋，也可选择优雅的电脑笔记本公文手袋，表现女性自信、干练的职业风采。

2. 发型

头发要保持洁净、清爽、整齐，不染异色。男职员必须理短发，发型轮廓要分明，做到前发不覆额，侧发不掩耳，后发不及领；女职员可留各式短发，长发须束起或夹起，不能散开。

3. 面部

男职员面部保持整洁，及时刮理胡须和鼻毛；女职员须化职业淡妆。

(二) 仪态礼仪

仪态是指人在活动中各种身体姿势的总称。在人与人的交往中，人们通过各种姿势的变化来互相沟通，对人的评价往往就来源于对对方一言一行、一举一动的观察和概括，因此，在给客户提供服务的过程中，优雅的仪态会给客户一种美的享受。

1. 微笑

与客户接触时，眼睛要正视对方，也要坦然接受对方的目光。微笑可以提高营销人员的亲和力，应贯穿服务客户的整个过程。

【视野拓展】1.6　　　　　　　原一平的亲和力

日本的保险销售之神——原一平身高一米五几，相貌也极其一般，这给他的销售工作带来了极大的困难。虽然他非常努力，每天都拜访40名客户，但几个月下来还是没有成交。有一次，他去一家寺庙推销保险，寺庙的主持说："你满脸的焦虑、疲惫，没有任何快乐的表情，我怎么敢向你买保险呢？"原一平被老和尚的话点醒了，回去后他刻苦地练习微笑，有一段时间，他因为在路上练习大笑而被路人误认为神经有问题，也因练习得太入迷常在梦中笑醒。历经长期苦练之后，他可以用微笑表现出不同的情感反应，也可以用自己的微笑让对方露出笑容。后来，他把"笑"分为38种，针对不同的客户展现不同的笑容。他深深体会到，世界上最美的笑就是从内心的最深处所表现出来的真诚笑容，如婴儿般天真无邪，散发出诱人的魅力，令人如沐春风，无法抗拒。

2. 目光

一个良好的交际形象，目光应是坦然、亲切、和蔼、有神的，特别是在与人交谈时，目光大部分时间应注视着对方，不应该躲闪或游移不定。应自然地注视对方眉骨与鼻梁三角区，不能左顾右盼，也不能紧盯着对方。道别或握手时，应注视对方的眼睛。

3. 站姿

站立时，应抬头，目视前方，挺胸直腰，肩平，双臂自然下垂，收腹，双腿并拢直立，脚尖分开呈V形，身体重心放到两脚中间。也可两脚分开，比肩略窄，双手叠放在腹前或背后。

站立时间较长的情况下，为缓解疲劳也可以采用一些变化的站姿，但应在变化中力求姿态优雅，勿给人以懒散的感觉。例如，可将身体的重心轮流向左腿或右腿转移，让另一条腿放松休息。但如有客户走近，应立即恢复标准站姿。

4. 坐姿

入座时，至少坐满椅子的2/3，后背轻靠椅背，双膝自然并拢，男性可略分开。对坐谈话时，身体稍向前倾，表示尊重和谦虚。如果长时间端坐，可将两腿交叉重叠，但要注意将腿向回收。

5. 蹲姿

下蹲时，一脚在前，一脚在后，两腿向下蹲，前脚着地，小腿基本垂直于地面，后脚跟提起，脚掌着地，臀部向下。

6. 行姿

行走时，姿态应从容、轻盈、稳重，方向明确、步幅适度、速度均匀、重心平稳、身体协调。

(三) 语言

常用的礼貌用语有请、对不起、麻烦您、劳驾、打扰了、好的、是、清楚、您好、某先生或小姐、欢迎、贵公司、请问、哪一位、请稍等、抱歉、没关系、不客气、见到您很高兴、请指教、有劳您了、请多关照、非常感谢、谢谢、再见等。根据客户情况和环境，也可适当使用方言。

(四) 会客入座

一般将上座礼让给客户和他人。图1.1中，A座为上座，B座、C座、D座的重要性依次递减。

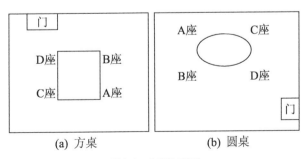

图1.1　会客入座图

(五) 乘车的座位次序

乘车的座位次序如图1.2所示，后座A为上座、后座B、后座C的重要性依次递减。

图1.2　乘车的座位次序

二、客户接待礼仪和行为规范

(一) 迎接客户

迎接客户前应准备好所有的资料，了解客户基本信息，记住客户的姓名、称谓，随身携带名片，并事先为客户准备好茶水。

高级客户来访时，客户经理应主动出门迎接，引导进入会谈室时应让客户先行，保持1米左右的距离。其他客户来访时，客户经理可根据重要程度及手头工作情况选择是否出门迎接。

🦟 【视野拓展】1.7　　　　　　　　握手礼仪

1. 位尊者有决定权

握手时讲究"位尊者有决定权"，即由位尊者决定双方是否有握手的必要。在不同场合，"位尊者"的含义不同。

上下级关系中，上级应先伸手，以表示对下级的亲和与关怀；主宾关系中，主人宜先伸手以表示对客人的欢迎；根据年龄判断时，年长者应主动伸手以表示对年轻同事的欣赏和关爱；根据性别判断时，女性宜主动伸手，以表示大方、干练的职业形象；根据婚姻情况做出判断时，已婚者应向未婚者先伸手以表示友好。在送别客人时，应由客人先伸手告别，避免由主人先伸手而产生逐客之嫌。

2. 握手细节

无论在哪种场合，无论双方的职位或年龄相差多大，都必须起身站直后再握手，坐着握手是不合礼仪的。握手时上身应自然前倾，行15°欠身礼，手臂抬起的高度应适中。

握手时必须用右手，即便是习惯使用左手的人也必须用右手来握手，这是国际上普遍适用的原则。握手时，伸出的手掌应垂直于地面，手心向下或向上均不合适。握手时应掌心相握，这样才能体现真诚、友好的态度。

握手的时间不宜过长或过短，两手交握3~4秒，上下晃动最多2次是较为合适的。一触即把手收回，有失大方；握着他人的手不放，则会引起对方的尴尬。握手的力度能够反映人的性格：力度太大会显得人鲁莽有余、稳重不足；力度太小又显得有气无力、缺乏生机。因此，建议握手的力度把握在使对方感觉到自己稍加用力即可。

在握手的过程中，假如你的眼神游离不定，他人会对你的心理稳定性产生怀疑，甚至认为你不够尊重对方。握手的同时给对方一个真诚的微笑，会使气氛更加融洽，使握手礼更加圆满。

客户经理接到客户后应热情问候，初次见面的还应主动做自我介绍，并主动向客户递送名片。安置好客户后，奉上茶水或饮料。

【视野拓展】1.8　　　　名片礼仪

递名片时，应起身站立，走上前去，将名片正面朝上，且名字朝向对方，双手递送过去。若对方是外宾，最好将名片印有英文的那一面朝向对方。将名片递给他人时，应说"多多关照""常联系"等话语，或是先做一下自我介绍。

与多人交换名片时，应讲究先后次序，或由近而远，或先尊而卑进行。位卑者应先把名片递给位尊者。

接受名片：①他人递名片给自己时，应起身站立，面含微笑，目视对方；②接受名片时，双手捧接，或以右手接过，不要只用左手接过；③接过名片后，要从头至尾把名片默读一遍，意在表示重视对方；④接受他人名片时，应使用谦词、敬语，如"请多关照"等。

互换名片时，应用右手拿着自己的名片，左手接过对方的名片后用双手托住。遇到难认字，应事先询问。如遇到多人互相交换名片时，可按对方座次顺序交换名片。会谈中，应称呼对方的职务、职称，如"×经理""×教授"等，无职务、职称时，应称呼"×先生""×小姐"等，尽量不使用"你"字或直呼其名。互换名片后，也要默读一遍对方职务、默读等。

(二) 客户面谈

(1) 与客户面谈时，要充分了解客户信息。客户经理应尽量在与客户的往来中收集客户的信息。接受客户名片时，留意客户名片上的手机、电子邮箱等信息，若名片上未写明，应想办法获取。与客户交流时，应注意了解客户的爱好、生日、子女情况等信息，以便后续客户关系的维护。

(2) 与客户面谈时，要充分聆听客户需求并携带笔记本进行记录。聆听时，要目视对方，全神贯注，注意及时用微笑、点头等动作表示同意，并且适时地通过"嗯""是"等短语让对方充分感受到你在认真聆听。

(3) 根据客户需求进行金融产品推荐，按照营销指引介绍产品，注意使用的语言要规范。

(4) 在与客户交谈的过程中，要将手机调整为震动或无声状态。

(5) 需要暂时离开座位或接电话时，应向客户说明，请示客户同意后方可离开或接电话。

(三) 送别客户

(1) 送别客户时，应主动为客户开门，待客人走出后，再紧随其后。

(2) 在适当的地点与客人握别，可根据实际情况将客户送至理财室门口、支行门口或停车场等。

(3) 送别客户后，客户经理应向客户发送短信表示感谢。若为第一次见面，则应在短信中向客户说明自己是其专属理财经理，客户若有问题可随时咨询。

(四) 后续服务

客户经理接待完客户后，应在信息平台更新客户信息和联系计划，记录沟通结果和客户需求，对有需求的客户拟订下一次联系计划。

对达成销售的客户要进行销售感谢、产品确认、产品信息告知等工作。

三、客户拜访礼仪和行为规范

(1) 拜访客户前，应事先通知对方，并约好会面时间和地点，尽量避免突然造访。

(2) 约好拜访时间后，应准时赴约，提前15分钟在门口等候，不要过早到或迟到。若因紧急事由不能如期赴约的，要尽快通知对方并致歉。

(3) 访谈应提高效率，达到沟通交流的目的即可，避免过多打扰对方。

(4) 拜访客户的当天晚上需要发送短信或致电给客户表示感谢。

(5) 拜访完客户后，应在信息平台更新客户信息和联系计划，记录沟通结果和客户需求，对有需求的客户拟订下一次联系计划。

(6) 客户拜访时所提出的需求，应在第二天答复办理情况。

四、给客户打电话的礼仪和行为规范

(1) 给客户打电话前，应准备好此次打电话的内容，确定打电话的目的，了解客户的基本信息及资产信息，确定客户称谓。

(2) 打电话时，应保持语速平缓、声音甜美，称呼对方后介绍自己。客户不在时，咨询对方何时打电话比较方便；客户很忙时，向客户表示打扰了，约定再次打电话的时间。与客户约好时间回电的，一定要准时，不能过早或过迟，切忌不回电。

(3) 电话结束后，需要在信息平台更新联系计划，记录客户需求。

(4) 打电话时，尽量不要在电话中详细介绍产品，做简单推荐即可，可邀请客户来银行详细了解。若客户不感兴趣，则进一步了解客户需求。

(5) 给客户第一次致电时，不要介绍产品，应向客户问候，介绍自己是对方的专属客户经理，以后有什么需求可以直接找自己。电话结束后，给客户发送短信表示感谢，告知自己的联系方式。

五、给客户发送短信的礼仪和行为规范

(1) 向客户发送短信要遵守短信规范要求，严格按照公文规范形式、短信模板、语言规范，以及发送时间和对象要求等执行。

(2) 向客户发送短信必须使用银行统一的短信平台或者信息平台。特殊情况，如接待客户、拜访客户后或第一次致电给客户后，可以用自己的手机向客户发送感谢短信。

(3) 客户经理必须按时、按要求发送产品营销短信，以进行产品和品牌宣传。

六、给客户发送信函的礼仪和行为规范

信函主要指与客户书面的沟通，客户经理使用的信函主要包括活动邀请函、生日贺卡、各种贺信、感谢信、网点转型标准信函等。

信函使用的总体要求和规范如下。

(1) 信函的内容一般由抬头、启词、正文、祝词、落款、附言等组成。若使用未提前打印姓名的标准信函，抬头可以先印好"尊敬的××女士/先生"的称谓，手工填写客户姓名；若使用直接打印客户姓名的信函，则抬头必须使用准确的称谓。落款包括金融机构(支行)名称、客户经理的署名和日期。

(2) 使用银行(分行)统一的信封和信纸。

(3) 客户确认参加活动后，应向客户发送邀请函。部分活动有门票、优惠券的可以将其与邀请函一起发送，如需要凭邀请函参加活动则应提示客户携带相应资料。

(4) 可以参照短信模板的内容给重点客户寄送生日贺卡。

任务三　客户经理制度

■ 学生的任务

了解客户经理制度的含义和内容；了解客户经理制度的构建模式。

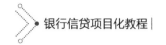
■ 教师的任务

引导学生充分理解客户经理制度是银行内部进行客户拓展的一整套规范，培养学生对制度的敬畏感。

任务导入

分析某银行的制度缺陷

2017年9月13日18：00，某支行报告上级行，称其综合柜员武某于当日15：25离岗，到结账时未归。该支行随即展开对武某的调查，经核查发现武某在9月13日通过直接盗取库款、盗用客户借记卡空存现金等方式盗取现金156余万元，具体作案手段如下。

1. 直接盗取库款100万元。9月13日，武某以午饭时间、客户较少等借口支走其他柜员及四级授权经理，违规单人临柜从现金库盗取资金100万元，并分两次从柜台递交给作案同伙。

2. 盗用客户借记卡空存现金56余万元后取现。武某通过盗用客户张某、王某的身份证复印件办理借记卡，自9月13日上午9时开始，武某通过个人终端分6次在张某、王某两个账户内空存现金56万余元。9月13日上午，武某通过值班保安在该支行另一个柜台提取现金3.5万元，下午武某及作案同伙通过某银行商户的POS机提取现金23万元，剩余资金因该商户当天无足够现金未能取现。

请分析该银行的制度缺陷。

知识准备

一、客户经理制度的内容

人人都应遵守规则，规则有两类：一类是强制性规则，主要包括法律、法规和制度；另一类是自律性规则，主要包括行业协会制定的相关规则。没有规矩不成方圆，对于一个企业来说，更是如此。一套科学、高效的管理制度可以让企业的管理更有序，企业的资源也会得到合理利用。

客户经理制度是商业银行通过指定专人作为客户经理，与客户建立一个全面、明确、稳定的服务对应关系，推销银行产品、满足客户需求，为客户提供高质量、高效率、全方位的金融一体化服务，从而实现银行客户资源配置优良化，推进金融服务商品化、增强自身竞争力的经营管理模式。客户经理制度是指以客户经理为主体所进行的组织结构设计和营销制度安排，涉及商业银行经营的各个环节。

【教学互动】1.3   **遵守规章制度**

有一次，周总理要看一些书籍，就吩咐工作人员去文化馆借。但是，文化馆的工作人员说他们有规定，图书不外借，只能本人来看。周总理知道这件事情后，便冒雨到文化馆看书。他不但没有批评文化馆的工作人员，反而和蔼地说：无论谁都要遵守制度。

问：为什么无论谁都要遵守制度？

答：国家要有法律法规制度，以此约束公民的行为，树立价值标准；企业也要有规章制度，企业的规章制度是企业内部的"法律"。首先，规章制度能够保障公司管理的有序化、规范化，最大限度地降低运营成本；其次，规章制度可以防止管理的任意性，充分保护员工的合法权益；最后，规章制度是规范员工行为的规则，是评判对错的价值标准，可以规范职业道德，使公司与员工双方的利益得以保障。

客户经理制度是近年来我国银行界新兴的，以向客户提供高品质、全方位金融服务为内涵的业务拓展模式。客户经理制度是一种经营机制，是一种现代金融企业管理理念，是金融企业为适应市场和客户需求变化以客户经理为主体所进行的组织结构设计与营销制度安排。客户经理制度中的客户经理是指岗位职务，区别于行政职务和技术职称，专用于在商业银行客户部门和客户岗位工作的人员。

客户经理制度包括与客户经理培训、聘用及考核激励有关的一系列规章制度和机制。

客户经理制度组织架构如图1.3所示。

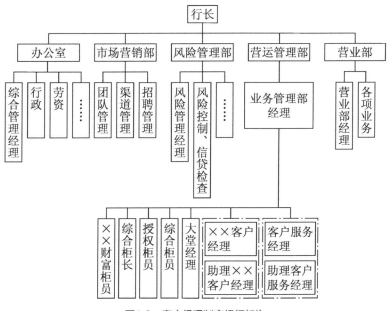

图1.3 客户经理制度组织架构

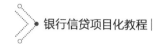

1. 办公室

商业银行办公室是全行行政办公运行系统的枢纽中心，其工作内容繁杂，包括文秘综合、宣传报道、信息调研、信访督办、档案管理、会议接待、后勤保障、机构管理、对外联络、文印打字等。

2.市场营销部

市场营销部具有以下几项职责。

(1) 组织客户经理的人员选拔与招聘。

(2) 对客户经理岗位聘任、岗位变动和岗位退出等情况进行审查确认并办理有关手续，落实客户经理配备计划。

(3) 建立和维护客户经理动态管理档案。

(4) 制定客户经理绩效考核等相关制度办法，组织安排绩效考核工作，根据业务需求实施岗位结构调整，监督审查客户经理的绩效工资分配，统一发放客户经理薪酬。

(5) 落实有关福利政策等。

3. 风险管理部

风险管理部负责研究与制定全行资产风险管理业务发展战略、规划及年度各项计划并监督实施；组织全行信贷资产、投资及其他资产的风险控制和管理；对资产质量进行分类检测，组织不良资产的清收处置，负责全行债权管理和呆账核销。

4. 营运管理部

营运管理部负责管理全行人民币资金头寸，平衡、调度、融通资金，包括承担全行人民币资金管理工作，科学编制资金营运计划，通过内部资金往来价格、存款准备金、系统内借款、内部资金交易等手段，统一配置全行资金，实现全行资产负债管理目标。

5. 营业部

营业部是指较大的支行直属的对外办理业务的机构，职能和一般的营业网点相同，只不过由于一些较大的支行，部门较多，业务相对较多，所以不能简单地以支行的名义对外办理业务，对外就叫作××支行营业部，其业务从服务对象上划分为公司业务和个人业务。

二、客户经理的选聘

(一) 客户经理选聘机制

1. 挖潜与引进相结合

(1) 内部选拔。建立内部营销人才流动市场，定期公开岗位需求，提升客户经理岗位吸引力，鼓励全体员工公开竞聘上岗。还可以鼓励专业部门推荐某项工作业绩突出、有较强公关能力和特殊社会关系的员工充实营销人才队伍。

(2) 对外招聘。如果确实无法通过内部选拔获取客户经理,可以依据客户经理素质要求,遵照严格的报名、筛选、考试、面试、签约等程序,面向市场选拔营销人才。

2. 专职与兼职并行

(1) 提升专职客户经理的竞争力。通过商务礼仪培训、心理学分析、案例教学等途径,提高客户经理营销技巧,也可以通过座谈、交流营销经验等方式提升整体营销水平。

(2) 提高兼职营销人员的配合力。提高营销辅助人员对客户经理的服务支撑水平,建立其与客户经理捆绑考核机制,强化协同作战和团队精神。

(二) 客户经理的选拔标准

客户经理是面向市场、为客户提供金融服务的专门人才,应具备以下基本条件。

(1) 良好的道德品质。

(2) 具有一定的学历水平。

(3) 丰富的知识储备。银行产品和服务的专业化要求客户经理必须具有丰富的专业知识积累,熟悉并掌握金融法律法规及金融管理规定,了解国内外市场基本动向,掌握相关专业知识。

(4) 全面的业务能力。合格的客户经理应能满足客户多方面的需求,既能提供传统的结算、存款、贷款服务,又能提供现代银行理财等多样化的金融服务。

(5) 较强的公关能力。优秀的客户经理应能够在为原有客户提供优质服务的同时,不断挖掘新客户,为银行的可持续发展提供源源不断的客户群体。因此,客户经理需要具备丰富的社交经验和公关能力,有高超的谈话技巧,拉近与客户的心理距离,在银行与客户之间架起合作的桥梁。这样的能力与素质需要在不断的实践中去磨炼和积累。

(6) 良好的职业形象。客户经理是银行形象的代言人。客户经理的言谈举止会影响银行在客户心目中的形象,因此,客户经理在与客户交往时要做到彬彬有礼、温文尔雅,让客户产生亲切感,取得客户的信任。

(三) 客户经理的选拔渠道

客户经理的选拔一般可以通过内部招聘、对外招聘和从高校毕业生中选拔三种渠道。

1. 内部招聘

内部招聘包括内部公开招聘、择优选聘、内部晋升和内部培养。

2. 对外招聘

对外招聘是指从金融企业外部选拔客户经理,主要方式有广告招聘、猎头公司猎取和内部员工引荐等。

3. 从高校毕业生中选拔

根据客户经理的学历要求,从高等学校毕业生中选聘客户经理是一个非常重要的途径。每年高校毕业生人数众多,人才济济,可以挑选到很多优秀的、有很大发展潜力的客户经理人选。

(四) 客户经理的选聘程序

通常来说，客户经理的选聘程序包括笔试、心理测试、面试等。

(五) 客户经理等级标准(四级制)(见表1.1)

表1.1 客户经理等级标准(四级制)

等级		标准
资深客户经理(85分及以上)	学历、职称、工作经历	(1) 硕士以上学历，两年信贷工作经历 (2) 大学本科学历或中级职称，三年以上信贷工作经历 (3) 大专学历或初级职称，五年以上信贷工作经历
	能力	精通业务，能够为大型客户提供全方位的营销服务，有解决各种复杂问题的能力，相互协作配合能力强
	知识	精通与公司金融营销有关的各方面知识，熟练掌握营销所需的各种技能，取得资深客户经理资格证书
	思想品德	(1) 思想政治素质好，有较高的政策水平 (2) 工作尽心尽职，事业心和责任心强 (3) 遵纪守法，廉洁自律，组织纪律性强，思想修养好
	备注	业绩突出可以在学历上破格
高级客户经理(70~84分)	学历、职称、工作经历	(1) 硕士以上学历，一年信贷工作经历 (2) 大学本科学历或中级职称，两年以上信贷工作经历 (3) 大专学历或初级职称，三年以上信贷工作经历
	能力	业务能力强，能独当一面展开工作，能够与同事相互配合
	知识	精通与公司金融营销有关的某方面知识，较熟练掌握营销所需的各种技能，取得资深客户经理资格证书
	思想品德	(1) 思想政治素质好，有较高的政策水平 (2) 工作尽心尽职，事业心和责任心强 (3) 遵纪守法，廉洁自律，组织纪律性强，思想修养好
	备注	业绩突出可以在学历上破格
客户经理(50~69分)	学历、职称、工作经历	(1) 硕士以上学历 (2) 大学本科学历或中级职称，一年以上信贷工作经历 (3) 大专学历或初级职称，两年以上信贷工作经历
	能力	能够独立处理存款、贷款等常见的营销业务
	知识	取得客户经理资格证书
	思想品德	(1) 思想政治素质好，有较高的政策水平 (2) 工作尽心尽职，事业心和责任心强 (3) 遵纪守法，廉洁自律，组织纪律性强，思想修养好
	备注	业绩突出可以在学历上破格

等级		标准
客户经理助理(20～49分)	学历、职称、工作经历	适用于见习期或试用期已结束的营销人员
	能力	能够协助处理存贷款等日常的营销业务
	知识	取得客户经理助理资格证书
	思想品德	(1) 思想政治素质好，有较高的政策水平 (2) 工作尽心尽职，事业心和责任心强 (3) 遵纪守法，廉洁自律，组织纪律性强，思想修养好 (4) 任何因违法违规造成银行资产损失或造成不良影响的人员，取消参与客户经理的评选资格
	备注	不能独立发放贷款

三、客户经理的激励

采取灵活有效的方式，建立与业绩直接挂钩、兼顾团队绩效和风险控制的客户经理薪酬分配机制，逐步形成市场化的薪酬制度，吸引、保留并有效激励客户经理队伍。

客户经理的激励体现在物质和精神两大方面，主要激励措施如下。

(1) 注重金融客户经理的职业生涯管理和职业价值。

(2) 注重目标激励。

(3) 薪资福利激励。薪资福利是激励机制中的根本性条件，是现实货币收益和预期收益的总和，具体包括股权激励、年薪制激励、弹性福利制度和奖励旅游激励等。

(4) 精神文化激励，包括培育自主创新和注重团队精神的企业文化，造就学习型组织和学习型个人。

(5) 组织激励，包括充分授权，委以重任，提高客户经理的参与感，实施自我管理。

(6) 工作激励，包括工作环境激励、提供挑战性工作、采取宽容式管理等。

四、客户经理的主要工作内容

(1) 开发客户，营销产品。客户经理应积极、主动并经常地与客户保持联系，及时发现并引导客户需求。

(2) 内部协调。客户经理应发挥协调中心的作用，引导客户在银行顺畅、准确地完成每一笔业务。

(3) 制定业务合作方案。客户经理应按照银行经营原则，与客户洽谈合作内容，起草银企合作协议，报有权审批人批准，签订合作协议。

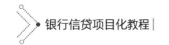

(4) 监测客户。了解国家产业政策、产品市场信息，密切跟踪客户的经营情况，及时发现客户风险，分析风险产生的原因，适当调整客户营销方案，制定相应的风险防范措施。

五、客户经理工作制度

1. 报告制度

客户经理应定期或不定期地访问客户，了解客户的经营状况及对银行各项业务和服务的需求，听取他们的意见和建议，每月向主管领导汇报一次访问情况。对客户急需的业务需求、重大意见和建议等，应随时向领导汇报。

2. 例会制度

各级银行客户部门应每月组织一次客户经理会议，总结交流工作经验，研究、解决客户提出的意见和建议，协调处理客户经理在工作中遇到的问题，制定加强客户营销、改进客户服务的措施。

3. 信息反馈制度

对客户提出的各种需求、意见和建议，客户经理要通过口头或书面的形式及时反馈受理情况，通报处理结果。

4. 工作日志制度

客户经理要将每天的工作情况、遇到的问题及处理结果、客户提出的意见和建议记入工作日志。客户部门负责人应定期或不定期地对客户经理的工作日志进行检查。

六、客户经理的考核

为全面评价客户经理的工作绩效，应根据不同岗位的职责要求，以销售业绩为核心，从销售业绩、服务质量与内控合规等多个方面，科学设定客户经理绩效考核指标。以个人客户经理为例，绩效考核指标可分为业务量指标、过程性指标、行为态度指标等不同类型。业务量指标主要衡量客户经理完成的产品销售数量或客户发展数量；过程性指标主要衡量客户经理完成职责要求和实现销售业绩过程中的工作成效与质量；行为态度指标主要衡量客户经理工作过程中所应具备的能力素质和工作态度。

1. 考核的原则

客户经理的考核应体现客观、公正、合理、公开、制度化、全方位、重实绩的原则，做到权责对等，兼顾合作与竞争，兼顾短期目标与长期利益，兼顾激励与约束，考核结果要和奖罚挂钩。

2. 考核内容

对客户经理的考核包括绩效、行为指标和能力指标三方面，并按照主次要求对三个方面的基本指标分别确定权重。

(1) 绩效方面的考核应占较大的权重,包括工作任务指标完成情况、完成质量、工作强度和工作效率。考核的内容应包括业务的规模、质量、信息反馈和业务办理速度等。

(2) 行为方面的考核应包括敬业精神、工作态度和客户的满意度,可设立客户评价、纪律性、协调性、责任感、积极性等考核指标。

(3) 能力方面的考核可设立公关能力、市场竞争和营销能力、新产品开发和推广能力、客户分析能力等考核指标。

3.考核方式和方法

对客户经理考核时,应综合评定客户经理的业绩,做到日常考核与定期考核相结合,定量考核与定性考核相结合,常规考核与非常规考核相结合,现场考核与非现场考核相结合,定期考核与随机抽查相结合,全面考核和重点考核相结合,外部考核与内部自律相结合。

其中,全面考核是指对客户经理各方面工作及表现进行全方位的考核;重点考核是指为提高考核效率,在全面考核的基础上,有针对性地对重点人员、重点环节进行重点考核,使影响客户经理制度稳健运行的关键因素得到有效的控制。

客户经理的外部考核主要通过法律手段、行政手段和经济手段。在市场经济成熟的国家,金融企业考核高度法制化,考核者和被考核者都必须受到法律约束。

4.考核程序

对客户经理进行考核的程序如下:

(1) 制订考核计划,制订的考核计划包括目的、原则、内容和时间;

(2) 做好技术准备工作,确定考核方法、制定考核标准和培训考核人员;

(3) 收集信息资料,考核信息必须准确、全面,应随时收集并形成制度;

(4) 分析评价,对同一项目的考核结果进行综合评价;

(5) 考核结果的使用。

七、客户经理的培训

培训是指为适应各种业务工作的需要,采用补习、进修、考察等方式,对客户经理有计划地进行培养和训练。银行应建立完善的客户经理培训体系,实施系统、综合、连续的培训,使客户经理能够及时掌握金融产品的特点,不断提高营销技巧,以适应市场竞争的需要和满足不同层次客户的需求。

(一) 客户经理培训的内容

要加强客户经理培训、提高培训质量,必须确定有针对性的培训内容,围绕客户经理的现状及日常实践操作的需要设计培训课程,主要包括以下几方面的内容。

1. 银行整体运作概况

(1) 银行的金融产品开发和金融服务的性能及特点。

(2) 整体业务运作程序及每一项金融产品和金融服务的具体业务程序。

(3) 银行基础业务知识，包括会计业务、国际业务、信贷业务、银行结算、中间业务、证券业务、保险业务等。

(4) 同业经营特色、主要金融产品和金融服务、本金融企业的比较优势等。

2. 各项相关业务

(1) 投资理财业务知识，主要是指针对不同行业、不同客户设计金融产品的方法，如存款结构设计、贷款结构设计、结算工具设计、投资组合设计等。

(2) 市场营销知识，主要包括与客户接洽中增强沟通效果的公关技能、与客户谈判的技巧、与人沟通的方法等。

(3) 经济法律、法规，重点是与金融企业经营管理密切相关的金融法律、法规，如《中华人民共和国中国人民银行法》《中华人民共和国商业银行法》《中华人民共和国票据法》《中华人民共和国担保法》《贷款通则》《中华人民共和国民事诉讼法》等。

(4) 企业经营管理知识，如公司治理、企业项目管理、企业会计报表分析、企业的市场前景分析、行业市场分析等。

(5) 电脑操作与运用技术。掌握相关的办公自动化技术，能够科学管理客户信息。

3. 客户经理的职业道德教育

通过加强客户经理的职业道德教育培训，提高客户经理的政策水平，培养其爱岗敬业的工作作风，并不断强化其廉洁奉公的思想意识，避免道德风险对金融企业利益的危害。

(二) 客户经理培训的形式

1. 集中培训

客户经理培训的主要方式是集中培训，具体形式有传统授课式的培训、全封闭式的军事化培训、交流式的培训、操作式的培训。

2. 考察学习培训

通过参加有关部门组织的相关学术研讨会、金融系统的客户经理经验交流会等，适当走出去，进行现场考察、观摩学习，汲取先进单位的先进经验与做法。

3. 跟班式的培训

对刚加入客户经理队伍、经验不足的客户经理，可由经验丰富、水平较高的客户经理采取师傅带徒弟的方式，对其进行跟班式的培训。在日常工作中的各个环节进行言传身教，让新手与优秀的客户经理一起真正面对市场客户，现场学习实战经验。

(三) 客户经理培训的组织形式

1. 初级客户经理培训的组织形式

对于初级客户经理，主要针对业务知识较薄弱、实践经验较少等状况进行集中培训。在培训内容方面应着重基础性专业知识，这种培训方式简单、直观，属于技能培训。

2. 高级客户经理培训的组织方式

对于高级客户经理，可组织境外学习考察，还可进行远程网络教育培训，培训内容侧重于高层次、前瞻性、更新性和谋略性，并且要不断提高培训要求、创新培训形式。

综合练习

一、填空题

1. 客户经理的考核应体现( )、( )、( )、( )、( )、( )、( )的原则。

2. 握手礼仪讲究"位尊者有决定权"，上下级关系中，( )应先伸手，主宾关系中，( )宜先伸手以表示对客人的欢迎；根据年龄判断时，( )应主动伸手；根据性别判断时，( )宜主动伸手；根据婚姻情况做出判断时，( )应向未婚者先伸手以表示友好；在送别客人时，应由( )先伸手告别，握手时必须用( )手。

3. 客户经理选聘机制是( )相结合，( )并行。

4. 客户经理的激励机制体现在( )和( )两大方面。

5. 客户经理从事客户开发与管理工作，因此必须具备一定的( )、( )和( )，这些必备的( )、( )和( )有些是与生俱来的，有些则要通过培训逐步得到。

二、单项选择题

1. "今天工作不努力，明天努力找工作"，这句话说明了( )的重要性。

A. 敬业精神　　　　　B. 责任心　　　　　C. 团队精神　　　　　D. 职业操守

2. 客户经理的选拔标准中，( )应放在第一。

A. 具有一定的学历层次　　　　　　　　B. 良好的道德品质

C. 丰富的知识储备　　　　　　　　　　D. 全面的业务能力

3. 下列对女性客户经理的仪表要求中，错误的是( )。

A. 上班时必须佩戴工作卡

B. 可化浓妆，面带微笑

C. 指甲不宜过长，并保持清洁，指甲油必须为自然色

D. 必须保持头发清洁，发型文雅、庄重，梳理整齐

4. 下列说法中，错误的是( )。

A. 介绍时应先介绍自己一方的人，再介绍对方的人，在顺序上，应先介绍领导和长者

B. 客户初次来访，应主动自报姓名和职务，并双手将名片递给客户，递送名片时应注意让文字正面朝向对方；接收客户名片时要用双手，接过后默读客户的姓名和称谓

C. 对到营业网点办理业务的所有客户，大堂经理都须点头微笑并问好，见到熟悉的客户要能正确称呼

D. 与客人交谈时，应正视对方，注意倾听，表现出真诚、友好的态度，谈话间如遇急事需要马上处理，可先行离开

5. 下列说法中，错误的是(   )。

A. 拜访客户前应事先通知对方，并约好会面时间和地点

B. 约好拜访时间后，应准时赴约，提前15分钟在门口等候

C. 访谈应提高效率，达到沟通交流的目的即可，应避免过多打扰对方

D. 客户所提出的需求，应立刻答复

6. 管理决策一般由企业的(   )做出。

A. 高层管理人员　　　　　　　　　　　B. 中层管理人员

C. 基层管理人员　　　　　　　　　　　D. 顾问人员

7. 下列说法中，错误的是(   )。

A. 销售类金融客户经理只负责开发客户，不负责具体的客户服务工作

B. 咨询类金融客户经理负责为客户提供个性化、专业化的咨询服务

C. 综合服务类金融客户经理要自己开发客户、营销金融产品、发展市场

D. 咨询类金融客户经理不需要进行客户开发工作，通常领取固定收益

8. 下列各项中，不属于人际沟通媒介的是(   )。

A. 交谈　　　　　　B. 谈判　　　　　　C. 动作　　　　　　D. 组织

9. 下列各项中，不属于客户经理品德素质的是(   )。

A. 专业　　　　　　　　　　　　　　　B. 团队精神

C. 秉公办事　　　　　　　　　　　　　D. 强烈的责任感和使命感

10. 客户拜访时所提出的需求，应(   )办理情况。

A. 立刻答复　　　B. 在第二天答复　　　C. 在一周之内答复　　　D. 在一个月之内答复

三、多项选择题

1. 客户经理应具备的基本素质有(   )。

A. 品德素质　　　　　B. 文化素质　　　　　C. 业务素质　　　　　D. 心理素质

2. 客户经理制度的内容包括(   )。

A. 组织管理模式　　　　　　　　　　　B. 客户经理的选聘机制

C. 客户经理的激励机制　　　　　　　　D. 客户经理的解聘机制

3. 市场营销部的职责有(   )。

A. 组织客户经理的人员选拔与招聘

B. 对客户经理岗位人员的聘任、变动、退出等进行审查

C. 建立和维护客户经理动态管理档案

D. 制定客户经理绩效考核等相关制度和办法

4. 客户经理的主要工作内容有(   )。

A. 开发客户　　　　　　　　　　　　　B. 内部协调

C. 制定业务合作方案　　　　　　　　　　　D. 监测客户

5. 客户经理的内部招聘包括(　　)。

A. 内部公开招聘　　　B. 择优选聘　　　　C. 内部晋升　　　　D. 内部培养

6. 客户经理的对外招聘有(　　)。

A. 广告招聘　　　　　B. 猎头公司猎取　　C. 内部员工引荐　　D. 学院招聘

7. 客户经理工作制度包括(　　)。

A. 报告制度　　　　　　　　　　　　　　　B. 例会制度

C. 信息反馈制度　　　　　　　　　　　　　D. 工作日志制度

8. 客户经理应具备的职业素质有(　　)。

A. 品德素质　　　　　　　　　　　　　　　B. 业务素质

C. 公关能力　　　　　　　　　　　　　　　D. 风险防范与控制能力

9. 一般而言，员工选聘的标准主要包括(　　)。

A. 道德素质　　　　　B. 身体素质　　　　C. 学历水平　　　　D. 工作经验

10. 下列各项中，属于客户经理的品德素质的有(　　)。

A. 强烈的责任感和使命感　　　　　　　　　B. 良好的道德品质

C. 强烈的事业心，爱岗敬业，有激情　　　　D. 自尊、自强、自立、自律

E. 兢兢业业，秉公办事

四、判断题

1. 客户经理从事客户开发与管理工作，因此必须具备一定的素质、知识和技能，这些必备的素质、知识和技能有些是与生俱来的，有些则要通过培训逐步得到。(　　)

2. 客户经理是金融企业与客户的联系人。(　　)

3. 客户经理是企业信息的媒介。(　　)

4. 客户经理是客户经理制度的重要载体。(　　)

5. 银行从业人员在开展业务时，要在心理上准备好吃"闭门羹"，这是一种消极的心态，应该杜绝。(　　)

6. 商谈中打断别人的话是大忌。(　　)

7. 为了达到沟通的目的，任何沟通方式都可以使用。(　　)

8. 从业人员在面对客户时要保持足够的热情，无论在什么情况下，都要说实话。(　　)

9. 银行与客户有共同的利益，才有共同的语言。(　　)

10. 优秀的客户经理应该做好本职工作，无须挖掘新客户。(　　)

五、简答题

客户经理的作用是什么？

六、分析题

分析客户经理应如何针对客户经营特点提供相应服务。

信海公司为医药行业的药品销售流通企业，虽然该公司属于中小企业，但具备以下三点优势。

(1) 在历次地方政府组织的药品招标采购中，该公司药品中标量均属前列，良好的中标情况为公司的快速发展奠定了基础。主要供货商(上游客户)为全国知名的药品生产企业，其中全国独家代理品种14个，区域独家代理品种近50个。

(2) 销售对象均为当地各级医疗单位(医院)。公司依托良好的品牌、信誉，优质的服务，以及经营代理品种的优势，成为当地各大中型医疗机构最好的供应商之一。

(3) 该公司具有完整的、便于内部控制的组织架构和规章制度，从库房管理到医院供药都有一整套严格的管理办法及完整的ERP系统管理制度。

银行客户经理首先对信海公司的业务流程进行了了解，发现该公司业务流程如下：

(1) 生产厂家与配送公司签订委托经销合同。

(2) 销售代理企业针对各个药品品种进行投标竞价，招标机构公布中标结果，中标配送公司与招标公司签订采购合同。

(3) 医院在中标目录中向指定配送企业采购药品时，一般为电话采购或网上采购，不再另外签订相关合同。

(4) 配送企业给医院送货，医院药库人员清点签收。

(5) 3~9个月后，医院付款。

根据该公司的上述经营特点和业务流程模式，针对销售过程中产生的赊销情况，银行客户经理决定先谨慎介入，虽然保险理赔业务在当地市场还不多见，企业使用也较少，但由于客户经理前期对这一业务进行了充分的了解和学习，遂推荐客户办理保险理赔业务，希望通过该业务参与企业贸易链并给予客户信贷支持。之后，再随着企业自身实力的增强和经营规模的扩大，逐步扩大银行授信规模，丰富授信品种。

经过长期的业务往来，客户经理对该公司的授信规模由最初的0.3亿元增大到1.3亿元，授信品种由最初单一的保理业务发展到以保理业务为核心，涵盖多种贸易金融产品。公司也在此期间得到了快速发展。

(资料来源：宋炳方.商业银行客户营销[M].北京：经济管理出版社，2011.)

项目二　信贷部门设置与工作流程

▶ **项目目标**

　　职业知识

　　了解信贷业务部门的组织架构及岗位设置；了解授信业务的基本原则；熟悉信贷业务的基本制度；掌握贷款的流程。

　　职业能力

　　培养发现问题与解决问题的能力、市场信息分析能力、团队建设与督导能力。

　　职业道德

　　培养高尚的职业精神、良好的职业素养和专业的职业能力。

▶ **项目提出　画出贷款工作的流程图**

▶ **项目任务**

商业银行的内部组织结构 与信贷制度		信贷业务部门设置及岗位 职责		贷款的基本操作流程

任务一 商业银行的内部组织结构与信贷制度

■ 学生的任务

了解商业银行授信业务经营管理的组织架构；熟悉商业银行内部授信业务部门的机构设置与岗位设置；了解商业银行信贷业务各部门与岗位的相关职责；认识信贷业务各部门与岗位之间相互独立与相互制约的关系；了解商业银行授信业务的基本原则和基本制度。

■ 教师的任务

指导学生完成商业银行内部组织结构的学习，并对学生完成情况及时跟进与评价。

任务导入

从组织设计上分析巴林银行倒闭的原因

1995年2月26日，新加坡巴林公司期货经理里森投资日经225股指期货失利，导致巴林银行遭受巨额损失，合计损失达14亿美元，最终因无力继续经营而宣布破产。

巴林银行破产的直接原因是里森违规交易造成的。里森的工作是在日本的大阪及新加坡进行日经指数期货套利活动，他认为日经指数期货将要上涨时，不惜伪造文件筹集资金，通过私设账户大量买进日经股票指数期货头寸，从事自营投机活动。然而，日本关西大地震打破了里森的美梦，日经指数不涨反跌，里森持有的头寸损失巨大。若此时他能当机立断斩仓，损失还能得到控制，但过于自负的里森在1995年1月26日以后又大幅增仓，导致损失进一步加大。

在巴林新加坡分部，尼克•里森本人就是制度，他既负责前台交易又从事行政财务管理，这种做法给了里森许多自己做决定的机会。作为总经理，他除了负责交易外，还集以下四种权力于一身：监督行政财务管理人员、签发支票、负责把关与新加坡国际货币交易所交易活动的对账调节，以及负责把关与银行的对账调节。里森为了便于工作而开通了代号为88888的错误账号并使用了2年多，内部审计部门一直没有发现。

知识准备

一、商业银行的内部组织结构

组织结构是指企业按照国家有关法律法规、股东大会决议和企业章程，结合本企业实际，明确股东大会、董事会、监事会、经理层和企业内部各层级机构设置、职责权限、人员编制、工作程序和相关要求的制度安排。

商业银行的内部组织结构是指就单个银行而言，银行内部各部门及各部门之间相互联系、相互制衡的组织管理系统。以股份制银行为例，可分为决策机构、执行机构和监督机构三个层次，如图2.1所示。决策机构包括股东大会、董事会以及董事会下设的各委员会；执行机构包括行长(或总经理)以及行长领导下的各委员会、各业务部门(实际执行部门)和职能部门(安排工作的部门)；监督机构是指股东大会选举的监事会。

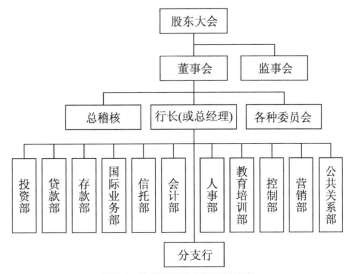

图2.1 商业银行的内部组织结构

(一) 股东大会

现代商业银行由于多是股份制银行，因此股东大会是商业银行的最高权力机构，股份制银行每年定期召开股东大会和股东例会。在股东大会上，股东有权听取银行的一切业务报告，有权对银行业务经营提出质询，并且选举董事会和监事会。

(二) 董事会和监事会

1. 董事会

董事会对股东大会负责，是商业银行信贷业务的最高管理和决策部门。

董事会是由股东大会选举产生的董事组成的，代表股东执行股东大会的建议和决定。董事会的职责包括制定银行目标、确定银行政策模式、负责审批信贷业务风险管理的战略政策、选举管理人员、建立委员会、提供监督和咨询，以及为银行开拓业务等。

2. 监事会

监事会对股东大会负责，代表股东大会对全部经营管理活动进行监督和检查。

股东大会在选举董事的同时，还选举监事，组成监事会。监事会监督企业董事、经理和其他高级管理人员依法履行职责，从事商业银行内部尽职监督、财务监督、内部控制监督等工作，通过监督加强与董事会及内部审计、风险管理等相关委员会和有关职能部门的工作联系。

(三) 总稽核

总稽核负责核对银行的日常账务项目，核查银行会计、信贷及其他业务是否符合当局的有关规定，是否按照董事会的方针、纪律和程序办事，目的在于防止篡改账目、挪用公款和浪费，以确保资金安全。总稽核是董事会的代表，定期向董事会汇报工作，提出可行性建议。

监事会比董事会下设的总稽核机构的检查权威性更大，监事会除检查银行业务经营和内部管理外，还要全面了解商业银行风险管理状况，监督董事会和高级管理层做好相关工作，对董事会制定的经营方针和重大决定、规定、制度的执行情况进行检查，对发现的问题具有督促限期改正的权力。

(四) 行长(或总经理)

行长是商业银行的行政主管，是银行内部的行政首脑，其职责是执行董事会的决定，组织银行的各项业务经营活动，负责银行具体业务的组织管理。

(五) 各种委员会

董事会按照股东大会的有关决议，设立战略、审计、风险、薪酬与考核等专门委员会，协调银行各部门之间的关系，为董事会科学决策提供支持，也是各部门之间互通情报的媒介。例如，董事会通常下设风险政策委员会，负责审定风险管理战略，审查重大风险活动，对管理层和职能部门履行风险管理和内部控制职责的情况进行定期评价并提出要求。

(六) 业务和职能部门

在行长(或总经理)的领导下，设立适当的业务和职能部门，以此构成了商业银行的执行机构。业务职能部门的职责是经办各项银行业务，直接向客户提供服务。职能部门的职责是实施内部管理，帮助各业务部门开展工作，为业务管理人员提供意见、咨询等。

(七) 分支机构

分支机构是商业银行体系业务经营的基层单位。分支行的首脑是分支行行长。各商业银行的分支机构按照不同地区、不同时期的业务需要，还设有职能部门和业务部门，以完成其经营指标和任务。

股东大会=董事会+监事会

董事会=总稽核+行长(或总经理)+各种委员会

行长(或总经理)=一、二、三级分行+投资部+贷款部+存款部+国际业务部+信托部+会计部+分支行+人事部+教育培训部+控制部+营销部+公共关系部

【视野拓展】2.1　　中国民生银行的内部组织结构(见图2.2)

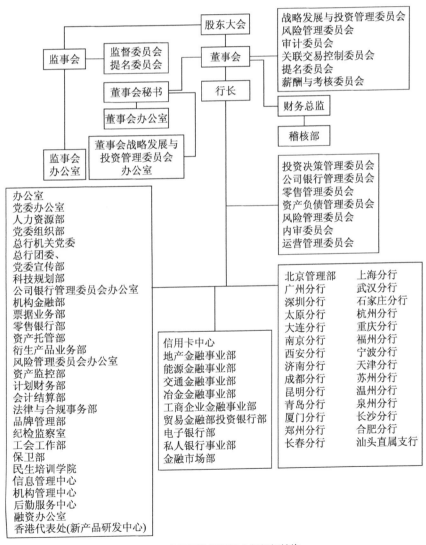

图2.2　中国民生银行的内部组织结构

二、商业银行的信贷制度

(一) 商业银行规章制度建设的基本原则

1. 依法合规原则

规章制度应体现党和国家的路线、方针、政策，符合国家法律、法规、规章，遵守我国缔结和参加的国际公约、条约、惯例。

2. 防险内控原则

规章制度在为全行各项经营管理与业务营销活动提供实体标准和操作规程的同时，应当注重防范各类风险，体现"内控优先"的要求。

3. 操作可行原则

规章制度在依法合规、防险内控的前提下，应当符合常理、合乎逻辑，便于操作且切实可行，还应具有适度的灵活性，注重适应当地的金融生态环境。凡是不能做到的要求，不宜写入规章制度。

4. 依据职责原则

起草并运用规章制度进行经营管理是各职能部门的基本职责。规章制度是经营管理的基本工具，其规划、起草、审查、审议、签发等各项工作，分别依据本行治理架构、经营管理层次和各个职能部门的职责进行。

5. 分工协作原则

规章制度的制定一般涉及多个职能部门，还需要基层单位及全体员工的参与。负责组织起草规章制度的部门应当广泛征求、听取并采纳其他职能部门、基层单位及全行员工的合理意见和建议。有关职能部门、基层单位及全行员工应根据部门职责、单位情况及个人经验提出意见和建议。

6. 全面覆盖原则

规章制度应覆盖全行的经营管理等各项事务和活动，渗透到本行的各类决策程序、各级管理部门、各个分支机构、各个工作岗位、各项业务过程、各个操作环节，做到有业务就有管理、有管理就有制度，确保任何决策或操作均有章可循，不留盲点。

7. 体系统一原则

所有的规章制度应形成具有系统性、逻辑性、实用性的体系框架。在全行范围内保持统一的业务标准和操作要求，避免因管理层的变更而影响其连续性和稳定性。

8. 遵循惯例原则

鉴于规章制度是公文的重要组成部分，可能需办理报批、报备手续或对外出具使用，其行文体例等应符合我国监管机构、政府部门和相关收文单位的基本惯例。

(二) 商业银行信贷业务的基本制度

1. 授信分控制度

授信分控制度是指商业银行在办理授信业务的过程中，将调查、审查、审议、审批、经营管理等环节的工作职责分解，由不同经营层次和不同部门(岗位)承担，从而实现授信业务前、中、后台部门分离，审批环节与营销发放环节分离。

授信分控制度的形式主要表现为部门分离和岗位分离，以达到部门(岗位)间的相互制约与支持。

2. 民主决策制度

(1) 贷款审查委员会。贷款审查委员会(以下简称贷审会)一般由行长(主任)、主管信贷的副行长(副主任)、与授信业务相关的部门负责人及其他有评审能力的人员构成，是在行长(主任委员)领导下的授信业务决策和议事机构。贷审会的主要工作是对需要审议的事项进行研究、审定，一般根据授信业务的种类和额度大小确定采用全体委员会议方式或是审批人会签方式。

(2) 审议原则。贷审会主要采取民主讨论、集体审批的原则，以多数同意的决策意见为主，以投票(记名、不记名)和举手的方式进行表决。此外，按照审批表决权的有关规定，贷审会同意的授信业务，有权审批人可以否决；贷审会不同意的授信业务，有权审批人不能同意。

3. 主责任人制度和经办责任人制度

(1) 主责任人制度。信贷决策涉及调查、审查、审批和贷后管理四个关键环节，因此建立了调查主责任人、审查主责任人、审批主责任人和经营主责任人四个主责任人制度，分别对授信业务贷前调查的真实性、授信业务的合规合法性、授信业务审批和贷后监管、债权保全和本息收回负责。

(2) 经办责任人制度。经办责任人是指具体承办授信业务的信贷人员。在授信业务办理过程中，直接进行调查、审查、贷后管理的信贷人员承担具体经办责任。

4. 信贷业务授权授信管理制度

授权授信管理可以分为内部授权授信和对客户授权授信两种。

(1) 内部授权授信。内部授权授信是由商业银行上级管理部门在其职责范围内对下级的授权授信。内部授权授信的范围包括授权业务的经营管理权和授权业务的审批权。商业银行内部授权应遵循逐级有限授权原则、区别授权原则和动态授权原则。

(2) 对客户授权授信。商业银行对客户的授信管理是指对优良法人客户确定授信控制总量，以达到控制风险、提高效率的目的。商业银行对法人客户授信应遵循统一、适度和预警等原则。商业银行应根据信贷政策和客户条件来确定客户的最高综合授信额度，使商业银行对其提供的贷款、贴现等资产之和不超过最高综合授信额度。

5. 责任追究制度

在实行审贷分离的基础上，对违规、违纪和违法行为造成的贷款损失或难以收回的

贷款，根据办理授信业务各个环节负责人所承担责任的比例实施赔偿制度。

6. 授信业务报备制度

本级授权范围内的授信业务，在有权审批人审批后、实施前，要按规定向上一级报备，上一级对报备审查不同意的授信业务不得继续。

7. 其他授信制度

(1) 经营责任人移交制度。经办责任人工作岗位变动时，必须在经营主责任人主持和监交下，与接手经办责任人对其负责的授信业务风险状况进行鉴定，填写经营责任移交表，由原经办责任人、接手经办责任人、监交人签字后登记存档。责任移交后，接手经办责任人对接手后的授信业务经营状况负责。

(2) 信贷人员稽核制度。信贷人员稽核制度是指稽核部门在信贷人员在岗和即将离任时对其相关责任履行情况进行检查的制度。

(3) 贷款回避制度。银行不得向关系人发放信用贷款，或以优于其他借款人的条件向关系人发放担保贷款。关系人是指银行的董事(理事)、监事、管理人员、信贷人员及其近亲亲属，以及上述人员投资或担任高级管理职务的公司、企业和其他经济组织。

此外，还有专家咨询制度、信贷人员上岗与等级考核制度、信贷部门负责人资格认定制度、特事特办制度等。

任务二　信贷业务部门设置及岗位职责

■ **学生的任务**

了解商业银行信贷业务部门设置及岗位职责。

■ **教师的任务**

指导学生完成商业银行信贷业务部门各岗位职责的学习。

任务导入

分析海南发展银行关闭的原因

海南发展银行成立于1995年8月，是海南省唯一一家具有独立法人地位的股份制商业银行，其总行设在海南省海口市，并在其他省市设有少量分支机构。

当时，海南省的城市信用社无一例外地采取了高息揽储的方式吸引存款，有的年利率高达25%，这就直接造成了多数城市信用社高进低出、食储不化的结果，只能靠新的高息存款支付到期的存款，从而形成严重违背商业规律的恶性循环。于是，资不抵债、入不敷出、无法兑付到期存款，成为各信用社的通病，并严重影响社会安定。

1997年年底，海南发展银行按照省政府意图兼并28家有问题的信用社，之后海南发展银行并没有按照规范的商业银行机制进行运作，而是大量进行违法违规的经营操作。成立时的股本为16.77亿元，但仅在1995年5—9月，就已发放贷款10.60亿元，其中最为严重的是向信用社股东发放9.20亿元无合法担保的贷款，占贷款总额的86.71%。许多贷款的用途根本不明确，许多股东的贷款发生在其资本到账后的一个月，实际上是用于归还用来入股的临时拆借资金。股东贷款成为股东抽逃资本金的重要手段。

同时，公众逐渐意识到问题的严重性，开始出现挤兑行为。随后几个月的挤兑行为耗尽了海南发展银行的准备金，而其贷款又无法收回。为保护海南发展银行，国家曾紧急调集了34亿元资金进行救助，但只是杯水车薪。

为控制局面，防止风险蔓延，1998年6月21日，中国人民银行发表公告，关闭仅仅运营2年10个月的海南发展银行。这是新中国金融史上第一次由于支付危机而关闭的一家有省政府背景的商业银行。同时宣布从关闭之日起至正式解散之日前，由中国工商银行托管海南发展银行的全部资产和负债，其中包括：接收并行使原海南发展银行的行政领导权、业务管理权及财务收支审批权；承接原海南发展银行的全部资产和负债，停止海南发展银行新的经营活动；配合有关部门实施清理清偿计划。对于海南发展银行的存款，则采取自然人和法人分别对待的办法，自然人存款即居民储蓄一律由中国工商银行兑付，法人债权则先进行登记，待海南发展银行的全部资产和负债清算完毕以后，按折扣率进行兑付。

1998年6月30日，在原海南发展银行各网点开始了原海南发展银行存款的兑付业务，由于公众对中国工商银行的信任，兑付业务开始后并没有造成大量挤兑，大部分储户只是把存款转存工商银行，现金提取量不多，没有造成过大的社会影响。

知识准备

一、信贷业务部门设置

商业银行信贷业务部门按照其职责，可以划分为前台部门、中台部门、后台部门，按照《贷款新规》的要求，商业银行应确保前、中、后台各部门的独立性，前、中、后台均应设立"防火墙"，确保操作过程的独立性。

1. 前台部门

前台部门即信贷业务部门，主要负责客户的营销和维护，是银行的"利润中心"，主要包括公司业务部和个人业务部。

2. 中台部门

中台部门主要负责信贷业务风险的管理和控制，包括信贷业务管理部门、风险管理部门、合规部门、授信执行部门等。

3. 后台部门

后台部门主要负责信贷业务的配套支持和保障，包括财务会计部门、稽核部门、IT部门等。

【教学互动】2.1

问：如果商业银行只划分了前台部门和后台部门，那么前台部门和后台部门分别负责哪些业务？

答：前台人员主要分布在公司的各营业部和营业网点，是直接面对客户的人员，负责拓展市场和客户服务工作，为客户提供一站式、全方位的服务。前台人员包括柜员、客户经理、大堂经理等。

后台人员集中于公司总部，人数较少，负责研究开发、委托交易清算、电脑维护和综合管理等工作，全力为一线的营销工作提供业务支持和技术保障。后台人员包括会计处理人员、IT支持人员、呼叫中心人员等。

银行前台部门和后台部门分别负责的业务如图2.3所示。

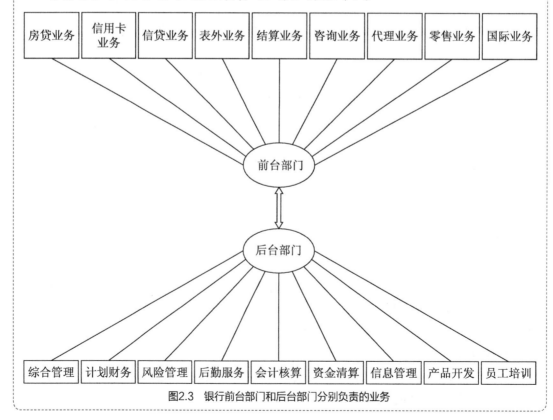

图2.3 银行前台部门和后台部门分别负责的业务

二、信贷业务部门职责

信贷业务部门与信贷管理部门分别为信贷业务的前、中台部门，前、中台部门及其相关岗位职责的相互独立与相互制约，以及后台部门的配套支持工作是信贷业务正常开展和风险有效控制的重要保障。

1. 信贷业务部门的主要职责

(1) 受理客户信贷业务申请；

(2) 对客户进行贷前调查；

(3) 对有权审批行(人)审批后的信贷业务，与客户签订借款合同和担保合同；

(4) 对客户进行贷后管理；

(5) 负责信贷业务风险分类的基础工作，以及相关信贷业务报表的统计分析和上报；

(6) 会同有关部门组织、落实公司客户代收、代付等中间业务的市场营销；

(7) 负责收集与本部门相关的信息资料，并加以汇总、分析，与有关部门共享，并及时向领导提出建议。

2. 信贷管理部门的主要职责

(1) 依据法律和银行信贷政策制度与条件，对信贷业务部门提供的客户调查材料的完整性、合规合法性进行审查，提出是否授信、授信额度、利率、还款期限、还款方式及保全措施等审查意见；

(2) 对客户部提供信贷政策制度咨询服务及法律援助；

(3) 对信贷政策和管理制度执行情况进行检查；

(4) 对发放后的贷款进行检查；

(5) 负责辖内授信业务风险分类与认定；

(6) 负责信贷资产质量检测的考核、金融债券的管理和风险资产的出资；

(7) 负责相关信贷业务报表的统计分析和上报。

3. 信贷业务后台部门的主要职责

(1) 会计部门。会计部门的主要职责是配合信贷部门，做好信贷资金的管理、运作、收息、收贷、财务、费用开支及现金管理工作，以及收集与本部门相关的信息资料，并加以汇总、分析，与有关部门共享，并及时向领导提出建议。

(2) 稽核部门。稽核部门的主要职责是对会计、出纳、信贷等业务的执行情况和业务办理情况进行稽核，以及对有价证券、印章、密押、重要空白凭证的保管、领用、使用销号、交接情况进行稽核。

任务三 贷款的基本操作流程

■ 学生的任务

了解商业银行信贷业务的基本操作流程；掌握信贷业务每个操作流程的要点。

■ 教师的任务

指导学生掌握商业银行授信业务的具体操作步骤。

任务导入

分析造成B银行500万元贷款损失的原因

黄海公司在经营不善、资金紧张的情况下，向B银行提出流动资金贷款申请。信贷员调查发现，该笔贷款实际用途为所购房屋的装潢及开办娱乐美食中心，不符合B银行流动资金贷款规定，并且该公司内部管理混乱，目前经营状况较差。由此调查人员得出结论，此笔贷款不能给B银行带来收益，却蕴藏着较大的信贷风险，故不同意贷款。在个别领导的坚持下，该贷款仍被提交分行审批，分行贷款审批委员会仔细研究了信贷员的意见，否定了该笔贷款。但最终某位行长考虑到企业是用房产契约作为抵押，以及各方面的关系与争取结算户的因素，否定了信贷人员和分行贷款审批委员会的意见，同意贷款500万元，期限10个月。

该笔贷款到期时，由于公司经营业绩下滑，资金周转困难，无力偿还B银行贷款，最终该笔贷款演变成为次级贷款。

知识准备

银行的贷款流程通常比较复杂，许多企业，特别是中小企业常常由于对银行贷款业务流程不熟悉，对银行要求提交的材料不了解，降低了融资效率，甚至导致融资失败。商业银行的主要利润来源就是贷款，由于银行在贷款这项金融活动中面临诸多的风险，如利润风险、信用风险、流动性风险等，因此，《中华人民共和国商业银行法》对商业银行的贷款活动做了指导性和约束性的规定。贷款的操作流程如图2.4所示。

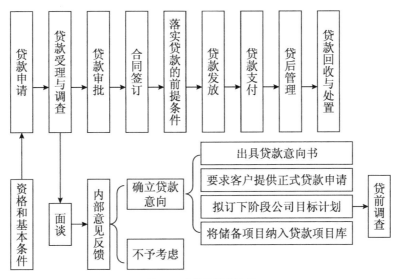

图2.4　贷款的操作流程

一、贷款的申请

客户主动到商业银行申请贷款业务，或是商业银行客户经理在主动向客户营销的基础上，客户向商业银行提出贷款申请。企业如果准备在银行贷款需要在银行开立账户。

1. 确定开户网点

(1) 就近、便利原则。企业需要经常到银行柜面去办理业务，所以企业开户的银行中最好有一家是交通方便的。目前大部分银行都提供在线银行、电话银行等离行服务，选择电子银行技术发达的银行也很有必要，这样可以减少企业财务人员的业务办理时间，而且也减少路途风险。

注意：小型商业银行所有机构都可以办理一般的对公账户开户，大型国有银行的储蓄所是不办理对公业务的，还有一些特殊账户是支行办理不了的，需要到分行营业部才可办理，所以开户时需要事先咨询银行。

(2) 服务良好原则。虽然银行的服务标准原则上是统一的，但不同银行、同一银行的不同机构的服务质量也可能是不一致的。选择开户银行时，要考虑银行的业务办理效率、银行的业务特长和对企业的重视程度。

注意：有些银行个人业务很强，但对公业务不一定强；有些银行大客户很多，但对中小企业重视程度不够。

(3) 贷款统一原则。银行贷款是属地管理，贷款主体和开户主体必须是一家法人单位，贷款行和开户行必须是一家分支机构。

注意：银行对贷款企业有一定要求，所以虽然企业可以开多个账户，但是最好不要在多家银行开户，有两三个账户就足够了，要把主要贷款行作为主要的业务结算行。

2. 咨询开户手续、准备开户材料

(1) 咨询开户手续。开户一般是在柜面直接办理，有些银行需要客户经理事前调查企业基本情况，所以开户前联系银行工作人员，详细了解开户的要求和流程非常必要。

(2) 准备开户材料。开户时，一般需要：营业执照正、副本原件；组织机构代码证正、副本原件；税务登记证正、副本原件；基本账户开户许可证原件；法人代表身份证原件；企业公章、财务章、法人代表人名章；如委托单位财务人员办理开户手续，还需提供法人书面授权书和代理人身份证原件。

3. 开户

开户前最好预约一下。为了保险起见，应带上相关印鉴，如果现场发现材料填写错误，还可以现场盖章补救。开立基本户一般需要7个工作日，开立一般户一般需要3个工作日。

4. 开立账户的常见问题

开立账户时经常遇到两个问题：是开户手续不全；二是基本账户的信息与开设一般账户提供的信息不一致。下面主要介绍第二个问题的解决办法。

银行为企业开立一般账户时，需要调阅企业在中国人民银行系统中的相关信息，该信息是企业开立基本账户时向银行提供的，由银行录入中国人民银行系统中。有些企业在开设基本户后变更了企业法人，但只变更了工商登记信息，而没有去基本账户开户行变更银行信息，则导致企业用新法人的身份证材料不能开立账户。企业应在工商部门变更完基本信息后，去基本户开户行办理相应的变更手续，中国人民银行会在7个工作日之后出具新的开户许可证。此时，企业就可以持新办理的材料去银行开立一般结算账户。

5. 准备申请材料

银行向符合要求的企业提供所需材料清单，企业按照材料清单准备相应的申请材料。申请材料主要包括营业执照副本复印件、法人代码证、法人代表身份证明、贷款卡、审计财务报表、税务登记证明、公司合同或章程、企业董事会成员和主要负责人、财务负责人名单和签字样本，信贷业务由委托人办理的，需提供企业法定代表人授权委托书、董事会决议，以及银行需要的其他材料。

二、贷款受理与调查

1. 初步审查

受理人员收到客户申请材料后，按《商业银行信贷业务申请材料清单》核对材料是否齐全，对材料的完整性、合法性、规范性、真实性和有效性进行初步审查。

(1) 与客户面谈。信贷业务面谈是商业银行甄别客户的第一步。通过面谈，可以确定是否需要开展后续贷款调查工作。如果客户需求明显不符合银行的信贷政策，信贷人员则无须进行面谈，可以直接拒绝顾客。

(2) 内部意见反馈。银行业务部门人员与客户面谈进行资格审查后，应进行内部意见反馈，及时、全面、准确地向上级领导汇报了解到的信息，必要时可以通过其他渠道，如中国人民银行信贷咨询系统，对客户资信情况进行初步查询。

2. 进一步调查

经初步判断符合授信业务申请条件的，受理人员应在收齐资料后当日将贷款申请材料移交授信业务经办行调查人进行调查；不符合贷款条件的，应将申请资料退还借款申请人，并向借款申请人说明情况。贷款基本条件如下。

(1) 企业应为工商行政管理部门(或主管机关)核准登记的企(事)业法人或其他经济组织。除自然人和不需要经工商行政管理机关核准登记的企事业法人外，其他企业应通过工商部门办理年检手续，特殊行业须持有有权机关颁发的生产经营许可证。

注意：一些特殊行业需要主管机关核准。例如，有些中小企业做的是教育、旅游等业务，但并未取得教委、旅游局等主管机关的审批，因此公司注册名称、经营范围和具体经营不规范，对银行融资不利。

(2) 自主经营、独立核算、自负盈亏，有健全的财务管理制度。

注意：银行一般需要经审计的财务报告，对一些挂靠到其他公司的业务收入一般不予认可。

(3) 借款用途合法、合理、合规，有按期还本付息的意愿和能力。

注意：银行资金的使用必须符合国家规定，比如不能够投资股市、期市，贷款的真实用途必须和申请的用途一致，等等。

(4) 企业经营良好，借款确有经济效益，能按期偿还本息，一般有两年以上的正常生产经营和纳税记录，并能按要求提供符合担保条件的保证人或抵(质)押物品。

注意：经营年限过短不利于银行判断企业经营能力，纳税记录应与向银行提供的报表相符。银行对中小企业合理、合法的避税行为是认可的，但偷逃纳税会影响融资。

(5) 应在银行开立存款账户，并按规定报送财务报表，接受信贷和结算监督。

(6) 企业应持有中国人民银行颁发的贷款卡，并通过中国人民银行组织的年检。

注意：企业第一次融资需要办理贷款卡，贷款卡会记录企业所有银行的融资信息，因此，违约会影响企业的再次融资。

3. 信贷业务调查

作为信贷业务调查人员，客户经理一般采取现场或非现场的方式进行调查，必要时，可聘请外部专家或委托专业机构开展特定的信贷调查工作。信贷业务调查包括法律文书的规范和严谨性调查、偿债能力调查、偿债意愿调查、授信效益性调查，以及信贷人资本状况、组织结构和银企关系等方面的调查。

(1) 初步分析材料，对材料中需要了解的重点项和异常项进行佐证调查。

银行需要调查的内容很多，基本有：

① 企业的基本资料，包括企业管理者情况、股东情况、历史背景、发展情况等；

② 企业的行业情况，包括国家宏观政策、行业发展、行业特点、企业在该行业中的地位等；

③ 企业的经营情况，包括企业的采购、生产、销售及合法经营情况；

④ 企业的管理情况，包括企业文化、管理者素质、员工素质、管理方式等；

⑤ 企业的财务情况，包括企业财务报表、对账单等相关财务数据及佐证信息；

⑥ 企业的需求情况，包括企业资金需求的目的、还款来源等；

⑦ 企业的信用状况，包括企业的交易记录以及企业在人民银行的相关信用记录；

⑧ 企业的担保情况，包括企业房产或其他抵(质)押物或担保方的调查。

(2) 撰写调查评价报告。银行客户经理的贷前调查是企业申请贷款的一项重要步骤，调查应全面、真实、具体，确保企业的贷款用途、合法合规性、行业及企业经营管理情况、财务状况和担保情况符合银行贷款业务的要求。同时，由于这项步骤的重要性，调查所需要的时间较长，手续相对烦琐，并可能需要反复与企业沟通。

① 客户经理通过查询授信企业的财务报告、与企业管理人员面谈、实地调查、阅读新闻和向相关人员进行了解等方式，对客户进行全面分析。

② 客户经理应按照规定的格式撰写调查评价报告，为审批人员决策提供可靠依据。

4. 资料移交

客户经理如同意贷款，则整理授信材料并于当日报送授信审批部门，同时在信贷管理系统中录入授信申请资料信息、调查意见和授信方案；客户经理如不同意贷款，则将授信资料退回授信申请人。

三、贷款审批

审查人员根据调查人员的报告对贷款人的资格进行审查和评定，复测贷款风险度，提出意见，按规定权限审批或报上级审批。

按照权限要求，银行内部有对应审批人员进行审批。企业是否获得融资不是由审批决定的，而是由企业是否符合条件要求决定的，银行审批人员仅会对一些弹性条款的尺度加以掌握。为了提高银行贷款效率，银行目前的创新是尽可能地实现产品的标准化。

注意：银行规模越大则产品的抵(质)押物越充足，创新性越低，基层权限越大，审批流程就越短，效率就越高，所以企业要考虑融资行和融资产品的选择。

四、合同签订

贷款审批后，与贷款人就贷款数量、期限、利率等进行洽谈，并签订贷款合同，然后签发贷款指令。授信业务申请经审查批准后，银行与借款人就可以签订授信合同。若为担保方式，银行与担保人还要签订保证合同或抵(质)押合同。银行和贷款企业签署合同后，授信即生效。

五、落实贷款的前提条件

授信生效并不代表企业可以拿到银行资金。银行内部控制要求审批和放款分离，而且审批时一般会约定一些放款前提条件，例如，抵(质)押操作需要企业提供贸易合同、发票等，满足前提条件后，企业才能拿到资金。

由于抵(质)押过程相对复杂，而且是在行政管理部门办理，具体要求也不太一致，因此建议企业在做抵(质)押之前先咨询银行客户经理，带齐材料，缩短办理时间。

六、贷款发放

贷款发放条件落实后，贷款发放人应按照合同约定发放贷款、落实用款，主要包括开立基本结算户、增加结算量、开立授信专用账户、专户管理等，按照合同要求借款人需要到场的，应通知借款人持本人身份证件到场协助办理相关手续。

七、贷款支付

贷款支付是指按照借款合同约定划付到约定账户，通过贷款人受托支付或借款人自主支付的方式对贷款资金的支付进行管理与控制。

八、贷后管理

在贷款发放期间，银行应定期对企业的基本情况进行检查、跟踪，发现风险隐患。

1. 授信检查

一般来讲，授信检查包括首次检查、全面检查和重点检查三种。

(1) 首次检查。贷款发放后15日内，客户经理要进行首次检查，重点检查贷款的使用用途是否符合合同的约定用途。

(2) 全面检查。除了首次检查外，每个月或每个季度还要进行全面检查，主要检查客户的基本情况，包括客户行业状况、经营状况、内部管理状况、财务状况、融资能力和还款能力等方面的变化情况，信贷业务风险变化情况和授信担保的变化情况。

(3) 重点检查。授信后，一旦发现客户出现新的或影响贷款偿还的重大风险事项时，银行从发现之日起2日内要进行重点检查。

上述每种检查后，最终都要形成授信检查报告。

授信检查后应进行风险预警和问题处理。风险预警，即根据授信检查的情况，判断授信总体风险状况，提出和上报预警。问题处理，即信贷人员根据授信后的检查情况、风险预警情况，制定相应的风险防范措施。

2. 授信资产质量分类

贷款发放后，商业银行的授信经营、管理人员要按照规定的标准、方法、程序对授信资产质量进行全面、及时和准确的评价，并将信贷资产按风险程度划分为不同的档次。

九、贷款回收与处置

一般来说，贷款到期前一段时间，银行会通知企业准备还款。到期前几天，银行会检查企业账户资金是否到位，避免企业由于自身资金运作问题导致还款出现逾期，影响企业在中国人民银行的资信状况。贷款到期日，企业归还本息。

1. 贷款收回

(1) 正常回收。短期授信到期前一周或中长期授信到期前一个月，授信人员要向企业发送到期贷款通知书；到期收回贷款后，要进行会计账务处理；登记贷款卡；退还抵押物权利凭证；登记信贷台账。

(2) 提前归还。提前归还分为借款人申请和本行要求两种情况。

2. 展期

授信到期前，客户可申请授信展期。一般情况下，一笔授信只能展期一次。允许展期的条件如下：

(1) 由于国家调整价格、税率或贷款利率等因素而影响借款人的经济效益，造成其现金流量明显减少，还款能力下降，不能按期归还贷款；

(2) 因不可抗力影响偿还；

(3) 受国家宏观经济政策影响，银行未能按借款合同发放贷款而影响借款人正常生产经营；

(4) 借款人生产经营正常，原贷款期限过短。

注意：企业一定要提前安排好还款资金，不要把时间卡得很紧，一旦预料之外的事情发生，影响资金归还，会对企业的信用记录有重大不良影响。

3. 授信逾期和问题授信的管理

对于到期未能收回的授信业务，要按照规定加紧催收；对于问题授信和不良贷款，要采取相应的措施，积极进行处置。

4. 档案管理

为提高授信业务管理水平，切实保障债权人的权益，商业银行要加强授信业务档案管理。授信业务档案主要内容包括营业执照(复印件)、贷款调查报告、借款申请书、贷款审批书、借款合同、结算户和专用基金户存款余额登记簿、贷款发放回收余额登记簿、主要经济指标、财务活动登记簿、自有资金增减变化表等。

综合练习

一、填空题

1. 信贷业务部门和岗位的设置有(　　)及其专门委员会、(　　)、(　　)、(　　)与岗位设置。

2. 信贷业务部门与岗位设置有(　　)部门、(　　)部门、(　　)部门。

3. 前台部门主要负责客户的(　　)和(　　)，是银行的"利润中心"，主要包括(　　)和(　　)。

4. 中台部门主要负责信贷业务风险的管理和控制，主要包括(　　)部门、(　　)部门、(　　)部门、(　　)部门等。

5. 后台部门主要负责信贷业务的(　　)和(　　)。

6. 信贷业务的基本制度包括(　　)制度、(　　)制度、(　　)和(　　)制度、信贷业务授权授信管理制度、责任追究制度、信贷业务报备制度等。

7. 授权授信管理可以分为(　　)授信和(　　)授信两种。

8. 贷款的操作流程有(　　)、(　　)、(　　)、(　　)、(　　)、(　　)、(　　)、(　　)、贷款回收与处置9个步骤。

9. 贷款的申请有(　　)主动到商业银行申请和(　　)在主动向客户营销的基础上，客户向商业银行提出申请。

二、单项选择题

1. 商业银行的最高权力机构是(　　)。

A. 监事会　　　　　　B. 股东大会　　　　　　C. 专门委员会　　　　D. 总稽核

2. 授信业务档案有(　　)。

A. 营业执照复印件　　　　　　　　　　B. 贷款调查报告复印件

C. 借款申请书复印件　　　　　　　　　D. 贷款审批书复印件

3. 受理客户信贷业务申请属于(　　)部门的职责。

A. 信贷业务　　　　B. 信贷管理　　　　　　C. 会计　　　　　　D. 稽核

4. 信贷业务的受理阶段包括(　　)。

A. 客户申请、资格审查、客户提交材料、材料初审

B. 资格审查、客户申请、客户提交材料、材料初审

C. 客户申请、客户提交材料、资格审查、材料初审

D. 材料初审、客户申请、资格审查、客户提交材料

5. 个人客户资格审查时，下列条件中，(　　)不是客户应具备的基本条件。

A. 具有完全民事行为能力的中华人民共和国公民或符合国家有关规定的境外自然人

B. 用途明确合法，申请数额、期限合理

C. 具备还款意愿和还款能力，信用状况良好

D. 未在银行开立个人结算账户

6. 客户经理收到客户贷款申请材料后，应对材料的完整性、规范性和( )进行初步审查。

A. 真实性   B. 流动性   C. 效益性   D. 安全性

7. 客户经理收到客户贷款申请材料后，对材料审查的具体要求不包括( )。

A. 提交的材料是否齐全，要素是否符合银行的要求

B. 客户及保证人、出质人、抵押人的身份证件是否真实、有效

C. 担保材料是否符合有关规定

D. 是否在银行办理借记卡

8. 授信检查不包括( )。

A. 首次检查   B. 全面检查   C. 重点检查   D. 每天检查

9. 商业银行的贷款业务流程是( )。

① 贷款申请   ② 贷款审批   ③ 贷款调查   ④ 贷款发放   ⑤ 贷后管理

A. ①→②→③→④→⑤   B. ①→③→②→④→⑤

C. ①→②→④→③→⑤   D. ①→③→④→②→⑤

10. ( )对银行内部及会计事务尽职监督，是商业银行的监督机构，对股东大会直接负责。

A. 监事会   B. 党委   C. 纪委   D. 董事会

三、多项选择题

1. 商业银行规章制度建设的基本原则有( )。

A. 依法合规、防险内控原则   B. 操作可行、依据职责原则

C. 分工协作、全面覆盖原则   D. 体系统一、遵循惯例原则

2. 商业银行信贷业务的基本制度有( )。

A. 授信分控、民主决策制度   B. 主责任人、经办责任人制度

C. 信贷业务授权授信管理制度   D. 责任追究、报备制度

3. 企业贷款前银行开立账户时，要考虑开户网点的( )。

A. 贷款统一   B. 就近   C. 交通便利   D. 服务良好

4. 个人客户资格审查时，应具备( )基本条件。

A. 具有完全民事行为能力的中华人民共和国公民或符合国家有关规定的境外自然人

B. 用途明确合法，申请数额、期限合理

C. 具备还款意愿和还款能力，信用状况良好

D. 在银行开立个人结算账户

5. 个人资信情况调查包括( )。

A. 通过相关的征信系统调查客户的信用记录，并可充分利用其他金融机构的共享信

息，了解客户的资信状况

B. 重点调查可能影响第一还款来源的因素，主要包括：对于主要收入来源为工资收入的，应结合客户所从事的行业、所任职务等信息对其收入水平及证明材料的真实性做出判断

C. 主要收入来源为其他合法收入的，如利息和租金收入等，应检查其提供的财产情况，证明文件包括租金收入证明、房产证、银行存单、有现金价值的保单等

D. 确定客户提供的职业情况、所在单位的任职情况等是否真实

6. 个人基本情况调查包括(　　)。

A. 验证客户、担保人提交的身份证件及其他有效证件是否真实有效，是否与本人一致

B. 确定客户提供的居住情况、婚姻状况、家庭情况、联系电话等是否真实

C. 确定客户提供的职业情况、所在单位的任职情况等是否真实

D. 验证客户、担保人提交的身份证件及其他有效证件是否真实有效，是否为有权部门签发，是否在有效期内

7. 个人客户调查的内容包括(　　)。

A. 个人基本情况调查、个人资信情况调查

B. 个人资产与负债情况调查

C. 对担保方式的调查

D. 贷款用途及还款来源调查

8. 开户材料一般包括(　　)。

A. 营业执照正、副本原件　　　　　　B. 组织机构代码证正、副本原件

C. 税务登记证正、副本原件　　　　　D. 基本账户开户许可证原件

四、判断题

1. 银行贷款是属地管理，贷款主体和开户主体必须是一家法人单位，贷款行和开户行可以不是一家分支机构。(　　)

2. 金融机构可以向关系人发放信用贷款。(　　)

3. 金融机构可以以优于其他借款人的条件向关系人发放担保贷款。(　　)

4. 关系人是指金融机构的董事(理事)、监事、管理人员、信贷人员及其近亲亲属，以及上述人员投资或担任高级管理职务的公司、企业和其他经济组织。(　　)

5. 信贷管理部门的主要职责是依据法律和银行信贷政策制度与条件，对信贷业务部门提供的客户调查材料的完整性、合规合法性进行审查。(　　)

6. 信贷管理部门提出是否授信、授信额度、利率、还款期限、还款方式及保全措施等审查意见。(　　)

7. 信贷管理部门对客户部提供信贷政策制度咨询服务及法律援助。(　　)

8. 会计部门的主要职责是配合信贷部门，做好信贷资金的管理、运作和收息等

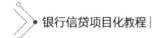

工作。（　　）

9. 稽核部门的主要职责是对会计、出纳、信贷等业务的执行情况和业务办理情况进行稽核。（　　）

10. 信贷管理部门的主要职责是对发放后的贷款进行检查。（　　　）

五、简答题

贷款的操作流程是什么？

六、分析题

分析如何在银行信贷工作中进行良好的分工和合作。

2008年9月15日上午10：00，拥有158年历史的美国第四大投资银行——雷曼兄弟公司向法院申请破产保护，消息转瞬间通过电视、广播和网络传遍地球的每个角落。令人匪夷所思的是，在如此明朗的情况下，德国国家发展银行居然以10：10按照外汇掉期协议的交易，通过计算机自动付款系统，向雷曼兄弟公司即将冻结的银行账户转入了3亿欧元。毫无疑问，3亿欧元将有去无回。

转账风波曝光后，德国社会各界大为震惊，舆论哗然，普遍认为这笔损失本不应该发生，因为此前一天，有关雷曼兄弟公司破产的消息已经满天飞。可是为什么德国国家发展银行却发生这样的悲剧呢？法律事务所通过调查发现事情的真相。

首席执行官乌尔里奇·施罗德：我知道今天要按照协议预先的约定转账，至于是否撤销这笔巨额交易，应该让董事会开会讨论决定。

董事长保卢斯：我们还没有得到风险评估报告，无法及时做出正确的决策。

董事会秘书史里芬：我打电话给国际业务部催要风险评估报告，可那里总是占线，我想还是过一会儿再打吧。

国际业务部经理克鲁克：星期五晚上准备带全家人去听音乐会，我得提前打电话预订门票。

国际业务部副经理伊梅尔曼：我忙于其他事情，没有时间去关心雷曼兄弟公司的消息。

负责处理雷曼兄弟公司业务的高级经理希特霍芬：我让文员上网浏览新闻，一旦有雷曼兄弟公司的消息就立即报告，现在我要去休息室喝杯咖啡了。

文员施特鲁克：10：03，我在网上看到了雷曼兄弟公司向法院申请破产保护的新闻，马上就跑到希特霍芬的办公室，可是他不在，我就写了张便条放在办公桌上，他回来后会看到的。

结算部经理德尔布吕克：今天是协议规定的交易日期，我没有接到停止交易的指令，那就按照原计划转账吧。

结算部自动付款系统操作员曼斯坦因：德尔布吕克让我执行转账操作，我什么也没问就做了。

信贷部经理莫德尔：我在走廊里碰到了施特鲁克，他告诉我雷曼兄弟公司的破产消息，但是我相信希特霍芬和其他职员的专业素养，一定不会犯低级错误，因此也没必要提醒他们。

公关部经理贝克：雷曼兄弟公司破产是板上钉钉的事，我想跟乌尔里奇·施罗德谈谈这件事，但上午要会见几个克罗地亚客人，等下午再找他也不迟，反正不差这几个小时。

德国经济评论家哈恩说，在这家银行，上到董事长，下到操作员，没有一个人是愚蠢的，可悲的是，几乎在同一时间，每个人都开了小差，加在一起就创造出了"德国最愚蠢的银行"。实际上，只要当中有一个人认真负责一点，那么这场悲剧就不会发生。演绎一场悲剧，短短10分钟就足够。

项目三　贷款的申请与处理

▶ **项目目标**

职业知识

掌握借款人应具备的资格；明确办理贷款须提供的资料；了解借款人的权利和义务；掌握银行发放贷款的基本标准。

职业能力

能够设计贷款关系申请书。

职业道德

培养管理意识、主动工作的意识和服务意识，以及认真细致的工作作风。

▶ **项目提出　梳理贷款所需资料**

▶ **项目任务**

与借款人相关的事项 贷款申请的处理

任务一 与借款人相关的事项

■ 学生的任务

了解借款人应具备的资格，以及借款人的权利和义务；掌握银行发放贷款的基本标准。

■ 教师的任务

指导学生区分流动资金贷款和固定资金贷款的核心内容。

任务导入

如何做一名合格的贷款审查人

某房地产开发商一次性向广东发展银行某分行上报10笔客户按揭贷款申请，从申请资料来看，这10位借款人的工作单位各不相同，打电话核实也没有发现问题，但该行查询个人征信系统发现，这10位借款人所在工作单位都是该开发商。经再次核实，证明这是开发商为了融资而虚报的一批假按揭。该行果断拒绝了这批贷款申请。

请总结如何做一名合格的贷款审查人。

知识准备

想贷款，找银行，这似乎已是很多企业和个人急需资金时，脑中浮现的第一个念头。诚然，银行贷款的定价优势是其他机构所不可比拟的，但银行贷款申请条件却颇为严苛，导致很多借款人由于资质不足而被拒。

一、借款人应具备的资格

借款人应当是经工商行政管理机关(或主管机关)核准登记的企(事)业法人、个人合伙、个体工商户或具有中华人民共和国国籍的具有完全民事行为能力的自然人。

(1) 须经国家工商行政管理部门批准设立，登记注册，持有营业执照。

(2) 实行独立经济核算，自主经营、自负盈亏。即企业有独立从事生产、商品流通和其他经营活动的权力，有独立的经营资金、独立的财务计划与会计报表，依靠本身的收入来补偿支出，独立地计划盈亏，独立对外签订购销合同。

(3) 有一定的自有资金。

(4) 遵守政策法令和银行信贷、结算管理制度，并按规定在银行开立基本账户和一般存款账户。

(5) 产品有市场。

(6) 生产经营有效益。

(7) 不挤占挪用信贷资金。

(8) 恪守信用。

除以上基本条件之外，借款人还应符合以下条件：①有按期还本付息的能力，即原应付贷款本金及利息已偿还，没有偿还的已经做了银行认可的偿还计划；②经工商行政管理部门办理了年检手续；③资产负债率符合银行的要求等；④填写申请贷款情况说明书(两份)，加盖公司公章，提供法人的人名章、法人委托全权办理贷款手续的委托书，以及企业法人的概况；⑤填写借款申请表(见表3.1)。

表3.1　借款申请表

企业名称		开户银行及账户	
年、季度借款计划		已借金额	
申请贷款金额(大写)		借款期限	
借款种类		借款用途	
借款原因			
还款计划		借款批准后以本申请书作为借款依据 　　此致 　　　　　　　　　　　　××银行 借款单位盖章　　　　　法人代表章	
主管部门意见	盖章		
银行意见	批准金额(大写)		批准期限	
	客户经理签章		公章 负责人签章 年　月　日

二、借款人的权利和义务

1. 借款人的权利

借款人自主申请、有权按合同约定提取和使用全部贷款；有权拒绝借款合同以外的附加条件；有权向贷款人的上级和中国人民银行反映、举报有关情况；在征得贷款人同意后，有权向第三人转让债务。

2. 借款人的义务

借款人应如实提供银行要求的资料,接受监督,按约定用途使用贷款;按借款合同约定及时清偿贷款本息;将债务全部或部分转让给第三人的,应当取得银行的同意;有危及银行债权安全情况时,应当及时通知银行,同时采取保全措施。

三、银行发放信贷的基本标准

(一) 授信对象

1. 授信业务的基本对象

向银行申请授信业务的客户,必须满足国家和银行有关授信政策与管理规定。按照《贷款通则》,借款人应当是经国家行政管理机关(或主管机关)核准登记的企业(事业)法人、其他组织、个体工商户或具有中华人民共和国国籍的具有完全民事行为能力的自然人,还要满足银行的各项具体规定。其中,其他组织主要包括:

(1) 依法登记领取营业执照的独资企业、合伙企业;

(2) 依法登记领取营业执照的联营企业;

(3) 依法登记领取营业执照的中外合作经营企业;

(4) 经民政部门核准登记的非以公益为目的的社会团体;

(5) 经核准登记领取营业执照的乡镇、街道、村办企业。

2. 授信对象的基本条件

根据客户申请信贷业务品种的不同,企(事)业法人和其他组织在银行申请信贷业务应当具备下列基本条件:

(1) 从事的经营活动合规合法,符合国家产业、环保政策和社会发展规划要求。

(2) 企业法人应持有工商行政管理机关颁发的合法、有效的法人营业执照(见图3.1),事业法人应持有有权机关颁发的合法有效的事业单位法人证书(见图3.2),其他组织应持有有权机关的核准登记文件;按规定持有税务部门核发的税务登记证(见图3.3);特殊行业还须持有有权机关颁发的营业许可证;按规定需取得环保许可证明的,还应获得有权部门出具的环保许可证明。

图3.1 企业法人营业执照

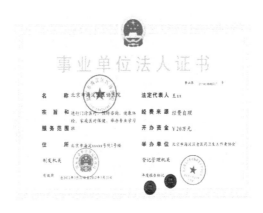

图3.2　事业单位法人证书

图3.3　税务登记证

(3) 持有中国人民银行核准发放并通过年检的贷款卡(见图3.4)，按规定不需要持有贷款卡的企事业法人和其他组织除外。贷款卡是指中国人民银行发给注册地借款人的磁条卡，是借款人凭以向各金融机构申请办理信贷业务的资格证明。凡与金融机构发生信贷业务的借款人，均应向注册地中国人民银行申领贷款卡。一个借款人可申领一张贷款卡，贷款卡编码唯一。除贷款卡之外，企业还需持有技术监督部门颁发的组织机构代码证(见图3.5)。

图3.4　贷款卡

图3.5 组织机构代码证

(4) 无不良信用记录，或虽然有过不良信用记录，但不良信用记录的产生并非由于主观恶意，且申请本次用信前已全部偿还了不良信用或落实了银行认可的还款计划。

(5) 实行公司制的企业法人申请信用必须符合法律法规和公司章程的规定。

(6) 有固定的生产经营场所和符合规定比例的自有资金，有稳定的经济收入，具备到期偿还本息的能力。

(7) 在银行开立基本存款账户或一般存款账户，自愿接受银行信贷监督和结算监督。银团贷款可根据银团贷款协议在代理行统一开户，接受代理行统一信贷监督和结算监督。

(8) 申请信用用途合法合规。

(9) 未经有权行批准可采用信用方式用信的，应提供符合规定条件的担保。

(二) 授信金额

授信金额是指商业银行承诺向授信人提供的、以货币计量的授信产品数额。

(三) 授信期限

授信期限是指商业银行每一笔授信业务的具体起止期限，即从授信合同开始至授信合同终止的时间。对于资金授信业务，授信期限是指商业银行从贷款发放到贷款全部收回为止的时间。授信期限可分为短期、中期和长期。短期期限为1年以内(含1年)，中期期限为1~5年(含5年，其中中期流动资金贷款的期限为1~3年)，长期期限为5年以上。银行对公授信业务最长期限一般不超过7年。理论上，资金授信业务期限包括提款期、宽限期和偿还期。

(1) 提款期，是指从贷款发放到贷款开始使用的时间。

(2) 宽限期，是指从贷款开始使用到贷款开始偿还的时间。

(3) 偿还期，是指从贷款开始偿还到贷款全部偿还完为止的时间。

(4) 贷款展期，是指借款人因故未能按合同约定期限偿还贷款本息而要求继续使用贷款的行为。贷款展期视同贷款发放，应按程序报批，否则按逾期贷款处理。贷款展期的期限：短期贷款最长可展期原期限，中期贷款最长可展期原期限的一半，长期贷款最长可展期3年。

(四) 授信业务的利率或费率

1. 贷款利率

针对资金授信业务，贷款利率是信贷资金的价格，是一定时期投入本金的数额与同期所获得利息数额的比率。银行办理的各类授信业务的利率，要根据市场资金的供求状况和金融产品的风险程度由市场决定。这样，将给商业银行利息收入的最大化创造有利的条件。

确定贷款利率时，必须考虑以下因素。

(1) 国家金融政策。

(2) 贷款的风险。银行应根据"高风险、高收益"的原则，依据贷款风险的大小确定利率的高低，银行将要而且愿意承担的风险越大，利率水平就应越高。

(3) 同业竞争。同一资金市场上的同业利率水平也是制约利率的重要因素。

(4) 与客户的关系。考虑到与客户的长远合作和银行的综合效益，确定利率时可在政策允许范围内表现出适当弹性，以追求银行长远和综合效益的最大化。

(5) 银行为客户提供的贷款品种和服务质量，如服务网络、资金划拨速度等。

(6) 银行的资金筹集成本。中国人民银行对商业银行和其他金融机构的存、贷款利率为基准利率，基准利率由中国人民银行总行确定。利率分为三种：年利率，以%表示；月利率，以‰表示；日利率，以‱表示。

$$月利率=年利率÷12月$$
$$日利率=月利率÷30天或=年利率÷360天$$

工商企业贷款按日计息、按月(或按季)结息，以每月(每个季度的末月)的20日为结息日。

2. 费率

针对非资金授信业务，费率是一定时期收取费用数额与同期所提供的担保、承诺或服务金额的比率。费率的类型较多，包括承诺费、承兑费、银团安排费、开证费等。

(五) 授信用途

不同种类的授信业务有不同的用途规定。在办理授信业务时，要密切注意其用途是否真实，是否按照合同约定使用。授信的审批和发放是以合理用途为前提和基础的，授信资金的挪用，就意味着授信审批基础的改变和授信风险。所以，挪用授信资金是一种非常危险的信号，必须予以密切关注，应及时采取有效措施予以制止和纠正。

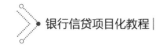

(六) 授信担保

担保是保证借款人还款和履行责任的第二来源。在办理授信业务时，首先要关注的是借款人的偿还能力，因为借款人的正常经营收入才是第一还款来源，不能因为有担保而放松对借款人的审查和管理。目前，我国商业银行授信担保主要有保证、抵押、质押和保证金等方式。

(七) 清偿计划

贷款本金的清偿包括一次还款和分次还款。其中分次还款包括定额还款和不定额还款，定额还款包括等额还款和约定还款；不定额还款包括等额本金还款和等额本息还款。

四、办理贷款须提供的资料

办理贷款须提供的资料一般包括：

(1) 企业和保证人(如有)的基本情况，包括经年检的法人营业执照、组织机构代码证、验资报告、公司章程、法定代表人的身份证明或代表人授权书和授权代理人的身份证明、董事会或管理机构同意申请借款的决议；

(2) 企业和担保人(如有)经会计师事务所审计的会计报表，以及申请贷款日前一个月的会计报表；

(3) 抵(质)押物清单和有处分权人同意抵(质)押的证明，保证人拟同意保证的有关证明文件；

(4) 企业经年检的贷款卡。

注意：提交给银行的复印件应加盖公章；应提供企业融资的授权文件。企业的公司章程约定企业的重大决策需要内部的机构认可，如有些是董事会决定，有些是法人代表决定，有些是企业总经理决定，一般来说，企业融资是需要董事会决定的，所以企业要提供董事会决议。

任务二　贷款申请的处理

■ 学生的任务

了解贷款申请所需准备的资料，能够设计信贷关系申请书。

■ 教师的任务

培养学生的规则意识和对职业的尊重。

分析张扬为什么会走上犯罪之路？

张扬，原A市K县某支行行长，负责营销和协同支行的客户经理共同完成信贷业务前期调查工作。

一天，张扬遇见了一位久违的老同学，一起用晚餐时了解到这位老同学在经营牲畜养殖场，年销售额可达400万元。同学的养殖场有一笔尾款尚未收结，希望能借助张扬的银行关系为自己贷款300万元以解燃眉之急，6个月后便可归还。张扬了解到自己银行的公司贷款业务尚未完全开办，但碍于情面还是满口答应。

张扬觉得自己的这位同学心思缜密，上学时和自己关系亲密，不会骗自己，决定用本行现有的小额贷款集中使用的形式，为其贷出本笔款项。他安排手下人员为其摸底调查，通过自身关系找出60个人向其表明需要帮忙贷款的意愿，并承诺该贷款没有风险。这些人出于对银行和张扬本身的信任，同意了帮忙贷款的请求，并愿意根据他设计的话术回答任何问题。

随后，张扬通知支行信贷经理，陪同他完成了基本调查，并通过了贷前调查和审贷会审批，顺利为同学贷款300万元。

6个月后，张扬要求同学还款，同学以各种理由多次拖延，之后再打电话就是无法接通。张扬感觉大事不妙，通过后期调查了解到，养殖场已濒临倒闭，该同学早已欠下巨额外债并逃走。最终，张扬因涉嫌挪用资金罪被起诉。

知识准备

客户向银行提出信贷申请，客户经理要认真了解客户生产经营过程中合理的资金需要，准确介绍银行的有关信贷规定，包括借款人的资格要求，信贷业务的利率、费率、期限、用途、优惠条件，以及客户的违约处理等。

一、客户准备的资料应齐全

1. 基本资料

(1) 通过税务部门年审、有防伪标记的国地税登记证。

(2) 在有效期内，且年审合格的贷款卡(证)、营业执照及其他有效证明。

(3) 组织机构代码证。

(4) 公司章程、环保合格证书及资质证明等其他材料。

(5) 股东会或董事会决议，内容应包括申请信贷业务用途、期限、金额、担保方式及委托代理人等，并达到公司章程或组织文件规定的有效签字人数。

(6) 法人代表身份证。

2. 借款人及保证人基本情况资料

(1) 原有不合理占用的贷款的纠正情况。

(2) 抵押物、质物清单和有处分权人的同意抵押、质押的证明，以及保证人拟同意保证的有关证明文件。

3. 银行认为需要提供的其他有关资料

略。

二、信贷申请书内容应准确

信贷申请书的基本要素主要包括交易对象、信贷产品、信贷金额、信贷期限、贷款利率和费率、清偿计划、担保方式和约束条件。

(1) 交易对象。公司信贷业务的交易对象包括银行和借款方，借款方主要是经工商管理机关核准登记的企业法人或其他经济组织。

(2) 信贷产品，是指特定产品要素组合下的信贷服务方式，主要包括贷款、担保、承兑、信用支持、保函、信用证和承诺等。

(3) 信贷金额，是指银行承诺向借款人提供的以货币计量的信贷产品数额。

(4) 信贷期限，主要指贷款期限。在广义的定义下，贷款期限又分提款期、宽限期和还款期；在狭义的定义下，贷款期限主要指贷款从发放到最后还款或清偿的期限。

(5) 贷款利率，即借款人使用贷款时所支付的价格。贷款利率按不同标准可划分为多个档次(如短、中、长期等)和种类(如固定利率和浮动利率、本币利率和外汇利率等)，同时贷款利率还有多种计息方式(如按年、按月、按日；单利、复利等)和计息标准(如百分比、千分比、万分比；分、厘、毫等)。

(6) 费率，是指利率以外的银行提供信贷服务的价格。费率的类型较多，主要包括担保费、承诺费、承兑费、开证费等。

(7) 清偿计划，一般分为一次性还款和分次还款，分次还款又有定额和非定额两种方式。

(8) 担保方式，是指借款人无力或未按规定时间还本付息时的第二还款来源。担保方式包括保证、抵押、质押、定金和留置等五种具体方式，在信贷业务中经常运用的主要是前三种。

(9) 约束条件，包括提款条件和监管条件。提款条件主要包括合法授权、政府批准、资本金要求、监管条件落实和其他提款条件；监管条件主要包括财务维持、股权维持、信息交流和其他监管条件。

三、财务报表无误

年度财务报表要经过专业审计机构审计，且审计结论为无保留意见的客户上一年度和最近一期的财务报表及生产经营、物资材料供应、产品销售等有关统计资料。审计报告至少包括三个部分：财务报表(资产负债表、损益表和现金流量表)、财务报表编制说明及报表附注、专业审计机构的审计结论。

1. 财务结构

(1) 净资产与年末贷款余额比率必须大于100%(房地产企业可大于80%)，净资产与年末贷款余额比率也称净资产负债率。

$$净资产与年末贷款余额比率=\frac{年末贷款余额}{净资产}\times100\%$$

(2) 资产负债率必须小于70%，最好低于55%。

$$资产负债率=\frac{负债总额}{资产总额}\times100\%$$

2. 偿债能力

(1) 流动比率在150%～200%较好。

$$流动比率=\frac{流动资产额}{流动负债}\times100\%$$

(2) 速动比率在100%左右较好，对中小企业适当放宽，也应大于80%。

$$速动比率=\frac{速动资产额}{流动负债}\times100\%$$

速动资产=货币资金+交易性金融资产+应收账款+应收票据=流动资产-存货-预付
账款--年内到期的非流动资产-其他流动资产

(3) 担保比例小于0.5为好。

(4) 现金比率大于30%。

$$现金比率=\frac{现金+现金等价物}{流动负债}\times100\%$$

3. 现金流量

(1) 企业经营活动产生的净现金流应为正值，其销售收入现金回笼应在85%以上。

(2) 企业在经营活动中支付采购商品、劳务的现金支付率应在85%以上。

四、表达意愿清楚

客户填写《银行信贷业务申请书》后，业务人员应重点核对以下内容：

(1) 信贷业务品种、币种、期限、金额、担保方式、借款用途与协商的内容相符；

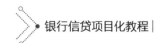

(2) 加盖的公章清晰，与营业执照和贷款卡(证)上的企业名称三者一致；

(3) 复印件加盖公章，核对正本与复印件，无误后签字确认。

客户申请材料审核后，如不合格，经办人员将申请材料退还客户，并做好解释工作；如合格，经办人员将用于核对的原件退回客户，在《受理评价工作交接单》上的受理栏内填写受理时间并签字，进入调查阶段。整个受理过程应在3个工作日内完成。

五、注意事项

1. 关于财务报表
(1) 经审计和未审计的财务报表区别对待，以经审计的财务报表为主，其他为辅。

(2) 对新建项目的财务报表不做严格要求，但应及时获取重要财务数据。

2. 关于公司章程
认真阅读借款人或担保公司章程的具体规定，以确认该笔贷款是否必须提交董事会决议。

六、建立信贷关系

银行接到客户提交的《借款申请书》及有关资料后，对客户情况进行核实，对照银行贷款条件，判断其是否具备建立信贷关系的条件。客户首次向贷款行申请贷款或借款人变更法人主体时，应填写《建立信贷关系申请书》(以工业生产企业为例)一式两份(见表3.2)。

表3.2　建立信贷关系申请书

申请日期：　　　　　　电话：　　　　　　邮编：

借款人公章				法定代表人	
				(签　　名)	
地址				联　系　人	
批准成立机关				文　　　号	
				日　　　期	
主管单位				性　　　质	
在职职工		生产车间 (经营网点)		厂房(营业)	
				面　　　积	
登记注册机关				文　　　号	
				日　　　期	
注册资本				固定资产净值	
生产(经营)方式					
生产(经营)范围					

(续表)

主管部门意见	(公章) 　　　　　年　月　日	法定代表人意见	董事长(签章) 　　　　　年　月　日
贷款人意见	信贷员(签章) 　　　　　　　　　　　　　　　　公章 法定代表人(签章) 　　　　　年　月　日		

　　工业生产企业申请贷款时必须提交《工业生产企业流动资金借款申请书》。客户经理依据国家产业政策、信贷政策及有关制度，并结合上级行批准的信贷规模计划和信贷资金来源对企业借款申请进行初步审查。客户经理收到客户申请材料后，按《银行信贷业务申请材料清单》清点材料是否齐全，对客户提供材料的完整性、合法性、规范性、真实性和有效性进行初步审查。了解上述情况后，要写出书面报告，并签署是否建立信贷关系的意见，提交科(股)长、行长(主任)逐级审查批准。

　　经行长(主任)同意与企业建立信贷关系后，银企双方应签订信贷关系契约。

综合练习

一、填空题

　　1. 借款人应当是经工商行政管理机关(　　　)核准登记的(　　　)、(　　　)、(　　　)或具有中华人民共和国国籍的(　　　)。

　　2. 借款人须经国家(　　　)，登记注册，持有营业执照。

　　3. 客户经理要准确介绍(　　　)、(　　　)、(　　　)、(　　　)、(　　　)、(　　　)等银行的有关信贷规定。

二、单项选择题

　　1. 下列说法中，错误的是(　　　)。

　　A. 提款期，是指从贷款发放到贷款开始还款的时间

　　B. 宽限期，是指从贷款开始使用到贷款开始偿还的时间

　　C. 偿还期，是指从贷款开始偿还到贷款全部偿还完为止的时间

　　D. 贷款展期，是指借款人因故未能按合同约定期限偿还贷款本息而要求继续使用贷款的行为

2. 下列说法中，错误的是(　　)。

A. 从事的经营活动合规合法，符合国家产业、环保政策和社会发展规划要求

B. 企业法人应持有工商行政管理机关颁发的合法有效的法人营业执照

C. 事业法人应持有有权机关颁发的合法有效的法人营业执照

D. 其他组织应持有有权机关的核准登记文件，按规定持有税务部门核发的税务登记证

3. 商业银行授信的对象是法人，不允许商业银行在一个营业机构或系统内对不具备法人资格的分支公司客户授信，即授信要做到(　　)。

A. 授信主体的统一　　　　　　　　B. 授信形式的统一

C. 授信对象的统一　　　　　　　　D. 不同币种授信的统一

4. 商业银行内部控制客户信用风险的最高限额不对外公开，由商业银行审批客户信用需求时内部掌握使用的授信方式是(　　)。

A. 公开授信　　　　　　　　　　　B. 内部授信

C. 集中授信　　　　　　　　　　　D. 秘密授信

5. 第一还款来源是指(　　)。

A. 借款人的资产变现收入　　　　　B. 借款人的正常经营收入

C. 借款人的担保变现收入　　　　　D. 借款人的对外筹资

6. 某公司符合贷款条件，在联社营业部贷款50万元。由于经营需要，又向联社辖内的某信用社申请抵押贷款30万元，按《贷款通则》规定，该信用社信贷人员应该(　　)。

A. 同意贷款30万元　　　　　　　　B. 同意贷款15万元

C. 办理抵押登记手续后同意贷款30万元　　D. 不同意贷款

7. 短期贷款的期限为(　　)。

A. 1年以内(不含1年)　　　　　　　B. 1年以内(含1年)

C. 2年以内(不含2年)　　　　　　　D. 2年以内(含2年)

8. 中期贷款的期限为(　　)。

A. 3年以内(不含3年)　　　　　　　B. 3年以内(含3年)

C. 5年以内(不含5年)　　　　　　　D. 5年以内(含5年)

9. 长期贷款的期限为(　　)。

A. 5年以上，银行对公授信业务最长期限一般不超过5年

B. 10年以上

C. 7年以上，银行对公授信业务最长期限一般不超过10年

D. 5年以上，银行对公授信业务最长期限一般不超过7年

10. 关于办理贷款提供的材料，以下说法中错误的是(　　)。

A. 企业和保证人的法人营业执照、组织机构代码证

B. 企业和担保人(如有)经会计师事务所审计的会计报表

C. 抵(质)押物清单和有处分权人同意抵(质)押的证明

D. 提交给银行的复印件不加盖公章

三、多项选择题

1. 办理贷款须提供的资料一般包括( )。

A. 企业和保证人(如有)的基本情况

B. 企业和担保人(如有)经会计师事务所审计的会计报表

C. 审计的会计报表和申请贷款日前一个月的会计报表

D. 抵(质)押物清单和有处分权人同意抵(质)押的证明及文件

2. 借款人要符合( )。

A. 有按期还本付息的能力

B. 经工商行政管理部门办理了年检手续

C. 资产负债率符合银行的要求

D. 填写申请贷款情况说明书

3. 贷款人应具备的资格有( )。

A. 产品有市场   B. 生产经营要有效益

C. 不挤占、挪用信贷资金   D. 恪守信用

4. 申请流动资金贷款应具备的条件包括( )。

A. 借款用途明确、合法

B. 借款人具有持续经营能力，有合法的还款来源

C. 借款人生产经营合法、合规

D. 借款人有合法的还款来源

5. 贷款人受理的固定资产贷款申请应具备的条件包括( )。

A. 借款用途及还款来源明确、合法

B. 项目符合国家的产业、土地、环保等相关政策

C. 符合国家有关投资项目资本金制度的规定

D. 项目按规定履行了固定资产投资项目的合法管理程序

6. 借款人应具备的资格有( )。

A. 须经国家工商行政管理部门批准设立，登记注册，持有营业执照

B. 有一定的自有资金

C. 按规定在银行开立基本账户和一般存款账户

D. 产品要有市场，生产经营要有效益，不挤占、挪用信贷资金，恪守信用

7. 借款人的权利有( )。

A. 自主申请、按合同约定提取和使用全部贷款

B. 有权拒绝借款合同以外的附加条件

C. 有权向贷款人的上级和中国人民银行反映、举报有关情况

D. 在征得贷款人同意后，有权向第三人转让债务

8. 借款人的义务有(　　)。

A. 如实提供贷款人要求的资料，接受监督，按约定用途使用贷款

B. 应当按借款合同约定及时清偿贷款本息

C. 将债务全部或部分转让给第三人的，应当取得贷款人的同意

D. 有危及贷款人债权安全情况时，应当及时通知贷款人，同时采取保全措施

9. 财务状况说明包括(　　)。

A. 负债说明　　　　　　　　　　　　B. 投资说明

C. 企业销售收入说明　　　　　　　　D. 企业利润来源说明

10. 贷款申请的基本资料有(　　)。

A. 通过税务部门年审、有防伪标记的国地税登记证

B. 在有效期内，且年审合格的贷款卡(证)、营业执照及其他有效证明

C. 组织机构代码证

D. 公司章程、环保合格证书及资质证明等其他材料

E. 股东会或董事会决议

四、判断题

1. 贷款人是指从经营贷款业务的商业银行取得贷款的法人、其他经济组织、个体工商户和自然人。(　　)

2. 贷款卡是商业银行发给借款人凭以向金融机构申请办理信贷业务的资格证明。(　　)

3. 如果发现个人信用报告中的信息有误，不可以向征信机构提出异议申请。(　　)

4. 个人信用征信的经济功能主要体现在随着该系统的建设和完善，通过对个人重要经济活动的影响和规范，逐步形成诚实守信、遵纪守法的社会风气，提高社会诚信水平，促进文明社会的建设。(　　)

5. 借款人作为法人或其他组织向商业银行申请贷款，应当具备的基本条件之一是必须持有中国人民银行核准的贷款卡。(　　)

6. 商业银行查询个人的信用报告必须经过个人书面授权同意。(　　)

7. 商业银行在办理信贷业务时，应当查验借款人的贷款卡。(　　)

8. 借款人申请流动资金贷款，应是经工商行政管理机关核准登记注册、具有独立法人资格的企业、其他经济组织和个体工商户。(　　)

9. 对未获批准的个人贷款申请，贷款人应告知借款人。(　　)

五、简答题

借款人应当具备的资格有哪些？

六、分析题

分析客户经理小张是否同意贷款？

某银行客户经理小张得知当地一处楼盘的二期项目准备销售的信息(该楼盘一期项目销售情况较好，多家银行争办其贷款业务，该行由于种种原因未能取得一期项目的贷款业务)，主动与开发商的财务经理联系，表达该行愿意为该楼盘二期项目提供个人贷款业务的愿望。没想到开发商的财务经理态度很积极，第二天按该行的要求提供了相关的材料，并催促该行尽快签订个人住房贷款合作协议。小张对相关的材料及项目的"五证"进行验证，觉得基本符合该行的准入条件。但小张觉得奇怪，该楼盘一期项目销售时，该行花了很大精力未能取得其贷款业务，二期项目的房贷业务营销为何如此顺利？于是决定对"五证"做进一步的核实，为验证开发商提供的《商品房(预)销售许可证》的信息，小张先查询当地房地产网站，结果没有查到该楼盘二期项目的销售信息。小张又到当地建设部门去核查，在那里，他只看到了一期项目的销售许可证而没有二期项目的。小张立即和开发商的财务经理取得联系，仔细追问，财务经理才承认二期项目由于种种原因暂时未领到销售许可证，因目前急需资金，准备提前销售。考虑到一期项目没有与该行合作，该行对该项目的情况不了解，于是用一期项目的销售许可证的扫描件进行修改、打印后提供给该行。开发商后来承诺，该楼盘二期项目的《商品房(预)销售许可证》会在近期办好。

项目四 贷款受理与调查

▶ **项目目标**

职业知识

掌握贷款受理阶段需要做的工作；了解市场调研方案的概念；掌握调研内容；掌握撰写调研报告的要求和注意事项。

职业能力

能够设计信贷关系申请书；能够设计客户调查表；能够制订调研方案并撰写调研报告；能够确定调研方案的调研范围；掌握财务因素分析方法。

职业道德

具有吃苦耐劳的精神和严谨的工作态度，具有团队合作意识、协作能力，以及勇于实践、勇于创新的精神；具有良好的心态和饱满的激情；具备优秀的策划能力、组织能力、沟通能力，书面表达能力，以及良好的自控能力、敏锐的洞察能力和市场反馈能力；具备基本的应酬能力和调查征信能力；具备非凡的亲和力，有明确的目标和较强的计划性。

▶ **项目提出** 对当地某企业进行调研并撰写调研报告

▶ **项目任务**

贷款受理 ⇨ 实地调研 ⇨ 撰写调研报告

任务一　贷款受理

■ 学生的任务

掌握贷款受理阶段需要做的工作。

■ 教师的任务

培养学生吃苦耐劳的精神和严谨的工作态度。

任务导入

客户经理在面谈时需了解的事项

某客户是沈阳市的一家保健品经销公司，其房产三年前在银行办理住房按揭贷款，目前房产仍处于抵押中，由于急需一笔生意周转金，现在来银行要求办理住房加按揭贷款。

三年来，沈阳房产价格升值2.5～3倍，客户的房产按现在的评估估值扣除剩余住房贷款余额，可以申请到一笔近40万元的加按揭贷款。

客户经理在与客户交流其贷款偿还能力的时候，客户说他可以开出银行需要的收入证明，原因是公司是他自己开的，收入证明想怎么开就怎么开。

客户经理告诉客户，银行要的不是一纸收入证明，银行更注重客户的真实还款能力，并要求他出具能证明年收入状况的个人税收缴交证明或拥有的资产证明。

客户回答，房产只有目前仍在抵押的这套，且没有银行存款、股票、基金，公司刚开业不久，拿不出税务证明。

请问客户经理是否应该拒绝客户？客户经理在面谈时需要了解什么？

知识准备

行长(主任)同意与企业建立信贷关系后，银企双方应签订信贷关系契约，即进入贷款受理阶段。贷款受理阶段主要进行资格审查、初步调查等操作。受理人员依据有关法律法规、规章制度及银行的信贷政策审查客户的资格及其提供的申请材料，决定是否接受客户的信贷业务申请。

一、客户资格审查

审查人员需要根据银行对不同产品的要求审查借款人是否符合银行的准入条件，其中需要关注的重点包括：主体资格是否合格；行业是否属于限制性、禁止性行业；是否是本行禁入的行业；是否在许可经营范围内进行生产经营；贷款项目是否有政策性、合规性风险；年龄是否符合准入条件；是否有不良信用记录；社会信誉、道德品行等方面是否良好；户籍是否符合条件；要求的其他条件等。如果客户不符合准入要求，则可直接退审，而不必进入下一审查环节。一般来说，准入条件审查可采用面谈法或小组座谈法进行。

(一) 面谈法

面谈法又称访谈法，是指通过访谈员和受访人面对面地交谈来了解受访人的心理和行为的心理学基本研究方法。商业银行和客户面谈，就是客户经理与目标客户关键的经营管理人员就贷款相关问题进行面对面的交流。通过面谈，客户经理能够对企业有一个大致的了解，能够初步判断企业有无负债能力。

1. 面谈前要做好充分准备工作

(1) 准备面谈工作提纲；

(2) 了解客户总体情况；

(3) 弄清客户信贷需求；

(4) 拟向客户推介的信贷产品等。

2. 面谈中需要了解客户各种信息

面谈中需要了解客户各种信息，包括公司状况、贷款需求、还款能力、抵押品的可接受性、客户与银行关系等。

(1) 客户基本情况，如公司类型、经营情况、主要股东、员工、供货商和客户、在所属行业中的地位等。

(2) 授信业务情况，如贷款的目的、金额、未来的融资需求情况、贷款条件等。

(3) 客户还款能力，如现金流情况、偿债来源、贷款担保人情况、公司收益情况等。

(4) 抵押品，如抵押品的所有权情况、抵押品的价值评估是否准确、抵押品的价值是否容易波动。

(5) 目前客户与银行之间的关系，如是否向其他银行提出过贷款申请、与其他债权人之间是否存在未清偿贷款。

3. 面谈要注意工作技巧

在与对方财务人员的访谈中，要很自然、没有针对性地列举隐瞒事实真相所面临的后果(担保业务和法律上的)，不经意地进行诚信教育和普法教育，营造一种压力，使对方不敢、不愿造假。

4. 面谈结束时的注意事项

(1) 及时对客户贷款申请做出反应：①贷款申请是否可以考虑，向客户获取进一步信息资料，并准备后续调查工作；②贷款申请不予考虑，留有余地地表明立场。

(2) 内部意见反馈：①面谈后，及时、准确、全面地向主管汇报客户信息；②撰写会谈纪要，包括面谈涉及的重要主体、重要信息、问题与障碍、是否贷款的倾向性意见或建议。

(3) 贷款意向阶段需要注意以下问题。

① 贷款意向书的出具：

第一，在项目建议书批准阶段或之前出具，超出所在行权限的项目报上级行备案。

第二，在可行性研究报告批准阶段出具，超出基层行权限的项目报上级行审批。

第三，贷款意向书、贷款承诺按内部审批权限批准后方可对外出具。

注意：不得超越权限做出承诺。

② 贷款意向书与贷款承诺的区别：贷款意向书是一种意向性书面证明，不具备法律效力；贷款承诺是银行同意融资的书面承诺，具备法律效力。

③ 贷款意向书与贷款承诺出具要求：

第一，谨慎处理、严肃对待、不得越权。

第二，具体要求和格式版本参见各商业银行内部标准。

(二) 小组座谈法

小组座谈法又称焦点访谈法，是一种特殊的访问法，相对而言，小组座谈法所收集的信息不是一个个体的资料，而是一个群体的资料。要想取得预期效果，不仅要求主持人要做好座谈会的各种准备工作，熟练掌握主持技巧，还要有驾驭会议的能力。

1. 小组座谈法的程序

(1) 做好座谈会前的准备工作：确定会议主题(如企业历史沿革、股本结构及股东背景介绍、企业组织结构和人员状况、行业背景、经营模式、主营业务及竞争优势、成本费用及应收款控制管理方式、业绩考核办法、资产和负债状况、贷款用途、还款来源、反担保措施、地方政府支持力度等)；确定会议主持人；选择会议参加人员(如担保经办人员、财务负责人、企业法人、主要经营者或业务主管、其他员工等)；选择会议的场所和时间；确定座谈会的次数；准备好会议所需的演示和记录用具。

(2) 组织和控制好座谈会的全过程：善于把握会议的主题；做好与会者之间的协调工作；做好座谈会记录。

(3) 做好座谈会后的各项工作：及时整理、分析会议记录；回顾和研究会议情况；做好必要的补充调查；分析和解释结果(能够对企业有一个大致的了解，能够初步判断企业有无负债能力；通过不同对象对同一问题的回答，分析判断企业情况的真实性；感受企业对担保措施设置的配合程度，初步判断企业的还款诚意；确定下一步调查工作需要核实的重点)。

二、客户调研前的准备

古人云："用兵之道，以计为首。"无论办什么事情，事先都应有打算和安排。有了计划，工作就有了明确的目标和具体的步骤，就会增强工作的主动性，减少盲目性，使工作有条不紊地进行。同时，计划本身又是工作进度和质量的考核标准，有较强的约束和督促作用。

(一) 调研方案拟订

进行市场调研之前也要先有计划，即制订调研方案。市场调研方案又叫市场调查计划书、市场调研策划书，是根据调查研究的目的和调查对象的性质，在进行实际调查之前，对调查工作的各个方面和各个阶段任务的通盘考虑与安排，是整个调研项目的构架和蓝图。

市场调研的总体方案设计包括整个调查工作过程的全部内容，调研活动应力求在尽可能短的时间内完成，因为这样既避免了长时间打扰客户，还能给客户留下工作效率高的好感，有利于下一步合作关系的建立。因此，为提高调研效率，在调研前制订调研方案是很重要的。

调研方案要包括以下内容：

(1) 调研目的(调查中要解决的中心问题)、调研时间、调研内容(分定点调查与面上调查)、调研形式、参加人员、调研活动的日程安排、组织机构及职责分工。

(2) 组织有关部门实地勘察调研路线。

(3) 修改、完善调研方案，审定、印发调研方案，召开会议安排部署。

(二) 前期准备

(1) 资料准备：制作会务手册、印发通知或函件、制作展板和图纸、撰写调研点简介、安排线路及乘车等。

(2) 物品准备：话筒、音响、照相机、帽子、雨伞、饮用水等。

(3) 协调服务：工作人员及时与调研点领导对接，通知并组织人员、安排车辆，准备会议室，通知新闻报道人员等。

(4) 后勤保障：安排就餐、住宿、安全保卫工作。

(三) 组织实施

(1) 出发前：分发相关调研资料，落实参加人员、车辆，组织乘车，安排车辆行进次序。

(2) 出发后：保持车队队形，把握行进路线和行进速度，安排停放、掉头等。

(3) 调研中：准备好话筒、音响，做好记录、录音、拍照及相关协调服务工作。

(4) 召开会议：按照会议流程做好会前、会中、会后的各项准备和协调服务工作。

(5) 后勤服务：安排就餐、住宿事宜，做好安全防范及后勤保障等工作。

三、客户调查计划表的设计

营销人员应首先设计调查表，并运用调查表(见表4.1)去进行调查。

表4.1　调查计划表

调研对象名称		调研时间安排	
调研对象地址		联系方式	
调研范围	□客户本身调查　□所在行业调查　□所在区域调查		
被调研方 接待人员	□客户主要决策者(董事长、总经理、财务总监等) □中层干部 (部门负责人) □一般干部		
我方调研人员 及分工	1.	2.	3.
	4.	5.	6.
调研要达到的目标			
调研的方式	□实地调查　　□与主要人员谈话　□收集财务报表、规章制度等书面资料 □问卷调查　　□电话调查　　□其他		
调研的主要内容	□基础调查　　□客户竞争力调查　□市场状况调查 □项目调查　　□行业状况调查　　□关联方调查		
调研结果的 整理与分析	整理与分析责任人	调研形式	大致完成时间

请客户填写调查表是获取客户有关资料的最好方式之一，营销人员在设计调查表时，应注意以下事项：

(1) 调查表应根据调研对象和调研目的进行设计；

(2) 必须经过测试、调整、试用后才可大规模试用；

(3) 调查表中所列问题是应该能够回答的问题，而不是不能回答、不愿回答或不需回答的问题；

(4) 多设计些回答不受限制的问题，以获得更多的信息；

(5) 多使用简洁、直接、不带偏见的词语；

(6) 问题的排列应符合逻辑顺序，先列出能引起兴趣的问题，不易回答的问题放在后面。

四、常用的客户调查表格

1. 企业概况调查表(见表4.2)

企业概况主要包括企业名称、企业法人、企业性质、企业的地理位置和面积、企业建立时间、企业的组织机构建设情况等内容。

表4.2　企业概况调查表

企业名称		地址			经营范围		
所属行业	□商业　□建筑安装　□房地产开发　□外贸 □工业　□投资管理　□公用事业　□综合						
法人代表		联系电话			成立日期		
所获认证资格	□资质等级　□质量认证　□技术成果奖励　□专利 □荣誉(知名公众机构进行的排名) □进出口经营权或其他国家特许经营权						
营业执照号码			企业法人代码				
财务报表审查机构			是否为新客户			□是　□否	
贷款卡号			是否为本银行股东			□是　□否	
是否为上市公司	□是　□否		主营业务				
资产状况	总资产：　　　净资产：　　　注册资本：						

股东情况

股东名称	股东性质	出资比例	出资方式	资金到位时间

资产类别	原有名称	原有价值	评估价值	登记机构	评估方法
实物资产					
无形资产					

企业结构及人员状况

子公司及参股公司	名称	控股比例	注册资本	经营范围	职工情况	人数总计 其中： 管理人员数量	
						每年新招职工人数	
						职工年均收入	
						职工每年受培训天数	
						大学学历职工占比	

主要合作银行

银行名称	合作内容	贷款金额	贷款期限	贷款用途	信用记录

(续表)

对外担保情况			
被担保人名称	担保性质	金额	期限

企业管理系统					
决策层情况	职位	姓名	任职时间	学历及专业资格	主要经历
	董事长				
	总经理				
	财务主管				
管理部门	部门名称	部门职能			

企业重大事件记录		
近3年发生的重大事件		重大债务及税务纠纷	
应收账款大户名单及收回可能性			
简述企业发展历程:			
简述企业发展规划，包括经营发展战略、发展目标、生产经营规划、市场发展规划、投资计划、创新计划、融资计划及重要改革措施:			
简述行业近期发展状况:			

注: "近3年发生的重大事件"包括分立、重组、资产剥离、收购、股东变更和公司名称变更等事件。

2. 企业生产状况调查表(见表4.3)

生产经营状况是指企业的产品在商品市场上进行生产、销售、服务的发展现状。经营规模的大小对财务管理模式复杂程度的要求有所不同，好的环境有利于财务管理目标的实现；反之，则阻碍目标的实现。

表4.3　企业生产状况调查表

企业所属工厂情况					
分厂名称	建立时间	生产主管姓名及专业背景		主要产品	
生产车间占地面积		生产车间能使用期限	生产车间已使用年限		
交通便利情况					
主要建筑物					

主要生产设备					
名称	生产厂家	购进价格	技术先进程度	用途	已使用年限

(续表)

目前生产能力		最高生产能力	
简述主要产品工序与品质控制程序：			
简述生产管理制度建设情况：			
简述企业提高生产效率的可能性及方法：			

3. 企业竞争能力调查表(见表4.4)

企业竞争能力是指在竞争性的市场中，一个企业所具有的，能够比其他企业更有效地向市场提供产品和服务，并获得赢利和自身发展的综合素质。

表4.4　企业竞争能力调查表

企业的主要客户			
名称	类型	占总销售额的比重	试说明企业与此客户保持关系的能力
企业的主要供应商			
名称	类型	占总供应量的比重	试说明与此供应商保持关系的能力
企业的主要竞争者			
名称	类型	与之相比的竞争优势	拟采取的竞争对策
简述客户的付款方式及原因：			

4. 企业产品状况调查表(见表4.5)

企业产品状况包括企业的生产能力、质量控制能力、企业的服务、成本控制能力、营销能力、研发能力等。

表4.5　企业产品状况调查表

调查项目	产品一	产品二	产品三
研制时间			
推向市场的时间			
批量生产的时间			
产品质量及质量稳定性评价			
产品技术含量评价			
过去3年产品年销售增长率			

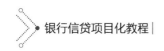

(续表)

调查项目	产品一	产品二	产品三
每天产品销量预测			
主要原材料			
主要原材料供应商			
进口原材料占原材料的比重			
近3年主要原材料价格变化			
原材料占成本比重			
原材料采购过程描述			
以往有无采购不到原材料的情况并简述原因			
存货政策及管理流程			
原材料供应商要求的付款方式			
近3年的原材料采购量			
近3年的产品销售量			

5. 企业产品市场调查表(见表4.6)

企业产品市场是指本企业产品在什么市场上的销售情况较好,有发展潜力;在哪个具体的市场上预期可销售数量是多少;如何扩大企业产品的销售量;企业服务如何;如何掌握产品的销售价格;如何制定产品价格策略才能保证产品的销售额和利润率;怎样组织产品推销,销售费用将是多少;等等。

表4.6 企业产品市场调查表

国内市场占有率		国际市场占有率	
年出口创汇额		年进口支汇额	
外汇结算方式		主要汇率风险	
产品出口鼓励政策			
企业市场销售计划及实施细则:			
销售网络分布地区		销售人员数量	
请列出手头现有的订单			
国内市场前景预测及预测依据:			

6. 企业开发能力调查表(见表4.7)

企业开发能力是指企业的技术创新能力,直接决定企业的市场竞争能力。企业有了较强的技术创新能力,才能够研制、开发并生产出满足市场需求的高技术和高质量的产品,不断提高自己的市场竞争力。

表4.7 企业开发能力调查表

研究人员数量		科研开发费用占净利润的比重	
产品独特性评价		产品改良计划	
产品开发受哪些因素影响?请预测产品市场寿命:			
近3年企业开发的新产品介绍:			
新产品市场销售额		近3年新开发产品销售额占总销售额的比重	

(续表)

已开发但尚未投入市场的新产品介绍：		
新产品市场前景预测及预测依据：		
企业当前科研开发重点及进展情况：		
产品专利情况	名称	专利号
产品获奖情况介绍：		

7. 企业合资意向调查表(见表4.8)

合资企业一般指中外合资经营企业，是由中国投资者和外国投资者共同出资、共同经营、共负盈亏、共担风险的企业。企业合资可以实现资源互补，可以拥有国际品牌、提升企业形象、提高企业效益。如今全球经济一体化，企业越来越呈现跨国界发展趋势。

表4.8　企业合资意向调查表

拟合资项目名称		选址		
合资项目产品				
合作规模		企业出资比重		
合资企业职工人数		合资企业占地面积		
合资企业管理机构介绍：				
拟合资项目近3年销售及利润情况				
年份	总收入	出口收入	净利润	市场占有率
				国内　　国际
引进资金用途：				
合资企业是否具有完全独立的销售与采购能力：				

注："引进资金用途"栏主要填写由何处引进何种技术及引进原因，是否为提高产品质量而购买机械设备，是否通过具体市场调查来支持此方案等内容。

8. 企业资本运营状况调查表(见表4.9)

企业资本运营是指企业将其各类资本不断地与其他企业、部门的资本进行流动与重组，使本企业自由资金不断增加。例如，在从事产品生产或经营的同时，拿出一部分资金专门从事炒股票、产权转让、并购等。

表4.9　企业资本运营状况调查表

问题	回答
是否有上市打算？如有，拟聘请哪家券商担任财务顾问？	
目前为上市做了哪些准备工作？有何效果？处于哪个阶段？	
是否有过并购行为？如有，是如何进行的？	
并购活动产生了什么效果？有哪些经验和教训？	

任务二 实地调研

■ 学生的任务

掌握实地调研的方法，会填写访谈记录表；能够取得第一手的资料和情报，使调研工作有效、顺利地开展。

■ 教师的任务

指导学生设计调查问卷、填写访谈记录表，用非财务因素分析方法和财务因素分析方法对企业的实际工作进行分析。

任务导入

进行现场访谈模拟训练并填写访谈记录表(见表4.10)

表4.10　访谈记录表

访问者				职务/职业	
被访问者		工作单位			
职务/职业		专业/专长		联系电话	
访问时间		访问地点		访问方式	
访问主题					
访问目的					
访问提纲					
访问记录					

要求：两人一组，分别模仿访问者和高层管理人员，提前设计好三个问题进行提问，然后两人进行角色互换。体会访问者应注意哪些问题才能获得满意的访谈效果？

注意：问题的表述要清晰、具体；问题排列要从简单到复杂，从易到难。

知识准备

一、向客户传递调研内容清单

调研前，应将拟调研的大概内容告知客户，以便客户在调研前能做好相应的准备。一般通过传真方式将调研内容传至客户，再辅之以必要的电话说明。

传真给客户的调研内容清单要力求简洁，便于客户准备，调研内容太多易使客户产生畏惧心理。调研内容清单参考如下。

调研内容清单

×××公司：

按×月×日拜访贵公司时与贵公司达成的意见，我们拟于×月×日对贵公司的财务方面进行专题调研，望大力支持。我们的调研拟从以下几个方面展开：

(1) 与公司财务制度、会计核算制度有关的资料；

(2) 近3年的财务决算报告及说明材料；

(3) 公司销售收入结构、应收应付账款结构、应收账款账龄及坏账情况；

(4) 公司实行的投、融资政策及管理制度的资料；

(5) 公司现金流量表的编制情况；

(6) 利润分配方式，含盈余公积金、公益金的提取率，股利分配等；

(7) 财务报表，包括资产负债表、损益表、财务状况变动表、应交增值税明细表、利润分配表、主营业务收支明细表(生产成本、期间费用及营业外收支表)、主要产品生产成本明细表、制造费用明细表、财务费用、销售费用明细表、产品销售利润明细表、辅助生产单位成本明细表、管理费用明细表、主要产品辅助材料消耗明细表、主要经济指标完成情况表等。

感谢贵公司的大力支持！

××银行××部门(签章)

×××(客户经理签字)

××××年×月×日

二、实地调研的方法

实地调研可以通过观察、访谈、问卷调查，以及使用照相机和录像机等工具记录的多种方法收集资料，其中观察和访谈是实地调研中收集资料的重要方式。

(一) 观察法

观察法是指调查者在现场对被调查者的情况直接观察、记录，以取得市场信息资料的方法，主要是凭调查人员的直观感觉或借助某些摄录设备和仪器，来跟踪、记录和考察被调查者的活动与现场事实，以获取某些重要的市场信息。

1. 观察法的优点

(1) 直观可靠。观察调查是在被观察者没有觉察到自己的行动正在被观察的情况下进行的，被观察者能够保持正常的活动规律，从而可以客观地收集、记录观察现场实况，收集第一手资料，得到的调查资料真实可靠，调查结果更接近实际。

(2) 简单、易行、费用低廉。观察法灵活性较强，只要选择好合适的时间和地点就可以随时进行调查，而且不需要特别的费用。

2. 观察法的缺点

(1) 深度不够。观察法只能观察被观察对象工作的表面现象，其内在因素和动机则观察不到，有时还需投入大量的人员进行长时间观察方可发现某些规律性。

(2) 限制性比较大。观察法在实施时常受到时间、空间和经费的限制，由于一般需要大量人员到现场进行长时间观察，调查费用支出较大，比较适合小范围的微观市场调查。而且，一旦特定的时空条件发生变化，便无法控制。例如，在调查中遇到突发事件，使原来的调查计划无法进行等。

🦟 【视野拓展】4.1　　　　　　　　**神秘顾客**

在很多银行网点，各家保险公司的产品宣传单页只是被简单地陈列在柜台上，客户在购买银行保险时很难享受来自银行或保险公司专业、优质的服务。同时，目前银保产品之间的竞争还停留在简单的产品和简单的技术支持层面，导致品质优良的保险公司的核心竞争力无法体现，价格战几乎成了目前银保市场竞争的唯一手段。

为了保障平安银行保险的业务品质得以真正提升，平安银行推出一项"神秘顾客"计划，将调查技术运用于银保产品销售和服务过程评估，这在国内尚属首次。

神秘顾客乔装成顾客空降平安各银行保险的销售网点和平安客服中心，考验平安银行保险服务品质。他们像其他客户一样，到银行网点办理业务，并在咨询产品及服务内容后买下一份保单，然后拨打售后服务电话或亲赴平安客服中心，办理保全变更等多项售后服务。就在神秘顾客看似不经意的外表下，他们已经迅速将所经历的各项服务细节与事先拟订的服务质量标准进行一番对照，并做出科学、合理的服务质量评估。这些评估结果为平安银保服务的持续改善提供了重要的第一手资料。

(二) 访谈法

访谈法是指调研人员通过与员工进行面对面的交流加深对员工工作的了解，以获得工作信息的分析方法，包括个人访谈、同种工作人员的群体访谈和主管人员访谈三种形式。

1. 访谈法的类型(见表4.11)

表4.11　访谈法的类型

分类标准	类型
按照访谈对象的人数分类	个别访谈、集体访谈
按照是否与被访谈者直接接触分类	直接访谈、间接访谈
按照访谈操作方式和内容分类	结构式访谈、非结构式访谈、半结构式访谈

下面重点介绍结构式访谈、非结构式访谈和半结构式访谈。

(1) 结构式访谈也称标准化访谈或封闭式访谈,是指访问者根据事先设计好的、有固定格式的提纲进行提问,按相同的方式和顺序向受访者提出相同的问题,受访者从备选答案中选择与自己的实际情况相符的答案,实际上是一种封闭式的口头问卷。

优点:可控(问题可控、环境可控)程度高、应答率高、结构性强,易于量化。例如,人口普查就采用结构式访谈。

局限:不灵活、不深入。

(2) 非结构式访谈是指不采用固定的访问问卷,不依照固定的访问程序进行的访谈,鼓励受访者自由表达自己的观点。

优点:具有较强的灵活性,可以对感兴趣的问题细致追问,挖掘出生动的实例,得到更为深入的信息。例如,座谈会就属于非结构式访谈。

局限:费时、费力,结构不完整,难以量化。

(3) 半结构式访谈有访谈提纲,有结构式访谈的严谨和标准化的题目,也给被访者留有较大的自由表达空间,并且访谈者可以自由调控访谈程序和用语的自由度。

半结构式访谈兼有结构式访谈和非结构式访谈的优点。

2. 访谈法的优点和局限性

(1) 访谈法的优点如下所述。

① 灵活性强。与观察法、问卷调查法相比,访谈法更具有灵活性。在使用观察法进行调研的过程中,观察者具有一定的被动性,在很多情形下,只能等待观察对象行为的出现,且只能获得“是什么”“怎么样”等外在信息,无从了解被观察者的内在动机、情感。在使用问卷调查法进行调研的过程中,研究对象只就研究者所呈现确定问题进行回答,研究者对于研究对象为什么如此作答也无从知晓。而访谈法则不然,研究者可以对感兴趣的行为表现、活动结果刨根问底。

② 能够使用比较复杂的访谈提纲。访谈法与其他科学研究方法一样,具有目的性并遵循一系列的操作规范,不是随意、无目的的聊天,而是为回答某些问题或检验研究假设而交谈,对访谈的人数、谈话的内容、谈话的程序等都有明确的规定。同时,能够使用比较复杂的访谈提纲,使访谈有序进行。

③ 能够获得直接、可靠的信息和资料。因为访谈通常是面对面的交谈,容易进行深入交流,进而获得可靠、有效的资料。

④ 不受书面语言文字的限制。与问卷调查法不同，被访者思想观点的表达一般不受文化水平的限制。

⑤ 容易进行深入调查。追问是访谈法特有的一种方式。在访谈过程中，访谈者根据访谈对象的回答情况，可以不断追问，让访谈对象对自己的回答做出解释、补充和澄清，从而保证获得的资料全面、深入和具体。

(2) 访谈法的局限性如下所述。

① 样本量有限，且需要较多的人力、物力和时间，应用上受到一定限制。

② 被访者常常会受到访谈者的种种影响，如角色特点、表情态度、交往方式等。

③ 干扰因素、不可控因素较多，如访谈者的偏见、访谈对象的情绪状态、访谈地点等均会对访谈结果产生直接影响。

④ 访谈结果不易量化处理。

鉴于上述局限性，访谈法一般在调查对象较少的情况下采用，且常与问卷调查法等结合使用。

✕【教学互动】4.1

问：访谈与日常谈话是不是一回事？

答：访谈是一种有目的、有计划、有准备的谈话，是紧紧围绕研究的主题进行的谈话。

(三) 问卷调查法

问卷调查法是调研者通过问卷的形式向目标群体收集资料、征求意见或了解情况的方法。

1. 问卷调查法的种类

问卷调查法主要分为两种：自填式问卷法和访问式问卷法。

(1) 自填式问卷法是指调查者将调查问卷发送或者邮寄给被调查者，由被调查自己阅读和填答，然后再由调查者收回的方法。自填式问卷一般采用纸质的问卷形式或者网络问卷的形式，因此，可以收集到很多身份、学历不同的人员填写的答案，可以说调查对象是很广泛的。

自填式问卷具有标准化访问的特点，根据发放的方式，又可分为邮寄问卷、报刊问卷、发送问卷和网络问卷四种形式。

自填式问卷法的优点：

① 节省时间、经费和人力。

② 具有很好的匿名性。对于某些社会现象或者与个人隐私、社会禁忌等有关的问题，被调查者往往难以同陌生人交谈，自填式问卷有利于人们如实填答问卷，进而收集到客观、真实的资料。

③ 可避免某些人为误差。自填式问卷法采用的是统一设计和印制的问卷，可以尽可

能地避免某些人为原因所造成的误差。

自填式问卷的缺点：

① 问卷的回收率难以保证。由于自填式问卷法十分依赖被调查者的合作，因此，问卷的有效回收率常常受到影响。

② 自填式问卷法对被调查者的文化水平有一定要求。因为被调查者起码要看得懂问卷，能够理解问题及答案的含义，能够掌握填答问卷的正确方式，才能按要求填答问卷。

③ 调查资料的质量常常得不到保证。采用自填式问卷法时，被调查者往往是在调查人员不在场的情况下进行问卷的填答工作，也就是说，填答问卷的环境是调查人员无法控制的，进而造成调查资料的质量得不到保证。

【视野拓展】4.2　　　调查问卷设计的注意事项

(1) 问卷的结构要合理。问卷的前言和附录部分要尽可能短些，以突出正文部分。一般来说，问卷的开头要向受访者简要介绍问卷的背景，这段文字语气要亲切，态度要诚恳。问卷的开头几个问题通常用于了解被调查者的基本资料，如姓名、年龄、职业、通信地址等；若调查对象是企业，则基本资料应包括企业名称、地址、注册资金、年销售额等。

(2) 问卷语句设计应围绕主题，概念明确，杜绝一词多义。

(3) 问卷内容应能得到被调查者的关心与合作，不要提不易回答的问题。

(4) 措辞要简单、通俗、准确。

(5) 提问要有艺术性，避免引起反感，避免诱导性提问。

(6) 问题设计、排列要科学，使用统一的架构。

(7) 对于敏感性问题要注意提问技巧。

(8) 问卷不宜过长，其答案设计应有利于数据处理。

(2) 访问式问卷法是指由调查人员通过现场询问，根据被调查者口头回答的结果代为填写问卷的方法。

与自填式问卷相比，访问式问卷能够更好地对调查过程进行控制，使调查结果更加真实，同时回答率也会高于自填式问卷，提高调查问卷的有效度与可信度。

影响自填式问卷法有效性的主要因素是问卷，而影响访问式问卷法有效性的主要因素是访问员。

访问式问卷法的优点：

① 调查的回答率和成功率普遍比自填式问卷法高。

② 可以对被调查者回答问题的质量加以控制，使调查资料的真实性和准确性大大提高。

③ 调查对象的适用范围广，既可以用于文化水平比较高的调查对象，也可以用于文化水平比较低的调查对象。

访问式问卷法的缺点：

① 调查员和被调查者之间的互动有时会影响调查的结果。

② 访问调查的匿名性比较差。

③ 访问调查的费用高、代价大，在客观上限制了调查样本的规模和调查的空间范围，使其应用范围有一定的局限性。

④ 访问式问卷法对调查员的要求更高，调查员具有比较高的访问技巧和比较强的应变能力是成功地完成访问调查必不可少的条件。

2. 问卷调查的优点和缺点

问卷调查法的优点：

① 能节省时间、人力和财力。

② 问卷调查结果更加容易量化。问卷调查法是一种结构化的调查方式，调查的表现形式、提问的序列，以及备选答案都是固定不变的，是用文字的形式表现出来，因此，结果容易量化。

③ 可以利用分析软件对问卷调查法的结果进行数据分析和处理，非常简便。

④ 问卷调查法的优点是能够进行大规模的调查，可以广泛地了解被调查者的想法、态度、行为。

问卷调查法的缺点：有些调查常常需要得知被调查者的目的、动机、思维的过程，问卷调查很难收集此方面的信息，如果问卷设计的问题是开放的，被调查者的回答就容易参差不齐，很难用于分析、统计，而且被调查者不一定愿意大段地回答开放性的问题。

三、非财务因素分析和财务因素分析

实地调研时，最重要的是进行非财务因素分析和财务因素分析。

非财务因素分析和财务因素分析既相互独立、相互区别、自成一体，又相互联系、互相补益，两者相互印证、相互补充，不能绝对割裂。

(一) 非财务因素分析

非财务因素分析主要是对借款人的经营风险、行业风险、管理风险及宏观经济因素等进行分析。由于市场经济环境的复杂性，企业经营中不确定因素增加，使商业银行在对企业进行风险分析的过程中，非财务因素分析显得尤为重要。非财务因素分析可以很好地解释财务指标产生的背景、未来的趋势，有助于信贷人员建立全面风险管理理念，提高信贷分析决策能力，完善信贷风险预警体系，及时发现潜在风险。

非财务因素分析以定性分析为主要手段，优点是对借款人提供的资料依赖性不强，分析人员可以从多方面收集、了解相关信息；缺点是对分析人员的经验和素质要求较高，需要分析人员对客户情况有全面、准确的了解，而且不同分析人员对同一客户的分析可能会得出不同的结论。

例如，自然人不能提供规范的会计信息，无法及时、全面、准确地了解其收入、家庭财产、对外经济往来等财务情况，只能主要依靠对非财务信息情况的分析，判断其还款的可能性；即使借款人为法人客户，所提供的会计信息不完全、不真实的现象也比较普遍，仅依靠客户提供的会计报表得出的财务分析结论，很难准确判断其还款能力，必须借助非财务因素分析来弥补财务因素分析的缺陷。

1. 宏观经济环境分析

1) 经济周期

经济紧缩时，企业销售额下降，生产力下降，固定资产重置推迟，折旧累计的现金增加，短时间内企业有过剩现金，但随着销售额的进一步下降，会出现大量的经营亏损，现金将被逐步消耗掉，如此循环下去直至企业破产；反之，经济过热时，企业不断扩充生产力，现金需求增加，必然导致利率上升，企业将背负过多的利息负担，一旦国家治理经济过热，企业必将受到打击。

2) 国家产业政策

国家产业政策在很大程度上决定了一个行业是否能够得到资金支持和政策优惠，进而影响企业的系统性风险的大小及企业的发展趋势。如果企业属于国家重点支持发展的行业，则在正常有效期内的发展条件优越，风险相对较小；如果企业属于国家允许发展行业，则市场竞争较为充分，风险适中；如果企业属于国家限制发展行业，则发展空间较小，风险自然较大；如果企业属于国家明令禁止发展的行业，如小水泥企业、小玻璃企业、小火电企业等，则风险极高。

3) 通货膨胀

通货膨胀会导致企业现金流极其紧张，由于原材料价格的上涨，企业保持存货所需的现金必将增加，人工和其他现金支付的费用也将增加。由于售价提高，销售的应收账款占用的现金也将增加。企业唯一的希望是利润也增加，否则企业现金流会越来越紧张，现金购买能力被蚕食，最终导致企业的偿债能力减弱。

4) 货币政策

当货币政策紧缩时，相关行业的信贷风险会增加；反之，则会下降。不同行业的成本构成不同，资金成本占比不同，货币政策对不同行业的影响力度也会不同。通常情况下，扩张的货币政策有利于改善行业经营状况，紧缩的货币政策则不利于改善行业经营状况。

5) 国际经济环境

中国加入世界贸易组织后，垄断程度较高的传统行业，如电力、铁路、建筑等，受冲击较小；而开放程度较高、竞争较充分的行业或较为落后的行业，如电信、汽车、金融、某些高新技术产业、农业等，则面临严峻的考验。

✈ 【视野拓展】4.3　宏观因素对行业的影响(见表4.12)

表4.12　宏观因素对行业的影响

宏观因素	影响
原材料价格上涨	2007年以来,钢材、能源、农副产品、化工等原材料价格相继大幅上涨,生产企业成本上升,给小家电、化纤纺织、造船、食品加工、集装箱、火力发电(重油发电尤其突出)等行业带来负面影响
劳动力成本上升	劳动密集型、产品技术含量低、盈利能力低的中小型企业受冲击;低档纺织、成衣、制鞋、玩具、小家电等行业受影响最大
《企业所得税法》修订并实施	电力、有色金属冶炼、运输、医药生物、纺织服装、汽车、家电、机械设备、电子元器件等行业受到影响
出口退税政策调整	对出口依赖程度高、"两高一资"、劳动密集型行业受影响较大,具体包括纺织服装(包括成衣、鞋帽、纺织纱线、织物及制品)、箱包、皮革制品、塑料制品、染料、涂料、家具、初级钢铁制品、低档机械电子产品、高能耗高污染建材、农药、电池、化学原料药中间体等行业
环保政策	对高污染、高耗能行业形成高压,提高企业运营成本;规模小、技术更新能力差、成本承受能力低的企业生存压力大;具有环保优势和技术更新能力的大中型企业,其环保压力可能转化为竞争优势
人民币升值	对航空、造纸、通信等一般原材料进口较多的行业有利;对国际市场依存度高的纺织、机械、电子、玩具、制鞋、化工等行业不利

2. 行业风险分析

行业风险应是实际调查中首先分析的因素,具体分析该行业的总体特征、在国民经济中所处的地位、所处的生产周期等。对行业风险的分析判断可从以下七个方面进行。

1) 成本结构

公司的成本结构分为固定成本和变动成本,对行业风险、利润和业内公司间的竞争有重大影响。如果一家公司的固定成本比变动成本高,说明它的经营杠杆高,随着产量的提高,平均成本会降低;如果一家公司的固定成本比变动成本低,说明它的经营杠杆低,当整个行业的产量下降时,这样的公司就会有优势,因为它可以很容易地降低变动成本。生产能力的初始成本(如研发和生产设备投入)将分摊到大量的产品中形成规模经济。经营杠杆和规模经济将影响一个行业和单个公司的盈利能力,在销售量很大且波动不大的行业中,经营杠杆高的公司将比经营杠杆低的公司安全;反之,当一个行业的销售量波动大且难以预测时,经营杠杆低的公司将比经营杠杆高的公司安全。

2) 行业成熟度

行业的发展要经历三个主要阶段:新生、成熟和衰退。新生行业成长迅速,市场增长率每年可达到20%～100%;成熟行业成长较缓,市场增长率可能每年超过15%,但不像新生行业那样出现爆发式成长,产品和服务更加标准化,新产品的开发速度不频繁;衰退行业的市场需求逐渐萎缩。可以根据行业销售增长率、新公司进入、老公司关闭或离开行业的比率推断公司所属行业所处的发展阶段。

贷款给处于不同发展阶段的行业时,风险是不一样的,成熟行业的风险较小,这是由于成熟行业有足够长的存续期并有良好的过往业绩，产品已标准化，行业格局基本明朗，发生意外的可能性不高，由于行业正在成长繁荣，可以预测未来几年该行业将继续发展；相反，新生行业的风险就比较大，新生行业缺乏过往业绩参考，新产品推出频繁，很难预测发展趋势。

3) 业务周期

业务周期即该行业受经济定期起伏影响而形成的波动。不同的行业对经济波动的影响是不同的，有的正相关，有的则是负相关，例如汽车修理和配件行业，在经济衰退期，人们可能更倾向于修理汽车而不是购买新车。有的行业无周期性，例如食品业等必需品行业，其业务不受经济周期的影响。在实际的信贷调查中，必须弄清楚企业受周期性影响的程度、行业的销售和利润与经济的相关程度。风险最小的行业是那些不受经济周期影响的行业。

4) 盈利能力

维持公司的运营需要盈利能力，一个长期不盈利的公司必将倒闭。整个行业也是一样，如果一个行业的多数公司没有盈利能力，行业的持续存活能力就会受到质疑。对于银行来说，最小风险的信贷来自一个繁荣与萧条时期都能够大量盈利的行业，最大风险的信贷则来自一个普遍不盈利的行业。

5) 依赖性

依赖性是指该行业受其他行业的影响程度，应从供给和需求方面考虑与其他行业的依赖关系。例如，当房地产行业不景气时，木材行业也会不景气，其他明显依赖的关系存在于钢铁、玻璃、轮胎行业与汽车行业之间。总之，借款人对一个或两个行业的依赖程度越大，贷款给该行业的风险越大。行业的供给线和客户群越分散，贷款给该行业的风险就越小。

6) 可替代程度

调查对企业产品的可替代性时，既要看整个行业，又要看市场或行业的一部分，通常行业内部也存在竞争。当一个行业的产品与替代产品的价格相差太大时，消费者将转向替代品，因此，替代品限制了产品利润。如果贷款给其产品很容易被替代的行业，风险将大于贷款给其产品没有替代产品的行业。如果没有替代品，行业对成本价格差控制得更牢。

7) 政府监管

政府监管可能对一个行业有利，亦可能使其在某一时期不能盈利，在衡量行业风险时，尤其要关注政府监管是否会极大地改变行业的经济性。例如，保护自然环境的监管规定会影响许多行业，生产过程中产生有毒物质的行业明显处于风险程度表的最前列。

✈【视野拓展】4.4　借款人行业分析中的风险预警信号

(1) 行业整体衰退，销售量呈现负增长。

(2) 行业为新兴行业，虽已取得有关产品的专利权或技术认定，但尚未进入批量生产阶段，产品尚未完全进入市场。

(3) 出现重大的技术变革，促使行业、产品和生产技术的改变。

(4) 政府对行业政策进行了调整。

(5) 经济环境发生变化，如经济开始萧条或出现金融危机，行业发展受到影响。

(6) 国家产业政策、货币政策、税收政策等经济政策发生变化，如汇率或利率调整，并对行业发展产生影响。

(7) 有密切依存关系的行业供应商或顾客的需求发生变化。

(8) 与行业相关的法律规定发生变化。

(9) 多边或双边贸易政策有所变化，如政策对部分商业的进、出口采取限制或保护措施。

3. 企业经营风险分析

1) 借款人在行业中的地位

考察借款人在行业中的经营规模及所处地位，规模可以反映市场份额及公司稳定性。如果借款人享有很高的市场份额，损益表又显示盈利，则可以认为公司在短时间内遭遇破产的可能性较小，公司的经营风险及不确定性就小。当然市场份额与规模并非绝对的风险指标，一些小公司成功地着眼于市场空白点，这些市场空白点是大公司因为成本较高而无法关注的地方，在这种情况下，小公司只要保持其特色，集中精力、资源就能获取丰厚的利润，而不会受到竞争的冲击。

2) 目标及战略分析

首先要对企业目标进行分析，判断企业目标是否切实、易于实施；其次是对企业目前竞争情况进行分析，了解企业的总体竞争力、行业优势、实施经营战略目标和赢得竞争优势的具体计划等；再次，分别对企业的市场战略、财务目标和管理方式进行有针对性的分析，以此来印证企业的竞争优势、财务战略对实现目标的支撑和管理层对瞬息万变的市场的应变能力。

3) 产品市场

企业只有提供了适应市场和消费者的需求的产品，才能够为企业带来利润，企业也才能生存和发展。考察企业的产品市场时，应分析市场份额、渠道建设、客户满意度和市场竞争情况等。

(1) 市场份额。可以通过两个指标分析企业的市场份额：绝对市场占有率(该公司一定时间内主导产品销售额与整个行业该产品的销售额之比)和相对市场占有率(一定时期内该公司的绝对市场占有率与主要竞争对手的绝对市场占有率之比)，前者只能反映本企业的市场占有情况，后者则可以反映企业的相对竞争情况，实际分析时结合上述两个指标可以更清楚地掌握企业的市场份额。

(2) 渠道建设。企业有了好的产品，如果没有健全、畅通、快速的分销渠道，产品不能快速地从厂家分销到各地市场，那么再好的产品也不能为企业创造现实的利润。另外，企业的销售范围越广，客户越分散，企业的销售风险就越小。

(3) 客户满意度。客户满意度是指企业的产品能否及在多大程度上满足了客户的要求，只有当客户的购买经历完全或特别满足时，企业才能获得更大的客户忠诚度。实际分析时，可以采用两个指标：老客户保持率(一定时期内老客户的销售额占企业总的销售额之比)和新客户获得率(一定时期内新客户的销售额占企业总的销售额之比)，通过不同时期的连续比较，大致可以分析出企业的客户稳定情况。

(4) 市场竞争情况。实践证明，一个企业总是受到来自四个方面的压力，即供应商、客户、竞争对手和替代产品，一个行业的竞争强度取决于五种基本力量，即现有公司间的竞争、客户的讨价还价能力、供应商的讨价还价能力、潜在进入者的威胁和替代产品的威胁，实际调查中可以根据以上理论进行分析。

4. 企业管理风险分析

1) 核心管理层

企业的兴衰与它的核心管理层息息相关，一个好的领导班子往往能在逆境中力挽狂澜，而一个不称职的领导班子往往会将一家蒸蒸日上的企业搞垮。在实际信贷调查中，应注重对企业核心管理层的考察。

(1) 主要负责人的品德和才能。主要负责人的品德通常可以在一定程度上反映企业的信誉，主要负责人的才能可以在一定程度上反映企业的竞争力。

(2) 决策机制。实际调查时，应了解企业的决策机制是否符合企业的现实发展需要，是民主式的还是独裁式的，决策组织、决策程序是否积极有效。

(3) 核心管理层人员的年龄结构。企业核心管理层人员的年龄结构合理与否事关整个管理层群体功能的发挥和企业的可持续发展，企业核心管理层最好是年轻人与年龄较大的人各占相当比重，这样可以把年轻人的朝气与年龄较大的人的经验和智慧有机地结合起来，充分发挥各自的优势。

(4) 核心管理层人员的知识水平和专业结构。学历是衡量个人文化素质和专业水平的一个重要标志，现代企业的分工越来越细，一个人通常不可能同时具备所有方面的知识和专长，这就要求企业核心管理层人员知识水平和专业结构要合理。

(5) 经历。企业管理是一门艺术，它需要企业管理者具有创造性地解决实际问题的能力，因此经验对一个企业管理者来说是十分重要的。一般来说，企业主要经营者从事本行业的时间越长，对本行业的特征就越熟悉，处理企业经营中出现的实际问题的能力就越强。

(6) 能力。企业管理者需要具备准确预测外部环境变化并据此进行正确决策的能力、组织协调与控制能力、公关能力及创新能力。通常情况下，对一家公司核心管理层的考察是参考企业以往的经营业绩来进行间接评价，如果一家企业以往的经营业绩比较好，则说明其管理者的能力较强。同时，还应考察定性方面的因素，如企业在公众当中的知名度、企业获得的各种荣誉称号、管理层在职工中的威信、企业规章制度的完整性及贯彻执行状况、企业内部协调合作的有效性。

(7) 管理层的稳定性。如果企业的管理层不稳定，高级管理人员更换频繁，这将对企业的持续、正常经营产生不利的影响。

(8) 管理层的经营思想和经营作风。如果企业管理层过度地追求短期利润最大化，就有可能导致种种消极后果，不重视新技术开发、新产品开发、市场开拓、人力资源开发等，对企业的长期发展不利；管理层的经营作风对企业经营和发展的稳健性也具有实质性的影响，过于冒险的经营作风既可能给企业带来丰厚的利润，也有可能使企业遭受巨大的损失，使企业的未来偿债能力具有很大的不确定性。

【案例透析】4.1　　　"董事长"一职四易其人

天颐科技两年四易董事长，从2015年7月薛维军宣布辞去公司董事长至今两年多的时间里，天颐科技董事长一职四易其人：2015年7月苗泽春(曾任帅伦纸业董事长，现任天发石油董事长)接任董事长；2016年5月杨宏祥(曾任天荣股份总经理)继任；2017年5月卜明星取代杨宏祥；刚刚半年，杨宏祥又被熊自强取代。而在此期间，公司总经理也变更频繁。2017年年底，天颐科技通过媒体发表重大预亏消息，并进行财务调整，受到证监会处罚。

启发思考：银行对该公司的贷款应该如何管理？为什么？

2) 财务管理能力

对企业管理层的财务管理能力分析可以从以下几个方面着手：

(1) 资产流动性，包括流动比率、速度比率；

(2) 周转率，包括应收账款周转率、存货周转率；

(3) 稳定性，主要通过企业的资产负债率来评估；

(4) 获利能力，包括资本金利润率、销售利润率、成本费用率等。

【案例透析】4.2　　　某集团公司的财务管理

某集团公司在2015—2016年两年内，将分散于各大银行的账户进行集中整顿，取消多头开户，在工商银行和建设银行分别设立人民币资金结算中心，将所有的对外业务集中于结算中心，并借鉴国外经验在结算中心实行自动划款零余额管理，即在资金管理部门的委托授权下，由银行在每日营业结束后，将收入户中的余额和支出户中未使用完的余额全部划回资金管理部门的总账户中，使各部门的收入和支出账户的余额为零。

采用新的资金调度方式需要准确的资金计划以及对各银行的资金余额了如指掌，为此，资金管理部门要求各部门将每日的具体用款以周计划的方式上报。同时，资金管理部门通过电脑联网等方式获得各银行每日的存款额，以平衡各银行间的资金存量，使整个公司的资金沉淀降到最低。

启发思考：请分析该集团公司资金管理部门如何进行财务管理的？简述财务管理的重要性。

5. 重大或有因素和未决因素

重大或有因素和未决因素的特点是发生的可能性不确定，但是一旦发生就可能给企业造成重大影响。实际调查时，要充分了解事件的性质、涉及的金额、发生的条件及概率，据此判断对企业的影响程度。这类因素有以下几种。

(1) 重大法律纠纷、未结诉讼。如果存在，要充分调查事件的经过、进程，预测事件的结局与后果。

(2) 衍生金融工具投资。期货、期权等衍生金融工具可能会导致企业未来财务状况及盈利能力发生剧烈变化，具有高杠杆性和高风险性。

(3) 其他重大或有资产、或有负债，如已经取得的银行授信额度、大额对外担保、大额票据贴现等。

【视野拓展】4.5　　《商业银行授信工作尽职指引》

第二十五条　商业银行应对客户的非财务因素进行分析评价，对客户公司治理、管理层素质、履约记录、生产装备和技术能力、产品和市场、行业特点，以及宏观经济环境等方面的风险进行识别。

【案例透析】4.3　　　　对美丽服饰集团的分析

美丽服饰集团成立于2013年，是一家服装制造企业，产品以外销为主。2013—2016年，公司产品销量稳步增加，年销售额由1 300万元增加到2 900万元。公司良好的经营状况归因于其主要客户美国某著名服饰经销商持续增加的生产订单，目前美丽服饰集团90%的销售量来源于该经销商。

2016年年末，公司的总资产价值为6 330万元，资产净值为2 060万元，并且具有良好的流动性，过去三年的流动性比率分别为1.8、1.6和1.7。2017年，公司为拓展其他海外市场，向C银行申请1 500万元的贷款，并以公司建筑物和土地进行抵押，银行对其抵押物进行的专业估价为1 770万元。

启发思考：应如何分析评价美丽服饰集团的还款能力？

(二) 财务因素分析

财务因素分析主要是根据借款人提供的财务报表，揭示其财务状况、现金流特征、偿债能力和未来发展趋势，为做出正确的信贷决策提供依据，侧重于定量分析。由于财务因素分析受外在环境的影响及其自身的局限性，单纯依靠财务因素分析具有一定的缺陷。

财务因素分析以定量分析为主要手段，优点是简单直观、精确度高，可以通过数学公式、模型进行复核、验证；缺点是对客户提供的资料要求高，如果收集的资料不全或不真实，财务因素分析的结果可能严重失真。

1. 财务基本状况及规范性分析

(1) 通过客户提供的资料以及与客户的沟通，了解客户的注册资本、出资人情况、业务经营范围、主营业务情况、是否存在关联方关系及关联交易、有无对外大额担保、有无未决诉讼等。

(2) 通过对财务报表数据的分析，了解企业资产与负债的总额和结构、收入总额和来源，净利润、现金流量数额等，从而对客户基本财务状况做出总体判断。

(3) 核对财务数据的表面规范性和逻辑关系，并对财务报表中反映的主要科目进行简单分析。

① 应收账款。侧重分析账龄结构是否合理，尤其要了解一年以上账龄的应收账款的占比是否合理，以及大额应收账款中有无明显不符合常规的情况。

② 其他应收款和其他应付款。侧重分析真实性，尤其关注是否存在利用股东两个科目账变相抽逃出资或进行企业间融资的行为。

③ 存货。侧重分析组成情况。

④ 长期投资。侧重关注真实性及组成情况。

⑤ 无形资产。侧重关注组成情况、入账金额的合理性。

⑥ 各种借款。结合人民银行征信体系和财务报表附注查证是否真实。

注意：对于出具了保留意见和否定意见的审计报告，要重点关注其揭示的情况及原因。

✈ **【视野拓展】4.6**   **相关概念**

1. 应收账款

应收账款是企业在正常的经营过程中，因销售商品、提供劳务向购买单位收取的货款。企业赊销行为一方面提高了企业销售业绩，另一方面形成应收账款，加大了坏账损失的可能性。由于应收账款直接与销售收入相关，通常虚构销售会与应收账款一起发生，成为企业惯用的提高销售收入与利润的主要手段之一。常见的应收账款项目存在风险的表现方式包括：一是通过关联交易虚假销售，达到增加应收账款与销售收入的目的；二是对长期挂账的应收账款不提坏账准备。识别的方式主要有：查看应收账款形成时间，如果排除季节性变化，期末大额的异常应收账款往往存在较大的虚假交易风险，此时应进一步跟踪销售合同及下一期期初是否存在销售退回的情况；查看企业应收账款收款政策，严重超过信用期的大额应收账款一般存在坏账准备提取不足的风险，一般而言，一年以上的应收账款有较大的坏账风险；将应收账款与销售收入和销售商品、提供劳务得到的现金两个数据的比率与往年数据进行比较，判断应收账款、销售收入的质量与应收账款的回收情况。

2. 其他应收款

其他应收款是企业应收款项的另一个重要组成部分，是企业除买入返售金融资产、应收票据、应收账款、预付账款、应收股利、应收利息、应收代位追偿款、长期应收款等以外的其他各种应收及暂付款项。可以说，其他应收款是一个企业应收项目的兜底项目，如果该科目数额较大，一般存在大股东占用企业资金的嫌疑，主要手段可能包括：大股东直接长期无息占用企业资金；大股东借款，企业担保，大股东不能或不愿按期还款时，企业承担连带责任，企业由此对大股东形成其他应收款。上述情况导致的其他应收款看似企业资产但实际并不能给企业带来经济利益，不符合资产定义。要识别上述情况，应追根溯源，查找其他应收款的明细科目，查看书面合同与原始凭证等资料。

3. 存货

存货作为流动资产，能够提高企业的短期偿债能力，但由于其变现能力相对较差，因此需要关注存货金额的大小。如果企业有虚构资产的动机，多计存货往往是主要方式之一，其表现形式主要有：一是对积压、变质的存货不提或少提跌价准备；二是利用特殊存货不宜查看的特点直接虚构存货；三是将代保管的存货列入本企业资产负债表中。识别方式主要包括：实地查看企业仓存能力及存货摆放情况，初步估计是否存在存货高估的风险；将存货与主营业务成本做对比，如果存货相对主营业务成本较大，则表明存货被高估或主营业务成本被低估；直接检查主要存货购货合同等原始凭证，了解其所有权是否归属于企业。

4. 无形资产

无形资产是指企业拥有或者控制的没有实物形态的可辨认非货币性资产，通常，会计上的无形资产可以理解为专利权、商标权、土地使用权等。无形资产形成方式主要有外购、自行开发或投资者投入。如果企业有大额无形资产，需特别关注无形资产是否存在被高估的风险，自行开发的无形资产往往存在费用资本化的风险。此外，还应该检查无形资产是否存在减值迹象，虚增无形资产、少提费用与减值都将直接导致企业增加利润。

2. 企业的财务报表分析

财务分析是依据企业提供的财务报表完成的。企业的财务报表主要包括资产负债表、利润表、现金流量表、各种附表(如利润分配表、股东权益增减变动表等)及附注说明，其中前三种报表为金融机构进行财务分析的必备报表，是财务分析的基础。

(1) 资产负债表可以反映企业的财务状况，包括客户的偿债能力、资本结构的合理性、流动资金的充足性等。

(2) 利润表是反映企业一定期间内生产经营成果的会计报表，它能够反映企业的盈利能力、盈利状况、经营效率，可以据此对企业在行业中的竞争地位、持续发展能力做出判断。一般情况下，企业盈利能力越强越好。

(3) 现金流量表也叫财务状况变动表，是指企业在一个固定期间(通常是每月或每季)内，现金 (包含现金等价物) 流入和流出的数量。通过分析现金流量表可以了解和评价一段时间内企业的资金来源和运用的变化情况，并据此预测企业未来的现金流量。

财务报表的各个组成部分是相互联系的，它们从不同的角度说明企业的财务状况、经营成果和现金流量情况。

3. 常用财务分析方法及分析指标

财务分析是通过对企业的经营成果、财务状况及现金流量情况进行分析，以评价企业经营管理者的管理业绩、经营效率，进而达到识别企业信用风险的目的，主要包括财务报表分析、财务比率分析和现金流量分析。

1) 财务报表分析

财务报表分析主要是对资产负债表和损益表进行分析，主要关注财务报表的编制方法及其质量能否充分反映客户实际和潜在的风险。

2) 财务比率分析

商业银行应当根据主要财务指标来研究企业类客户的经营状况、资产和负债管理等状况，主要包括以下四大类指标。

(1) 盈利能力比率，用来衡量企业将销售收入转换成实际利润的效率，体现企业控制费用并获得投资收益的能力。主要指标有：

$$销售毛利率=\frac{销售收入-销售成本}{销售收入}\times100\%$$

$$销售净利率=\frac{净利润}{销售收入}\times100\%$$

$$资产净利率(总资产报酬率)=\frac{净利润}{(期初资产总额+期末资产总额)/2}\times100\%$$

$$净资产收益率(权益报酬率)=\frac{净利润}{(期初所有者权益合计+期末所有者权益合计)/2}\times100\%$$

$$总资产收益率=\frac{净利润}{平均总资产}-\frac{净利润}{销售收入}\times\frac{销售收入}{平均总资产}$$

【案例透析】4.4　　分析A公司的利润情况

A公司2016年利润表如表4.13所示。

表4.13　A公司2016年利润表　　　　　　　　单位：万元

项目	上年(略)	本年累计数
一、主营业务收入		550
减：主营业务成本		420
二、主营业务利润		130
减：营业费用		30
管理费用		52
财务费用		18
加：其他业务利润		6
三、营业利润		36
加：投资收益		40.4
营业外收入		2.13

(续表)

项目	上年(略)	本年累计数
减：营业外支出		12
四、利润总额		66.53
减：所得税		19.96
五、净利润		46.57

启发思考：计算A公司的销售毛利率、销售净利率，并说明进行销售毛利率、销售净利率分析应注意的问题。

销售收入是企业利润的初始源泉，主营业务毛利是企业最终利润的基础，销售毛利率越高，最终的利润空间越大。

销售净利率可以从总体上考察企业能够从其销售业务上获得的主营业务盈利。

销售毛利率和销售净利率都可以进行横向和纵向的比较，以便及时发现企业存在的问题并找出对策。

(2) 效率比率，又称营运能力比率，体现管理层管理和控制资产的能力。主要指标有：

$$应收账款平均数=\frac{期初应收账款+期末应收账款}{2}$$

$$存货平均数=\frac{期初存货+期末存货}{2}$$

$$存货周转次数=\frac{产品销售成本}{(期初存货+期末存货)/2}$$

$$存货周转天数=\frac{360}{存货周转次数}$$

$$应收账款周转率=\frac{销售收入}{(期初应收账款+期末应收账款)/2}$$

$$应收账款周转天数=\frac{360}{应收账款周转次数}$$

$$应付账款周转次数=\frac{购货成本}{(期初应付账款+期末应付账款)/2}$$

$$应付账款周转天数=\frac{360}{应付账款周转次数}$$

$$流动资产周转率=\frac{销售收入}{(期初流动资产+期末流动资产)/2}$$

$$总资产周转率=\frac{销售收入}{(期初资产总额+期末资产总额)/2}$$

$$资产回报率(ROA)=\frac{税后损益+利息费用\times(1-税率)}{平均资产总额}$$

$$权益收益率(ROE)=\frac{税后损益}{平均股东权益净额}$$

一般来说，资产周转率越高越好，但在分析该类指标时还应该结合企业所处的发展阶段，例如一个新成立的企业和成立多年的企业相比，由于资产计提折旧较少，即使营业收入相同，资产周转率也必然会较低，但这并不一定表明新成立的企业营运能力就比成立多年的企业差。

【案例透析】4.5　　计算B公司的营业周期

B公司会计报表中部分项目的数据如表4.14所示。

表4.14　B公司会计报表中部分项目的数据　　　　　　单位：万元

项目	年初数	年末数
应收账款	32	36
存货	84	96
销售成本		450
销售收入		680

启发思考： 计算B公司的营业周期。

(3) 杠杆比率，用来衡量企业所有者利用自有资金获得融资的能力，也用于判断企业的偿债资格和能力。

$$资产负债率=\frac{负债总额}{资产总额}\times100\%$$

$$有形净值债务率=\frac{负债总额}{股东权益-无形资产净值}\times100\%$$

$$利息偿付比率(利息保障倍数)=\frac{税前净利润+利息费用}{利息费用}$$

$$=\frac{经营活动现金流量+利息费用+所得税}{利息费用}$$

$$=\frac{净利润+折旧+无形资产摊销+利息费用+所得税}{利息费用}$$

【案例透析】4.6　　分析C公司存在的问题

C公司2016年年末的资产负债表如表4.15所示

表4.15　C公司资产负债表

2016年12月31日　　　　　　单位：元

资产	金额	权益	金额
现金	26 890	应付票据	5 634
交易性金融资产	10 478	应付账款	54 258

(续表)

资产	金额	权益	金额
应收账款净额	176 674	应交税费	9 472
存货	321 830	其他应付款	66 438
预付账款	16 442	应付债券	172 470
固定资产	212 134	长期借款	41 686
无形资产	75 008	实收资本	92 400
其他资产	8 946	未分配利润	406 044
资产总计	848 402	权益总计	848 402

启发思考：计算C公司的资产负债率、产权比率和权益乘数，并简要说明三个指标的共同经济含义，指出C公司存在的问题。

(4) 流动比率，用来判断企业归还短期债务的能力，即分析企业当前的现金偿付能力和应付突发事件和困境的能力。

$$流动比率 = \frac{流动资产合计}{流动负债合计} \times 100\%$$

$$速动比率 = \frac{速动资产}{流动负债合计} \times 100\%$$

其中：

$$速动资产 = 流动资产 - 存货$$

或：

$$速动资产 = 流动资产 - 存货 - 预付账款 - 待摊费用$$

$$现金比率 = \frac{货币资金 + 交易性金融资产}{流动负债} \times 100\%$$

【案例透析】4.7　分析大华公司货币资金的利用情况

大华公司2016年年末的部分账面资料如表4.16所示

表4.16　大华公司2016年年末的部分账面资料　　　　　　　　　　　　单位：元

项目	金额
货币资金	1 503 600
短期投资——债券投资	30 000
其中：短期投资跌价准备	840
应收票据	60 000
固定资产	24 840 000
其中：累计折旧	300 000
应收账款	210 000
其中：坏账准备	12 000
原材料	450 000

(续表)

项目	金额
应付票据	90 000
应交税金	60 000
预提费用	1 000 000
长期借款——基建借款	1 800 000

启发思考：①计算该公司的营运资本；②计算该公司的流动比率；③计算该公司的速动比率；④计算该公司的现金比率；⑤将以上指标与标准值对照，判断该公司的短期偿债能力。

3) 现金流量分析

现金流量表包括三部分内容：经营活动的现金流、投资活动的现金流和融资活动的现金流，如表4.17所示。

表4.17　现金流量表

类别	定义	现金流入	现金流出
经营活动	企业投资活动和筹资活动以外的所有交易与事项	销售商品或提供劳务、经营性租赁等收到的现金	购买货物、接受劳务、制造产品、广告宣传、缴纳税款等支付的现金
投资活动	企业长期资产的购建和不包括在现金等价物范围内的投资及其处置活动	收回投资，分得股利、利润，处置固定资产、无形资产和其他长期资产收到的现金	购建固定资产、无形资产和其他长期资产支付的现金，进行权益性投资支付的现金
融资活动	导致企业资本及债务规模和构成发生变化的活动	吸收权益性投资所收到的现金、发行债券或借款收到的现金	偿还债务、发生筹资费用支付的现金，分配股利、利润或偿还利息支付的现金

进行现金流量分析时，通常首先分析经营性现金流；其次分析投资活动的现金流；最后分析融资活动的现金流。

针对不同类型的贷款，对企业现金流量的分析侧重点也是不同的。

(1) 对于短期贷款，应考虑正常经营活动的现金流量是否能够及时且足额偿还贷款。

(2) 对于中长期贷款，应主要分析未来的经营活动是否能够产生足够的现金流量以偿还贷款本息。但在贷款初期，应考察借款人是否有足够的融资能力和投资能力来获得所需的现金流量以偿还贷款利息。

(3) 由于企业发展可能处于开发期、成长期、成熟期或衰退期，进行现金流量分析时需要考虑不同发展时期的现金流特征。

任务三　撰写调研报告

■ 学生的任务

掌握调研报告的要素和基本结构；能够设计调研报告表。

■ 教师的任务

指导学生撰写调研报告，以及根据调研对象和调研目的进行调研报告表的设计与填写。

任务导入

根据以下资料撰写银行对Z集团调研报告

调研时间：2016年4月15日

调研银行：香江支行

调研成员：赵某、钱某、孙某、李某

主要内容：2016年4月15日，省分行审批人到香江支行对贷款单位Z集团进行实地调研，了解Z集团的实际经营、管理情况，反映物流商贸行业存在的风险问题，提出审批人对该行业的管理意见。

Z集团成立于2014年11月，注册资本10 000万元，股东包括：冯某，出资比例90%；马某，出资比例5%；莫某，出资比例5%。公司法人代表为冯某。目前Z集团有限公司没有贷款。Z集团有4个子公司，其中A贸易公司及B电器有限公司是Z集团的主要部分，也是Z集团中实力最强的公司。

A贸易公司是AA级信用企业，主营业务为批发、零售各种饮料、食品、日用品等。目前，该公司注册资本2 680万元，实收资本15 000万元，资产总额62 443万元，员工500多人，320台大、中型运输车辆，2014年8月该公司被市政府评为优秀民营企业。A贸易公司已建立华南地区最大的物流中心，仓储总面积达10万平方米，并完成了部分货仓的电子化改造。目前，每天吞吐货物量达30万件，日配送客户最多达3 000家，在物流行业中具有较强的竞争力。

B电器有限公司是AA级信用企业，公司成立于2008年3月5日，是一家集空调、冰箱、洗衣机及小家电为主的商业批零公司，现拥有资产41 069万元，员工500人，属下分公司分布于市内各区和深圳、东莞、佛山、肇庆等地区，在同行业中有良好的声誉。B电器有限公司正加紧建设一个现代化的电器产品配送物流中心，从而进一步提高工作效率、营运能力。

Z集团两家公司所代理产品均为市场上适销、名牌饮料、食品、日用品、电器等产品，并且已取得这些品牌在××地区的独家代理权。以A贸易公司销售资金占用及回笼情况为例，目前公司已取得珠江啤酒、怡宝、可口可乐、娃哈哈、红牛等几十个产品的代理权，而仅珠江啤酒和怡宝蒸馏水产品的年销售额就超过4亿元。

2016年2月11日，省行审批通过，给予Z集团一般额度授信20 000万元，期限两年，其中流动资金贷款7 000万元，银行承兑汇票13 000万元。具体额度分配为：A贸易公司一般额度授信14 000万元(其中流动资金贷款 5 000万元，银行承兑汇票9 000万

元)；B电器有限公司一般额度授信6 000万元(其中流动资金贷款2 000万元，银行承兑汇票4 000万元)。

知识准备

撰写调研报告是整个调研活动的最后一个阶段，也是十分重要的阶段。营销人员完成实地调研工作以后，需要撰写调研分析报告，进行项目的上报审批，以便对客户价值进行评估。因此，撰写调研报告是营销人员必须掌握的重要技能。

能否撰写出一份高质量的调研报告，是决定调研活动成败与否的重要环节。调研报告是通过文字、图表等形式将调研结果表现出来，其内容和质量非常关键，可以使人们对所调查的项目、现象或问题有一个全面、系统的了解和认识。

一、调研报告的要素

调研报告必须具备三个要素：材料、分析和结论。材料是从调查和学习中得来的，是客观的东西。分析和结论是撰写人用材料证实得来的，是主观的东西。

这三个要素融合在调研报告结构的三个部分中。

二、调研报告的基本结构

(一) 标题

标题可以有两种写法：一种是规范化的标题，即"发文主题+文种"，基本格式为"××关于××××的调研报告""关于××××的调研报告""××××调研"等；另一种是自由式标题，包括陈述式、提问式和正副题结合式三种。陈述式标题如"东北师范大学硕士毕业生就业情况调研"，提问式标题如"为什么大学毕业生择业倾向于沿海和京津地区"。正副标题结合式标题中，正题陈述调研报告的主要结论或提出中心问题，副题标明调研的对象、范围、问题，如"高校发展重在学科建设——××××大学学科建设实践思考"等。调研报告属于公文，最好用规范化的标题或正副题结合式标题。

调研报告的题目可以直接说观点，开头要概述此次调研的经过，包括什么时间，在什么范围，对哪项工作或哪项工作的哪个方面进行怎么样的调查，开了什么范围的座谈会，走访了多少基层单位和人员，到实地考察多少次，掌握了多少材料，达到了什么目的。

(二) 正文

正文主要包括三部分内容：基本情况、存在问题和解决办法。

1. 基本情况

基本情况要说得细一些，但也不要把调查来的材料全写上去，与后面的分析、观点有关系的材料才能写上去。有些调研报告的主要特点实际是基本情况的特点，可以放在基本情况中，也可以单写，如果单写，基本情况部分就可以简单写。

2. 存在问题

存在问题必须明确，一个大问题总是由若干个小问题组成的。每一个小问题都需要大量的归纳、分析，证实确实存在所说的问题。同时，必须分析引发问题的原因，为最后的解决方法做铺垫。

3. 解决办法

在对大量材料进行归纳、研究的基础上找出特点，提出问题，并运用大量的事例来证明提出的观点是正确的，方法是可行的。要使提出的方法具体、有步骤、有可操作性，必须做到以下三点。

(1) 努力提高知识水平、政策水平、理论水平。我们的社会是法制的社会，法制是方向，如果得出的结论或解决问题的方法偏离了这个方向就是错误的。知识水平、政策水平、理论水平只有通过多看书、多学习、多思考才能得到提高，这就要求大家养成良好的学习、思考习惯。

(2) 必须以通过全面、深入的调查掌握的丰富的事实材料为依据。材料少，得出的结论就可能片面；材料只是浮在表层的现象，由此确定的方法就行不通。总之，调查面要广，调查点要深，既要有宏观、全面的内容，又要有非常具体的内容。

(3) 进行正确的分析、合乎逻辑的分析、符合实际的分析。有了材料，有了理论水平，有了专业知识，还要用心去想，用心去琢磨。以先进的理论为指导，把所有的材料反复地逐个分析，再借鉴其他地区或国际上的经验，找到最好的方法，这就是分析。必须认定，没有解决不了的问题，所有工作都会有更好的方法。

(三) 结尾

结尾的写法也比较多，主要有以下几种：

(1) 提出解决问题的方法、对策或下一步改进工作的建议；

(2) 总结全文的主要观点，进一步深化主题；

(3) 提出问题，引发人们的进一步思考；

(4) 展望前景，发出鼓舞和号召。

(四) 附件

附件主要包括一些过于复杂、专业的文件，通常将调查问卷、抽样名单、地址表、地图、统计检验计算结果、表格、制图等作为附件内容，每一个附件均需编号，以便查询。

三、调研报告的内容

以商业银行贷款为例，公司客户的流动资金贷款调研报告的主要内容如下。

1. 客户基本情况

客户基本情况包括客户概况、股东情况、组织结构、管理情况、关联企业或关联人物等情况的分析，以及成立批文、营业执照、法律地址、章程、借款申请等。

2. 客户经营活动分析

客户经营活动分析包括客户经营活动总体情况、生产销售情况(包括主要产品、原材料情况、生产情况、销售情况)、研究开发能力、行业情况(包括行业现状、行业发展趋势、核心竞争能力)、重大事项揭示(或其他需说明的情况)等方面的分析。

3. 客户财务分析

财务分析的资料来源主要是客户提供的财务报表。注意，必须是经过会计事务所审计、报送税务机关的财务报表。

在对客户进行财务分析时，主要运用结构分析法、比率分析法进行趋势分析等。

4. 银企往来及信誉情况

银企往来及信誉情况包括与其他金融机构的往来情况、贷款卡查阅情况、银企关系及信誉评价等。

5. 担保分析

担保分析主要包括：抵押物的名称、位置、估计变现价值及变现价值的计算方法，需要扣除管理费、运输费、法律费用和销售佣金等；评估公司及评估方法简介；在发放抵(质)押贷款时，要对抵(质)押物的占有和控制程度、流动性、价值评估、抵押率、变现能力等情况进行分析，如有必要，还要分析抵押登记手续、安全保管措施、抵押物进出账控制措施、投保费率设定等细节的可行性。

在发放保证贷款时，要坚持保证人综合实力优于借款人的原则。对保证人情况的分析内容及重点与对借款人的调查分析相似。应该注意的是，无论是抵押还是保证都必须分析法律手续的完备有效性及法律依据，做到担保具有法律效力。如果是保证，要说明保证人的流动资产情况(现金及等价物和有价证券)、有形净资产、最近一期的销售收入和净利润、或有负债及评级情况。

6. 还款来源分析

还款来源包括第一还款来源和第二还款来源。第一还款来源是指借款人通过正常的营业收入、经营利润等现金流来偿还银行授信；第二还款来源是指动用担保(抵押、质押或保证等)偿还银行授信。授信人员应就企业还款来源的合理性及风险程度的高低、资金缺口测算或项目的可行性、还款来源测算及企业的还款计划等方面进行分析。应重点分析第一还款来源，第二还款来源实际上并非还款手段，而是风险防控手段。

7. 风险分析及防范措施

营销人员根据授信业务特点，从提高收益和规避风险的角度分析授信业务所面临的政策法律风险、行业风险、财务风险、经营管理风险、道德风险等，并提出防范措施。在此基础上，还要判断授信业务的总体风险、确定主要风险要素及防范措施。

8. 综合收益测算

一笔授信业务的综合收益主要包括利息收入、存款收益、中间业务收入和其他收益等。

四、调研报告表

不同类型的调查报告，具体内容有所不同，但基本写法是相通的。为了简化和规范工作程序，金融机构也常常以表格的形式来体现调研报告的内容。

调研报告表中应体现以下内容，其格式可由撰写人根据需要自行设计。

(一) 授信项目概况

(1) 企业：企业名称。

(2) 性质：国有、民营。

(3) 行业：GB/T 4754—2017标准的大类。

(4) 品种及金额：多个品种的分项列明。

(二) 企业资质

贷款卡状态：有效、过期、失效。

(三) 企业主体

(1) 实际控制人：未出现在企业股东或管理层中，但对企业起实际控制作用的人。

(2) 注册地址及电话：同时注明自有或者租赁，结构、面积、房款或租金支付情况。

(3) 办公地址及电话：同时注明自有或者租赁，结构、面积、房款或租金支付情况。

(4) 工厂(或仓库)地址及电话：同时注明自有或者租赁，结构、面积、房款或租金支付情况。

(5) 工商记录：记录来源为主管工商部门。

(6) 税务记录：记录来源为主管税务机构。

(7) 其他资质及有效期：企业获得的其他行业资质、专利权及重大荣誉。

(8) 资金到位情况：是否已到位、到位计划。

(9) 调查评价：法人股东的财务简况、个人股东的资产状况。

(四) 管理与经营

(1) 经营范围：企业营业执照上的经营范围及实际主要经营的品种。

(2) 公司治理架构：企业所有者与企业经营者的关系是直接经营还是委托经营，企业经营决策人、董事会与总经理的授权关系，以及部门之间的协作关系。

(3) 信息披露：①企业对外宣传情况；②编制了几套会计报表，每套报表之间是否有较大出入；③通过员工了解的情况是否与企业领导介绍的情况及宣传资料一致；④外界对企业评价。

(4) 领导层履历：董事长、总经理、财务负责人及实际控制人等的主要经历。

(5) 其他：工资是否及时支付等。

(6) 行业市场及本企业地位：企业所处行业的政策环境、现状、发展前景，该行业有无准入限制和标准(如医药行业的GMP认证、环保限制)，行业标准及特色等，客户在该行业的经营历史，借款人行业优/劣势分析，主要产品特色、生产能力、鉴定证书、市场份额、可替代性等(并说明相关数据的来源)。

(7) 本企业优势：主要竞争对手、竞争的方式，以及与竞争对手的优劣势比较(并说明相关数据的来源)。

(8) 业务流程和周期分析：企业生产、销售经过的步骤和周期。

(9) 产品：主、副产品的名称和用途。

(10) 产能：企业现有条件下可生产的产品年产量、开工率。

(11) 技术装备：主要的技术设备名称、用途、性能指标、先进程度、制造商等。

(12) 合作年限：企业之间开始合作至今的年限。

(13) 占比：在借款人所需同类型原材料中所占供应份额。

(14) 合同签约及履行情况：企业以往合约是否及时履行、是否发生过违约纠纷；现有在履行合约的汇总内容，如产品、数量、金额、期限等。

(五) 财务分析

(1) 审计结论详情：若审计意见不是"无保留"类型，则说明有关情况。

(2) 主要变动分析：各项财务数据发生重大变动的原因。

(3) 应收账款分析：形成原因、账龄、质量、关联企业占比、坏账准备等。

(4) 存货分析：存货结构合理性、是否存在过期或者积压情况等。

(5) 固定资产、无形资产分析：在建工程的概算总投、完工情况及企业折旧的合理性等。

(6) 用电量：核实电费缴交情况。

(7) 用水量：核实水费缴交情况。

(8) 设备开工率：实际产量与设备产能做对比。

(六) 授信内容

(1) 银行存量：授信品种、金额、期限、利率、余额、保证措施及执行情况。

(2) 非金融机构借款及或有负债：其他机构借款及对外担保详情。

(3) 授信合理性分析：贸易融资授信应说明具体业务品种，银行承兑汇票开给关联企业的应分析其原因和合理性。

(4) 授信可行性分析：还款来源分析。

(七) 授信担保

抵押物名称、所处位置、物品类型、数量单位、权利类型、权证情况、现有状态、评估价值、评估机构估值方法、抵押率、抵押值、周边对比、所有权人、彼此关系、提供抵押原因。

(八) 企业其他重大事项

本报告其他部分未涉及的企业重大事项，如借款人及其股东是否涉及诉讼，未来股权或领导层变动的可能性，政府管制、制裁，以及外界其他可能影响企业经营的事项等。

(九) 综合效益

客户去年及目前在银行的日均存款情况、本外币结算情况，分析结算份额与银行授信份额是否配比。

综合练习

一、填空题

1. 在对客户的贷前调查中，应当坚持( )、( )、( )、( )四个步骤。

2. 在市场调研过程中，常常需要获取( )和( )。( )是通过科学、系统的调查方法从市场取得的信息；( )是已经形成的资料文件，可以直接拿来参考。

3. 实地调研分为( )和( )，还款来源包括( )和( )。

4. 第一还款来源是指借款人通过( )、( )来偿还银行授信。

5. 考察企业长期偿债能力的指标是( )。

6. 速动资产是从流动资产中扣除( )的部分。

7. 反映企业的总资产中有多大比例是通过借债来筹集的指标是( )。

8. 测量一个企业仅靠变现短期流动资产来提高偿还短期负债能力的指标是( )。

二、单项选择题

1. 以下说法中，错误的是( )。

A. 二手资料收集过程迅速而简单

B. 二手资料收集过程成本低，用时少，范围广

C. 二手资料准确性高

D. 二手资料的相关性和准确性都不高

2. 以下关于调研报告撰写形式的说法中，正确的是( )。

A. 蜻蜓点水式　　　B.赞歌式　　　　C.传话筒式　　　　D.以上都不对

3. 以下说法中，正确的是( )。

A. 撰写调研报告应按照调研活动展开的顺序前后衔接，环环相扣

B. 调研报告的结构要合理、符合逻辑

C. 调研报告要简单罗列材料的内容

D. 调研报告应该简洁、有效、重点突出

4. 以下各项中，不符合撰写调研报告要求的是( )。

A. 合乎逻辑   B. 解析充分，结论正确

C. 调研报告应该是散文式   D. 定量与定性分析相结合

5. 以下说法中，错误的是( )。

A. 在市场调研过程中，常常需要获取一手资料和二手资料

B. 一手资料是通过科学、系统的调查方法从市场取得的信息

C. 二手资料是已经形成的资料文件，不能直接拿来参考

D. 二手资料收集过程迅速而简单，成本低、用时少、范围广

6. 以下说法中，错误的是( )。

A. 二手资料的准确性有时难以保证

B. 二手资料不一定适用

C. 二手资料的相关性和准确性都不高

D. 二手资料收集过程复杂，成本高

7. 以下说法中，正确的是( )。

A. 资产负债表是金融机构进行财务分析的必须报表

B. 利润表是金融机构进行财务分析的必须报表

C. 现金流量表是金融机构进行财务分析的必须报表

D. 资产负债表、利润表、现金流量表是金融机构进行财务分析的必须报表

8. 以下说法中，错误的是( )。

A. 撰写调研报告应遵循适用、精练和标准化

B. 撰写调研报告要体现"尽职调查"

C. 结论要公正、明确

D. 撰写调研报告要模棱两可

三、多项选择题

1. 第二还款来源是指动用( )。

A. 担保   B. 抵押   C. 质押   D. 保证

2. 财务调研主要指对( )的分析。

A. 资产负债表   B. 利润表   C. 现金流量表   D. 财务报表

3. 撰写调研报告要求( )。

A. 合乎逻辑   B. 解析充分，结论正确

C. 重视质量，篇幅适当   D. 定量与定性分析相结合

4. 调研报告的内容一般包括( )。

A. 客户基本情况   B. 客户经营活动分析

C. 客户财务分析   D. 银企往来及信誉情况

5. 授信业务的综合收益主要包括( )。

A. 利息收入   B. 存款收益

C. 中间业务收入   D. 其他收益

6. 面谈的准备有( )。

A. 要准备面谈工作提纲   B. 了解客户总体情况

C. 弄清客户信贷需求   D. 拟向客户推介的信贷产品等

7. 面谈中需要了解的信息有( )。

A. 客户基本情况   B. 授信业务情况

C. 客户还款能力   D. 抵押品

E. 目前客户与银行之间关系

8. 个人贷款调查包括但不限于( )。

A. 借款人基本情况和收入情况

B. 借款用途

C. 借款人还款来源、还款能力及还款方式

D. 保证人担保意愿、担保能力或抵(质)押物价值及变现能力

9. 工商企业类客户调研的基础资料有( )。

A. 企业设立的协议、合同、验资报告、批准文件及营业执照(复印件)

B. 公司出资人状况及出资方式、到位情况

C. 法定代表人资格认定书、企业代码证书、贷款卡(复印件)、公司章程、董事会成员名单

D. 出资人状况含所在行业、规模、产品、财务及资信等方面的情况

四、判断题

1. 财务分析的资料来源主要是客户提供的财务报表，该账务报表可以不经过会计事务所审计。( )

2. 对银行来讲，借款人流动比率越高越好。( )

3. 二手资料是通过科学、系统的调查方法从市场取得的信息，一手资料是已经形成的资料文件，可以直接拿来参考。( )

4. 在市场调研过程中只能获取一手资料。( )

5. 实地调研分为财务调研和非财务调研。( )

6. 还款来源包括第一还款来源和第二还款来源。( )

7. 第一还款来源是指借款人通过正常的营业收入、经营利润等现金流来偿还银行

授信。（　　）

8. 一份好的调研报告不仅要精心设计报告内容，同时要合理地组织安排报告结构和格式。（　　）

9. 一份好的调研报告应以客户导向为基础。（　　）

五、简答题

调研报告必须具备的要素和基本结构是什么？

六、分析题

A公司是H市一家知名的台商独资企业，由于经营业绩较好，加上据称拥有雄厚的外资背景，深受H市地方政府和金融机构追捧。D银行经过调查，了解到A公司在我国台湾、香港、深圳、漯河、太仓、张家港等地都注册有分公司，分公司经营范围包括进出口贸易、制药、化纤、纺织等领域，经营规模均较大，都是当地比较知名的外商投资企业，确认A公司实力雄厚。根据A公司财务报告进行财务因素分析和现金流量分析，结果非常理想。2016年年底，D银行决定与A公司建立紧密合作关系，向A公司贷款700万元，以A公司房地产和设备作为抵押。由于A公司实际上主要是我国台湾X氏的家族公司，公司生产、销售、经营管理、财务等活动均高度依赖X氏夫妇，其他人员根本不能对公司决策产生影响。2017年8月，X氏因涉嫌犯罪被刑事拘押，后来其妻也被收审，A公司在大陆投资的所有企业几乎在一夜之间完全陷于停顿。

D银行失误在什么地方？

项目五 客户风险识别与评估

▶ 项目目标

职业知识
了解客户风险的含义、形成原因、特征和种类；掌握实践中对金融客户风险的分类；了解个人客户、公司客户、集团法人客户、机构客户风险的分析与识别；掌握定性模型法、定量模型法、定量和定性相结合的评级方法。

职业能力
能够对客户风险进行分析与识别；能够找出客户可能存在的风险及主要风险点；能够对客户风险进行计量。

职业道德
具有高度的工作热情和强烈的事业心、责任感；具有承受高强度工作压力的意志力；具有强烈的自信心和严谨的工作态度；具有团队合作意识、协作能力和勇于创新的精神；具有良好的自控能力、沟通能力，以及敏锐的洞察能力和市场反馈能力。

▶ 项目提出 对A集团的信贷风险进行识别

1. 集团概况
A集团注册资本6亿元，经营范围：房地产开发、建筑施工、建材贸易、汽车销售、出租汽车、绿化、仓储、会展。集团以房地产开发为主业，下属有S商业集团、J建设集团、Q汽车集团、N能源集团、L旅游集团等五大产业集团。

截至2015年年末，集团合并会计报表总资产为255亿元，总负债196亿元，资产负债率为77%；2015年度实现主营业务收入150亿元，净利润7亿元。集团本部总资产为137亿元，总负债100亿元，资产负债率为72%；2015年度完成主营业务收入13亿元，实现净利润7亿元。集团本部以投资管理为主，主营收入较少。

2015年年末，集团流动资产中应收账款11亿元，其中J建设集团的应收账款4亿元，占应收账款总额的36%。总体来看，集团流动资产中房地产业务形成的存货和预付账款占比超过70%。由于房地产开发的周期较长，变现能力与市场状况高度相关，不确定程度高。

项目任务

认识客户风险 $\Rightarrow$ 客户风险的分析与识别 $\Rightarrow$ 客户风险的计量

任务一　认识客户风险

■ 学生的任务

了解客户风险的含义、形成原因、特征和种类；掌握实践中对金融客户风险的分类。

■ 教师的任务

指导学生找出客户可能存在的风险。

任务导入

找出某显像管生产公司可能存在的风险

某显像管生产公司成立于2011年，注册资本为20亿元，该公司为其母公司最早在大陆投资设立的显像管生产基地。目前，公司拥有单色显像管生产线3条、彩色显像管生产线8条，具有年产16 000万支彩色高分辨率显像管和360万支单色高分辨率显像管的能力，产品主要用于PC机(个人电脑)的CRT显示器。

公司正在进行产品转型，拟采用母公司的成熟短颈技术对现有部分彩色显像管生产线进行改造，生产电视用短颈显像管。目前已将其8条彩色显像管生产线中的4条改造成电视用短颈显像管生产线，并开始小批量试生产，设计能力为每条生产线日产量9 000台，年产300万台。

截至2013年12月末，该公司的银行融资余额为23亿元，融资方式均为信用。其中该银行融资余额5.5亿元，包括中期流动资金贷款5 300万美元(其中2014年内到期1 400万美元)，进口T/T融资余额1 600万美元，银行承兑汇票余额1 200万元，五级分类均为正常，无不良信用记录。

公司近三年的会计报表均经会计师事务所审计并出具了标准无保留意见的审计报告。从公司的财务指标可以看出，公司净资产收益率近三年出现了明显的下滑，2013年仅为2011年的1/100；与同业相比，其2013年的净资产收益率仅为行业平均水平的1/20，企业整体经济效益较差。通过将净资产收益率分解为总资产周转率、销售净利率和权益乘数，发现公司资本结果相对稳定，但资产周转速度和盈利能力出现了大幅下滑，使其整体实力急剧削弱。

通过对资产总额和销售收入的分析可知，公司资产周转率下降的主要原因是销售规模的萎缩幅度(-58.25%)大于资产缩水程度(-14.20%)。销售收入的缩水是由市场竞争造成的，目前PC市场所采用的显示器主要为CRT显示器和液晶显示器。随着液晶显示器产能的扩大，2011年下半年液晶显示器开始降价销售，CRT显示器原有的价格优势被打破，液晶显示器的替代效应逐步显现，已经取代传统的CRT显示器成为主流的显示器产品。

知识准备

古语云，"君子不立于危墙之下"和"千金之子，坐不垂堂"，都说明了两个方面的意思：一是防患于未然，预先察觉潜在的危险，并采取防范措施；二是发现自己处于危险境地，要及时离开。

西方国家的风险管理思想最早可以追溯到亚里士多德时代，但风险管理的概念及理论的明确提出，一般认为开始于20世纪初。由于水灾、火灾等风险的发生给人们带来生命或财产上的各种损失，人们出于减少这些损失的愿望，开始了对风险的研究，试图找到一些可行的方法来认识风险、分析风险、监测风险，以规避或减少风险带来的损失。

一、信用风险概述

(一) 信用风险的含义

广义上，信用风险又称违约风险，是指借款人、证券发行人或交易对方因种种原因，不愿或无力履行合同条件而构成违约，致使银行、投资者或交易对方遭受损失的可能性。通常，信用风险的存在与借贷行为的发生有着密切的关系。事实上，违约不仅只发生在借贷领域，其他如交易结算、货物交割、招标投标等活动中同样存在违约风险。

银行面临的主要风险是信用风险，即交易对手不能完全履行合同的风险。这种风险不只出现在贷款中，也发生在担保、承兑和证券投资等表内、表外业务中。如果银行不能及时识别损失的资产，增加核销呆账的准备金，并在适当条件下停止利息收入确认，银行就会面临严重的风险问题。

(二) 信用风险的形成原因

一般来说，信用风险是由以下几方面的原因造成的。

1. 经济运行的周期性

处于经济扩张期时，信用风险降低，因为较强的盈利能力使总体违约率降低；处于经济紧缩期时，信用风险增加，因为盈利情况总体恶化，借款人因各种原因不能及时足额还款的可能性增加。

2. 对公司经营有影响的特殊事件的发生

这种对公司经营有影响的特殊事件往往与经济运行周期无关，例如，当人们知道石棉对人类健康有影响时，所发生的产品责任诉讼使Johns Manville公司，一个在石棉行业处于领头羊位置的公司破产。

【视野拓展】5.1　　　中国零售业史上的合作

2015年8月10日，中国著名的电子商务企业阿里巴巴和著名的商业零售企业苏宁启动了交叉持股：阿里巴巴将投资约283亿元人民币参与苏宁云商的非公开发行，占发行后总股本的19.99%，成为苏宁云商的第二大股东；苏宁云商将以140亿元人民币认购不超过2 780万股的阿里巴巴新发行股份。中国零售业史上金额最大的"联姻"诞生了。

阿里巴巴提供的283亿元资金支付分配如下：95亿元用于物流平台建设，115亿元用于线下门店发展，33.5亿元用于互联网金融项目，17亿元用于IT项目，29亿元用于偿还银行贷款，30亿元用于补充流动资金。

正如市场所预计，阿里巴巴与苏宁云商的交换持股与战略合作消息宣布后，电商"三国之战"的另一方——京东股价应声下跌。美国当地时间8月10日收盘时，京东股价跌至30.06美元，跌幅达6.27%，创4个月之最。而阿里巴巴股价则一路震荡上扬，收盘报80.47美元，涨幅为2.09%。

3. 利益的驱使和道德的缺失

利润最大化是企业经营的目的，而利润的大小受企业预期收益和银行利率水平的影响。若企业预期收益率等于或低于既定银行利率下的还款额，企业要么放弃借款，要么违约从事高风险的经营项目，或一开始就不打算还贷。这些情况都会使银行信贷风险加大，不良贷款率上升。

【视野拓展】5.2　　　G支行贷款的损失

F公司是一家经营激光制版的中外合资企业，注册资本为800万港元。2014年1月29日，该公司在某银行G支行申请200万元人民币流动资金贷款，期限6个月，由H电子有限公司担保。由于F公司经营不善，贷款到期后不能按期归还，客户经理多次催收无效，于是向保证人H电子有限公司追讨债务，发现H电子有限公司已人去楼空。到工商行政管理部门查询后得知，保证人H电子有限公司已于贷款发放前的两个月办理注销登记手续，已被注销的公司办理的担保手续显然为无效担保，因此，该笔保证贷款变成了信用贷款。

2015年7月，贷款行向法院提起该笔贷款的诉讼。根据F公司已资不抵债无法清偿到期债务的事实，G支行申请F公司破产清算，法院召集债权人会议进行调解，要求F公司在4个月内还清G支行的债务。调解期间，F公司仅支付G支行欠息23万元。于是，法院再次召集债权人会议，宣布立即进入破产清算。经破产清算，各债权人按比例分配清偿金额，其结果是，贷款行只收回本息50万元，损失180万元。

(三) 信用风险的特征

1. 客观性

客观性是指风险是一种不以人的意志为转移，独立于人的意识之外的客观存在。

2. 传染性

传染性是指一个或少数信用主体经营困难或破产就会导致信用链条的中断和整个信用秩序的紊乱。

3. 可控性

可控性是指信用风险可以通过控制降到最低。

4. 周期性

周期性是指信用扩张与收缩交替出现。

由于信用风险会对公司或个人的利益产生很大的影响，因此，信用风险管理是一项很重要的工作，较大的公司常有专门人员针对各个交易对象的信用状况进行评估，来衡量可能的损益以及降低可能的损失。

二、信用风险的种类

每个客户都有自身的特点，从规模到产品，从组织结构到经营策略，都可能存在潜在的风险因素，任何一个潜在的风险因素都可能给客户的经营带来风险和损失。

(一) 外部风险

社会整体大环境因素的变动会导致客户风险，可统称为外部风险，包括宏观风险和行业风险。

1. 宏观风险

宏观风险主要是由于宏观经济因素的变化、经济政策的变化、经济的周期性波动以及国际经济因素的变化可能导致的企业利润损失。

造成客户宏观风险的主要因素如下。

(1) 政治法律因素。对客户经营构成风险的政治法律因素主要表现在政治安定与否、政府部门改革及领导人更换是否频繁、政策是否相对稳定、政府部门对经济干预的大小、政府官员工作效率与作风、法制健全与否、具体法律制度与司法运行程序等方面。政治法律因素对客户的经营活动有重要影响。

(2) 经济因素。经济波动周期、通货膨胀率、利率波动、就业状况、政府产业政策、税收政策、市场结构、经济发展程度、市场前景等经济因素都可能造成客户的风险，其中，政府产业政策变动、通货膨胀率变动和经济增长的周期性波动均可直接给客户带来风险。来自国际方面的经济因素同样也会对客户的经营状况构成威胁，主要表现在世界经济波动、国际技术竞争、汇率波动、国际资本流动、对外政策等。

(3) 国际因素。对于从事国际贸易与技术交流的客户来讲，国际因素的影响极为重要。

2. 行业风险

行业风险是指由于行业内部诸多不确定性因素的作用而使客户面临的各种风险。行业结构、发展状况、未来发展趋势、竞争格局、替代性、依赖性和周期性等因素都会直接影响客户的经营状况，都可能成为客户承受风险的重要原因。

(二) 客户内部风险

金融机构客户内部风险包括战略风险、财务风险、市场风险、运营风险和法律风险。

1. 战略风险

战略风险是指企业在战略的制定和实施上出现错误或疏忽，或因未能随环境的改变而做出适当的调整，从而导致经济上的损失。

战略风险包括宏观政策法规风险、战略管理风险、投资兼并风险、技术创新风险等。

战略风险信息的收集渠道包括：①国内外宏观经济政策以及经济运行情况、本行业状况、国家产业政策；②科技进步、技术创新的有关内容；③市场对本企业产品或服务的需求；④与企业战略合作伙伴的关系，未来寻求战略合作伙伴的可能性；⑤本企业主要客户、供应商及竞争对手的有关情况；⑥与主要竞争对手相比，本企业的实力与差距；⑦本企业发展战略规划、投融资计划、年度经营目标、经营战略，以及编制这些战略、规划、计划、目标的有关依据；⑧本企业对外投融资流程中曾发生或易发生错误的业务流程或环节。

2. 财务风险

财务风险是指企业融资、会计核算，以及会计或财务报告失误而给企业造成的损失。

财务风险包括资金结构与现金流风险、会计核算与流程的风险、虚假财务信息风险、会计及财务报告风险等。

财务风险的信息收集渠道包括：①历史沿革(成立时间、背景、法人、现有生产规模和生产能力，以及企业发展历程等)；②企业资本结构(企业所有者及其持股比例和金额)；③组织结构(企业管理层及各职能部门)；④所属公司(直接管理或拥有的下属公司)；⑤主要产品和工艺流程(产品类别和用途，以及生产加工该主要产品的工艺流程)、销售情况(销售策略、渠道、产品销售区域)；⑥采购情况(原材料采购状况和主要供应商)；⑦内部控制情况(是否已经有内部制度和健全的内部流程手册)；⑧财务状况和经营成果(资产负债状况和损益情况)；⑨经营活动中重大投资融资事项；⑩与本企业相关的行业会计政策；⑪企业偿债能力、盈利能力、成本费用情况等汇总分析表。

【案例透析】5.1　　　　　一年半的跨国诉讼

四川长虹是我国最大的家电制造商之一，由于在对外贸易中过多关注争夺客户和市场份额，2002年前后，在无法收回海外代理商货款的情况下，仍然向海外发货，忽视应收账款坏账风险。四川长虹在1998—2003年创造利润33亿元，却遭受39亿元的海外欠款，最终不得不于2004年在美国向海外代理商提起诉讼，开始了长达一年半的跨国诉讼。2006年4月，四川长虹为尽早结束无休止的跨国诉讼与代理商签订和解协议，预计可收回应收账款金额仅为人民币13.6亿元。

启发思考：四川长虹存在什么风险？原因是什么？有哪些影响？

3. 市场风险

市场风险是指因市场等外界条件变化而使企业产生经济损失的风险。市场风险包括产品价格风险、燃料能源风险、股票指数风险、利率汇率风险、竞争风险等。

市场风险的信息收集渠道包括：①产品或服务的价格及供需变化；②能源、原材料、配件等物资供应的充足性、稳定性和价格变化；③主要客户、主要供应商的信用情况；④税收政策和利率、汇率、股票价格指数的变化；⑤潜在竞争者、竞争者及其主要产品、替代品的情况。

4. 运营风险

运营风险是指企业因为内部流程、系统、人为或外部等方面的因素而给企业造成的经济损失。

运营风险包括企业产品质量与营销风险、内部管理失效风险、人为风险、业务流程风险、信息系统风险、外部事件风险(火灾、自然灾害等)。其中，人为风险是指企业员工由于缺乏诚信道德而导致的舞弊行为，或由于缺乏知识而导致的错误和重大损失；业务流程风险是指交易流程中出现错误而导致损失的风险，例如在销售流程中(包括定价、记录、确认、出货等环节)出错而导致损失的风险；信息系统风险是指因信息系统故障、数据的存取和处理、系统的安全和可用性、系统的非法接入与使用而导致损失的风险；外部事件风险是指由于火灾、天然灾害、市场扭曲等事件而导致损失的风险。

运营风险的信息收集渠道包括：①产品结构、新产品研发；②新市场开发，市场营销策略，包括产品或服务定价与销售渠道，市场营销环境状况等；③企业组织效能，管理现状，企业文化，高、中层管理人员和重要业务流程中专业人员的知识结构、专业经验；④期货等衍生产品业务中曾发生或易发生失误的流程和环节；⑤质量、安全、环保、信息安全等管理中曾发生或易发生失误的业务流程或环节；⑥因企业内外部人员的道德风险致使企业遭受损失或业务控制系统失灵；⑦给企业造成损失的自然灾害，以及除上述有关情形之外的其他纯粹风险。

【案例透析】5.2　　毒奶粉事件暴露了什么

1993年11月，三鹿集团与唐山市第二乳品厂实行"产品联合"，这种实际上就是贴牌生产的合作方式被认为是成功经验在三鹿集团内部推行。之后，三鹿集团又控股、参股多家企业，但"产品联合"的合作方式并没有消失。据三鹿高层编撰的《三鹿人成功之路》描述，2004年其拥有的21家工厂中就有6家属于贴牌企业。

对于贴牌企业，三鹿集团以品牌作为交换，收取51%的利润。在经营管理上，三鹿集团派人员进行监督，但由于不掌控工厂，所起的作用不大。这种贴牌生产能迅速带来规模的扩张，但也给三鹿产品的质量控制带来了风险。

2008年，很多食用三鹿集团生产的奶粉的婴儿被发现患有肾结石，随后在其奶粉中发现化工原料三聚氰胺。三鹿牌婴幼儿配方奶粉重大食品安全事故发生后，三鹿集团于2008年9月12日全面停产，并最终破产被收购。

启发思考：三鹿集团存在什么风险？原因是什么？有哪些影响？

5. 法律风险

法律风险是指企业因违反法律、法规、规定或侵害其他利益相关者的权益，而导致企业遭受经济或声誉损失的风险。

法律风险包括法律纠纷风险、员工道德操守、重大协议与合同的遵守与履行、法律纠纷、知识产权。

法律风险的信息收集渠道包括：①国内外与本企业相关的政治、法律环境，影响企业的新法律法规和政策；②员工道德操守的遵从性；③本企业签订的重大协议和有关贸易合同；④本企业发生重大法律纠纷案件的情况；⑤企业和竞争对手的知识产权情况。

【案例透析】5.3　　债务人、抵押人破产后发生的债权

S公司为解决流动资金不足的问题，需要经常向银行申请借款。该公司除了拥有一幢评估价值为5 000多万元的办公楼之外，没有其他高价值的财产。

2014年11月10日，S公司与银行签订了一份最高额房地产抵押合同。合同约定：该公司以其办公楼对自2014年11月15日—2015年8月15日发生的借款合同进行抵押担保。借款人履行债务的期限为借款合同约定的还款期限。同日，双方又签订了借款合同，借款期限为2014年11月15日—2015年8月15日，并按约发放了2 500万元抵押贷款。2015年6月10日，银行客户经理在贷后检查时发现，因W公司诉S公司3 500万元的货款纠纷一案，法院于2014年10月22日对作为最高额抵押物的办公楼实施了查封措施，后因S公司败诉，法院拍卖了S公司的办公楼。

启发思考：分析S公司存在的风险。

三、实践中对金融客户风险的分类

实践中,商业银行按以下分类方法来总体把握商业银行客户客观存在的风险。

(一) 贷款类业务的信用风险

根据信用风险特征的不同,银行账户的信用风险可分为公司贷款和零售贷款。

1. 公司贷款

公司贷款也称企业贷款,是金融机构对企业类客户持有的债权。

公司贷款在金融机构债权总额中占有较大的比重,因此对公司贷款的风险管理一直是金融机构信用风险管理的重要内容。

一般来说,公司贷款的信用风险主要来自两个方面:借款企业整体的偿债能力和偿债意愿,具体受融资能力、资本实力、财务状况及主要管理者的资信品质等因素的影响。

实践中,金融机构主要围绕上述内容对借款企业进行调查和分析,从总体上判断并评估公司贷款的信用风险。

> **【教学互动】5.1 阿里巴巴公司重大人事变动**
>
> 2011年2月21日,阿里巴巴公司公布重大人事变动:公司首席执行官卫哲和首席运营官李旭辉因为客户欺诈行为而引咎辞职,当天阿里巴巴股价下挫3.47%,次日收盘继续大跌8.27%,成交量创三年内新高。
>
> 从2009年开始,阿里巴巴国际交易市场屡遭欺诈投诉,此后的内部清查显示,2009—2010年,分别有1 219家(占总客户数的1.1%)和1 107家(占总客户数的0.8%)的"中国供应商"客户涉嫌欺诈,直销团队的一些员工默许甚至协助骗子公司加入阿里巴巴平台。阿里巴巴内部被认为负有直接责任的近百名销售人员及部分主管和销售经理将接受包括开除在内的多项处理,首席执行官卫哲与首席运营官李旭辉引咎辞职,涉嫌诈骗者的信息将提交司法机关深入调查。
>
> 问:是什么原因导致阿里巴巴股价下挫?
>
> 答:由于管理层人员的素质、经验、经营思想和作风等带来的风险导致阿里巴巴股价下挫。

公司贷款中有一些特殊贷款,它们的还款来源并不完全取决于特定企业,而是依赖于对该贷款资金运用的收益。这些特殊贷款可以分为项目融资、物品融资、商品融资、产生收入的房地产融资和高变动性商用房地产融资五类。

1) 项目融资

项目融资通常是指针对大型、复杂且昂贵的资本项目,如电厂、矿山、交通基础设施等提供的一种融资方式。其借款人通常是具有特殊目的的实体，它除了建设、拥有和运营这些设施外，不能履行其他职能。

项目融资贷款的偿还只能通过这些项目运作后产生的收益或项目资产抵押品的变现来实现。

对项目融资信用风险的分析主要从两方面入手：一是贷款项目是否能实现预期的现金流；二是作为抵押品的项目资产价值及其变现能力。

2) 物品融资

物品融资是指为收购实物资产(如轮船、飞机等)而提供的一种融资方式。借款人收购这些实物资产的目的可以是自己运营，也可以出租。在出租方式下，贷款的偿还主要依靠租赁收入，其风险不仅与这些资产运营所产生的现金流有关，还与租赁方式有关。

3) 商品融资

商品融资是指对储备、存货或在交易所交易应收的商品(如原油、金属或谷物等)而提供的结构性短期贷款。这类贷款往往与期货、期权交易有关，借款人没有其他业务活动，在资产负债表上没有其他实质资产，因而没有独立的还款能力，贷款的偿还来自商品销售的收益。

这类贷款的风险主要来自商品价值的波动。

4) 产生收入的房地产融资

产生收入的房地产融资是指为房地产(如用于出租的办公室建筑、零售场所、多户的住宅、工业仓库及旅馆)提供资金的一种方法。其借款人可以是专门从事房地产建设或拥有房地产的运营公司，也可以是除了房地产外还有其他收益来源的运营公司。

这种融资方式下，贷款的偿还主要来自资产创造的现金流，即房地产的租赁收入或销售收入。

5) 高变动性商用房地产融资

高变动性商用房地产融资主要包括用房地产做抵押的商用房地产贷款、为土地收购及该类收购的发展和建设阶段提供融资的贷款、还款来源高度不确定的商用房地产贷款。

与其他类别的特殊贷款相比，这种贷款具有较高的损失波动率，风险更大，其主要原因是这种贷款具有较高的资产相关性和还款来源的不确定性等。

2. 零售贷款

零售贷款主要有两个特征：一是单笔贷款的规模比较小；二是贷款的笔数比较多。

依据零售贷款的特征，可以将零售贷款分为以下三类。

1) 个人贷款

个人贷款是指针对个人发放的、除住房贷款以外的所有贷款，包括循环信贷、信贷额度、个人定期贷款、租赁等，只要是针对个人发放的，无论单笔贷款的规模有多大，都属于零售贷款。

个人贷款的信用风险来自两个方面：借款人的还款意愿和还款能力。银行可以通过收集和分析借款人的基本信息和有关资料，包括借款人的年龄、职业、收入、财产、信用记录、教育背景等，再结合银行内部的信用分析系统，综合评价借款人的还款意愿和还款能力。

2) 住房抵押贷款

无论贷款规模大小，只要贷款对象为住宅的所有者或居住者，都属于住房抵押。

与其他零售贷款不同的是，住房抵押贷款的发放必须以所购房屋作为抵押，这类贷款的偿还在很大程度上受房产价格变动的影响。

3) 小企业贷款

由于小企业贷款产品不同，可贷额度也不同，如建设银行的结算贷、创业贷、善融贷、税易贷最高贷款额度分别为50万元、100万元、200万元和300万元。

与公司贷款相比，零售贷款的单笔规模小，业务发生频繁，银行很难对单笔业务的风险逐个进行管理。在评估和量化信用风险时，银行可以把零售贷款作为资产组合或具有相同风险特征的贷款池的一部分来处理。

(二) 表外业务的信用风险

20世纪80年代以来，表外业务迅速成为金融机构新的利润增长点，与此同时，由这类业务引发的风险也成为人们关注的焦点。

广义上，表外业务包括两大类：一是金融服务类业务，如结算、代理等；二是带或有性质的资产和负债业务，如承诺、担保等。狭义上，表外业务仅指后者。

金融服务类表外业务一般具有委托代理性质，金融机构通常只需要按客户的要求办理相关业务，经营中产生的风险一般也由客户承担。

总体上，金融机构在这类业务上面临的风险较小，而带或有性质的资产和负债的风险则取决于其转换为事实上的表内资产和表内负债的可能性的大小。

狭义表外业务的风险是金融机构应重点关注的内容之一。

关于狭义表外业务的分类标准有很多，本书采用巴塞尔委员会的划分方法，将其分为以下三大类。

1. 担保及其他类似的或有负债

担保及其他类似的或有负债大多属于比较传统的表外业务，基本上不涉及衍生品，主要包括担保、承兑、有追索权的交易、备用信用证、跟单信用证、保函与赔偿。在这些业务中，金融机构作为第三方承担相应的担保责任，一旦被担保人违约，金融机构必须代为履行偿债责任，并承担由此造成的风险损失。

这类业务的信用风险主要取决于被担保人履约的能力和意愿。

2. 承诺

根据对金融机构约束力的不同，通常将承诺分为不可撤销承诺和可撤销承诺两种。

(1) 不可撤销承诺。如果做出了不可撤销承诺，金融机构在规定的日期必须履约，即无论发生任何情况，都必须信守合约，履行合约规定的义务。这类承诺主要包括资产出售与回购协议、直接远期购买、远期对外汇存款、部分付款的股票与证券、备用信贷安排、票据发行便利。例如，如果潜在借款人的信用等级下降，银行就可以撤销承诺且无须支付罚金。

(2) 可撤销承诺。依据可撤销承诺，金融机构可以根据自己的需要来决定是否履行承诺。可撤销承诺主要包括信贷额度和未使用的透支安排。信贷额度是银行向其客户或其他银行核定的非承诺性贷款额度；未使用的透支安排是一种可审查的借款安排，如活期贷款，一旦银行要求，借款人必须还款。

这两种承诺对银行都不具有约束力，银行可以在借款人信用质量下降时主动收回承诺，它们并不构成直接的信用风险。

3. 外汇、利率和与股票指数有关的交易

外汇、利率和与股票指数有关的交易主要指以外汇、利率、股票指数等金融产品为交易基础而创设出来的金融衍生工具，包括远期外汇合约、外汇期货、外汇期权、外汇互换、远期利率合约、利率期货、利率期权、利率互换、股指期货、股指期权等。

这类业务不仅会因价格波动而存在显著的市场风险，同样也存在信用风险，即因潜在的交易对手违约而导致损失的可能性。

金融衍生品的交易有场内交易和场外交易两种形式。

场内交易的参与者通常面临保证金要求，而且最终直接与交易所清算，买卖双方并无直接的关联，信用风险相对较小；场外交易则不同，没有保证金制度的约束，交易的结清由买卖双方直接进行，如果交易的一方违约，则另一方必然遭受损失。

(三) 信用组合及其风险

金融机构可以按风险程度、期限、行业、区域等因素将自己持有的信用资产划分为不同的组合，根据组合的特征进行有针对性的风险管理。例如，根据期限可将银行贷款划分为长期贷款、中期贷款和短期贷款。

广义上，也可将整个机构的资产视为一个大组合，对信用风险的识别不仅体现在单一客户、单笔业务上，还要体现在不同层面的业务组合上。

根据资产组合理论，资产组合的总体风险小于各资产风险的简单加总，这一理论同样适用于信用资产组合。在基础信用风险因子变化一定的前提下，信用组合风险的大小主要取决于资产相关性。

另外，具有系统性特征的风险因素，如宏观经济发展、组合所涉及的行业和区域等，也会影响组合信用风险的大小。

任务二　客户风险的分析与识别

■ 学生的任务

掌握个人客户风险的分析与识别；掌握公司客户风险的分析与识别；了解集团法人客户风险的分析与识别；了解机构客户风险的分析与识别。

■ 教师的任务

指导学生找出客户存在的主要风险点。

任务导入

分析无宜松竹门窗有限公司贷款存在的主要风险点

无宜松竹门窗有限公司成立于2002年9月，注册资金490万元，专业制作和安装房屋门窗，信用评估等级为AAA级。法人代表陈某某、李某某夫妇二人均是雄州镇人，个人信誉程度一般，家庭关系稳定。公司现租赁原园林村五金厂的场地，新厂区位于科技园区，占地10亩，建筑面积近3 000平方米。目前，新厂房已装修结束，达到生产条件，价值约500万元，尚未使用；帕萨特轿车、本田轿车和货车各一辆，目前估值轿车约35万元；自动焊接机、冲床、铝合金设备等约300万元；存货(铝材、塑钢型材、玻璃等原料和已完成的窗户)总价约290万元；工程未结款及质量保证金约560万元。

该公司于2010年2月在无宜农村商业银行龙池支行贷款300万元，期限是2010年2月12日—2011年1月20日，年利率8.16%，贷款到期前正常支付利息。该笔贷款由无宜隆泰房地产开发公司提供保证担保，该开发公司2009年年末资产总额2 079万元，负债总额1 162万元，注册资本800万元。

经专题调查发现：

(1) 无宜松竹门窗有限公司目前在途的项目有7个，合同金额共1700万元，均未完工，甲方严格执行合同，未完工无法结算。

(2) 公司货款多以现金的形式回笼，支票、本票等票据往往直接背书转让，从银行账面反映的不多。

(3) 公司法人代表以自然人名义在他行借款出现多次逾期现象，且有大额资金赌博现象，在品格、还款意愿方面存在不足。

(4) 该公司以往也有过逾期的记录。

(5) 借款人的新厂房(10亩地，3000平方米的厂房及办公楼)已抵押给交通银行，2008年1月份才转贷200万元，期限1年；从何远处借款210万元，新厂房的两证押在何远处(贷款逾期后发现)。目前，新厂房已租给永江汽车租赁公司，可能另有100万元的个人借款。

(6) 保证人在贷款到期后无能力履行代偿责任。

知识准备

客户风险分析与识别是依照客户的特点和账户属性，综合考虑地域、业务、行业、身份、资金规模、交易行为等因素判断客户发生风险的可能性，划分客户风险等级，在持续了解客户的前提下，根据风险等级对客户进行分级监督和管理。

客户面临的风险多种多样，且相互交织，因此，认真地加以识别，对其有的放矢地进行估计、评价和处理，才能将带来伤害、损害或损失的可能性降到最小。可见，开展客户风险分析与识别是防范、化解风险的重要环节。

一、个人客户风险的分析与识别

在商业银行管理中，信用风险被认为是最复杂的风险种类，它既可以针对个人客户，也可以针对公司客户。

个人客户风险主要表现在客户自身作为债务人在信贷业务中的违约，或在表外业务中自行违约，或作为保证人为其他债务人或交易方提供担保过程中的违约。商业银行客户经理在对个人客户风险进行分析与识别时，应从个人客户的信贷产品与个人客户的基本信息两个角度入手。

(一) 个人客户风险的分析

我国商业银行个人客户的信贷产品可分为个人住宅抵押贷款、个人零售贷款。

1. 借款人的经济财务状况变动风险

住房按揭贷款有不同的期限，期限越长，借款人经济财务状况变化的可能性就越大。如果由于工作岗位、身体状况等因素导致借款人经济、财务状况出现不利变化而无法按期偿还按揭贷款，而借款人是以其住房作为抵押的，则商业银行的抵押权益在现行法律框架下难以实现，该笔贷款就可能成为不良贷款。

2. 个人零售贷款的风险

个人零售贷款分为汽车消费贷款、信用卡消费贷款、助学贷款、留学贷款、助业贷款等，其风险主要体现在以下几个方面。

(1) 客户的真实收入状况难以掌握，尤其是无固定职业者和自由职业者的收入状况；

(2) 借款人的偿债能力有可能不稳定，如职业不稳定造成的偿债能力不稳定等；

(3) 贷款购买的商品质量有问题或价格下跌导致客户不愿履约；

(4) 抵押权益实现困难。

另外，对于助学、留学贷款，还应要求学校、家长或有担保能力的第三方参与担保；对用于购买商品(如汽车)的贷款，应对经销商的信誉、实力、资格进行分析和考察。

(二) 个人客户风险的识别

1. 个人客户的基本信息分析

商业银行在向个人客户开展业务时，应要求个人客户提供各种能够证明个人年龄、职业、收入、财产、信用记录、教育背景等的相关资料，除了关注申请人提交的材料是否齐全、要素是否符合商业银行的要求外，客户经理还应通过与个人客户面谈、电话访谈、实地考察等方式了解并核实客户所提供的材料是否真实有效，从多种渠道调查、识别个人客户潜在的风险。

2. 客户的资信情况调查

商业银行应通过内外部征信系统了解、调查客户的资信状况，重点调查可能影响第一还款来源的因素。第一还款来源调查的内容主要包括：主要收入来源为工资收入的，对其收入水平及证明材料的真实性做出判断；主要收入来源为其他合法收入的，应检查客户提供的财产情况。

3. 客户的资产与负债情况调查

客户的资产与负债情况调查：包括确认客户及家庭的人均收入和年收入情况；调查其他可变现情况；调查客户在本行或他行是否有其他负债或担保、家庭负债总额与家庭收入的比例等；分析客户及其家庭收入的稳定性，判断其是否具备良好的还款意愿和还款能力。

【案例透析】5.4　　如何分析这笔贷款的风险

某人A需要贷款，目前自己投资开设茶餐厅，加盟费已经一次性缴清，个人资产有两套房子，评估价值200万元；一辆车子，评估价值15万元。家属在某单位工作，年收入15万元。需要贷款50万～100万元，提供房产作为抵押，用途为经营茶餐厅。

启发思考：如何分析这笔贷款的风险？

二、公司客户风险的分析与识别

公司客户风险涉及的因素较多，情况较复杂，判断起来难度较大，需要多方面综合分析。

(一) 公司客户风险的分析

(1) 在房地产市场和股票市场共同降温、信贷紧缩的大环境下，企业集团内部资金调配和流转的余地大大减少，集团客户潜在信用风险上升。

(2) 在市场趋冷、资金趋紧的形势下，前期存在短贷长用、财务杠杆率过高、过度担保、盲目扩张、资金违规流入房地产市场和股票市场等问题的企业集团发生财务危机的可能性大大提高。

(3) 一家企业倒闭，连带整个集团在银行出现不良贷款。

(二) 公司客户风险的识别

1. 公司客户的基本信息分析与识别

商业银行应要求客户提供全部的基本资料，对客户提供的各种身份证明、授信主体资格、财务状况等资料的合法性、真实性和有效性进行认真核实，并将核实过程和结果以书面形式记录下来。特别是中长期授信，还需要对预计资金来源及使用情况、预计资产负债情况、损益情况、项目建设进度及营运计划，以及其他相关文件，进行详细的考察与辨别，防止虚假信息。

2. 公司客户的财务状况分析与识别

通过财务分析，对企业的经营成果、财务状况及现金流量情况有了一定的了解，可以评价企业经营管理者的管理业绩、经营效率，进而识别客户风险，主要内容包括财务报表分析、财务比率分析及现金流量分析等。

【案例透析】5.5　　　　7家机械公司的损失

德国有一家成立于2000年的机械制造厂，在5年时间里，这家工厂就从小作坊式的企业发展成拥有5 000多名职工、产品出口到30多个国家、年出口额20亿美元，而且正以每年30%的速度增长的大型工业企业。这家制造厂拥有一项机械加工的专利技术，使同类机械产品的效率提高了100%，因此，欧美各国和东南亚国家均大量向其采购产品。该制造厂的部分产品原料从中国进口，由于数量很大，中国共有7家机械公司向其供货。开始时每家公司的年出口额在100万美元左右，2014年已经达到700万～800万美元的规模，而所有供货都是采用D/A90～120天。这几家机械公司的老总虽然也对赊销如此大的货物心存疑虑，但考虑到该厂的规模和效益，尤其是近几年该厂没有发生拖欠的情况，所以也就未加干涉。

2015年4月，7家机械公司突然接到从德国法院发来的这家德国机械制造厂的破产通知书，这时，7家机械公司合计有3 000多万美元的应收账款还没有收回。经过紧急磋商，7家机械公司很快组成了工作小组，奔赴德国，参加破产企业财产清算。最后，7家机械公司在债务人偿付了破产费用、职工工资、其他福利费用、税金、银行本息后，与其他债权人一起分得了部分财产，但核算下来，每家机械公司的损失都在50%以上。

从后来得到的该机械制造厂的财务报表中可以看到，该厂虽然利润很大，但资产多为固定资产和应收账款，银行存款等流动资产很少。而其负债金额庞大，并且多为必须马上偿付的短期借款。因此，该厂很容易在某一个时间出现偿付不能的状况。

启发思考：如何才能避免类似的错误发生？

3. 公司客户的非财务因素分析与识别

考察和分析企业的非财务因素，可以从企业所在行业的风险、企业的生产与经营风险、宏观经济、自然环境等几个方面考虑。具体来讲，企业所在行业的风险主要包括：行业特征及定位，行业成熟期、周期性，行业的成本及盈利性，行业监管政策和有关环境。企业的生产与经营风险主要包括：总体经营风险，包括企业在行业中的地位、企业整体特征、企业的目标及战略等因素；产品风险，包括特征与定位(是不是核心产品)、消费对象(分散度与集中度)、替代品、产品研发等；原料供应风险，包括渠道及依赖性、稳定性、议价能力、市场动态等；生产风险，包括流程(劳动密集、资本密集)、设备状况、技术状况、劳资关系等。

【案例透析】5.6　　受托支付业务账号户名不符引发风险事件

某柜员办理一笔跨行汇款业务，涉及金额700万元。监测人员在对该笔业务资金来源的进一步审核中发现，该资金由A企业以受托支付方式转入B企业，通过查询该笔受托支付业务相关凭证影像发现，其受托支付业务中，特种转账凭证机打流水贷方为B企业，但手写贷方账号、户名、委托支付协议和提款通知上的款项支付对象均为C企业，造成手写贷方信息与机打流水不符。

经核实，该笔受托支付业务中，特种转账凭证上手写贷方账号、户名、委托支付协议和提款通知上款项支付对象填写有误，应为B企业，误写为C企业。记账正确无误。该笔业务最终确认为风险事件。

启发思考：分析柜员操作的错误之处。

4. 管理层分析

市场经济条件下的竞争主要是人力资源的竞争，管理层的素质是制约许多企业发展的关键性因素。对管理层的素质分析应着重于管理人员的专业经验、管理风格、行业管理经验及熟悉程度。如果公司管理人员只掌握较少的技能或没有处理行业风险的经验、缺少控制经营风险的能力，就难以很好地应对市场和环境的变化，并影响公司的未来发展。另外，正确的经营思想和健康的企业文化是公司可持续发展的内在源泉。如果管理层过度地分配股利，就会影响公司稳定、持续的还款能力。公司经营的稳健性对贷款风险具有实质性影响，过于冒险的经营会使银行贷款面临较高风险。企业文化是公司经营管理思想的一种体现，如果一个现代企业突出"以人为本"的企业文化，强调价值观和凝聚力，强调创新能力和核心竞争力，强调对员工的培训和培养，那么，它必定是一个可持续发展的公司。

5. 小企业、微小企业的风险识别和分析

在公司客户风险分析与识别中，商业银行客户经理要特别注意小企业、微小企业(通称为小企业)的风险识别和分析。由于小企业普遍存在经营风险大、户数分散、注册资金较少(申请授信额度与注册资金差距较大)、财务管理不规范、流动资金贷款用于固定资产项目建设等问题，因此在对小企业进行信用风险分析时，除了应关注其他企业客户信用风险识别的要点外，还应关注以下三个风险点。

(1) 经营风险。主要表现在自有资金匮乏，产业层次较低，生产技术水平不高，产品开发能力较低，产品结构单一，经不起原材料和产品价格的波动等。

(2) 财务风险。小企业出于避税的目的，经营过程中大多采用现金交易，而且很少开具发票，因此商业银行在进行信用调查时，难以深入了解小企业的真实情况，给贷款决策和贷后管理带来很大难度。

(3) 信誉风险。当小企业面临经营效益下降、资金周转困难等问题时，容易出现逃废债现象。因此，商业银行应通过各种渠道，及时把握小企业主的资信状况和企业运营趋势。

三、集团法人客户风险的分析与识别

公司客户分为单一法人和集团法人，在风险的分析与识别方法上有一致性，但集团法人更复杂。

集团法人客户是指由相互之间存在直接或间接控制关系，或由其他重大影响关系的关联方组成的法人客户群。同一集团法人客户的关联方可称为成员单位。集团法人客户的状况通常较为复杂，因此需要全面、深入地分析和了解，其中，对集团内关联交易的正确分析和判断至关重要。

1. 集团法人客户的信用风险特征

与单一法人客户相比，集团法人客户的信用风险具有以下明显特征。

1) 内部关联交易频繁

集团法人客户内部进行关联交易的基本动机有两个：一是实现整个集团公司的统一管理和控制；二是通过关联交易来规避政策障碍和粉饰财务报表。例如，当企业需要增加利润时，往往通过虚构与关联企业的经济往来提高账面的营业收入和利润；当需要降低或转移某企业的利润时，就由集团向关联企业收取或分摊费用，或将一些闲置资产和低值投资以高价出售给关联企业，抽空企业利润甚至净资产，从而导致贷款企业的盈利能力下降、财务风险上升，同时变相悬空银行债权。关联交易的复杂性和隐蔽性使金融机构很难及时发现风险隐患并采取有效控制措施。

2) 连环担保现象十分普遍

集团法人客户的成员单位通常采用连环担保的形式申请银行贷款，虽然符合相关法律的规定，但一方面，集团法人客户频繁的关联交易孕育着经营风险；另一方面，信用风险通过贷款担保链条在集团内部循环传递、放大，贷款实质上处于担保不足或无担保状态。

3) 财务报表真实性差

现实中，集团法人客户往往根据需要随意调节合并报表的关键数据。例如，合并报表与承贷主体报表不分；制作合并报表未剔除集团关联企业之间的投资款项、应收/应付款项；人为夸大承贷主体的资产、销售收入和利润；母公司财务报告未披露成员单位之间的关联交易、相互担保情况等。这使金融机构很难准确掌握客户的真实财务状况。

4) 系统性风险较高

为追求规模效应，一些集团法人客户往往利用其控股地位调动成员单位资金，并利用集团规模优势取得大量银行贷款，过度负债，盲目投资，涉足自己不熟悉的行业和区域。随着业务扩张，巨额资本形成很长的资金链条并在各成员单位之间不断流动传递。一旦资金链条中的某一环节发生问题，就可能引发成员单位"多米诺骨牌式"的崩溃，引发系统性风险并造成严重的信用风险损失。

5) 风险识别和贷后监督难度较大

由于集团法人客户经营规模大、结构复杂，商业银行很难在短时间内对其经营状况做出准确的评价。一方面，跨行业经营是集团法人客户的普遍现象，这在客观上增加了银行信贷资产所承担的行业风险；另一方面，大部分集团法人客户从事跨区域甚至跨国经营，对内融资和对外融资通盘运筹，常常使银行贷款的承贷主体与实际用贷主体分离，进一步增加了金融客户贷后监督的难度。

2. 企业集团的划分

根据集团内部关联关系不同，企业集团可以分为纵向一体化企业集团和横向多元化企业集团。

纵向一体化企业集团内部的关联交易主要集中在上游企业为下游企业提供半成品作为原材料，以及下游企业再将产成品提供给销售公司销售。分析这类企业集团的关联交易，一方面可以将原材料的内部转移价格与原材料的市场价格相比，判断其是否通过转移价格操纵利润；另一方面可以根据上游企业应收账款和下游企业的存货，判断下游企业是否通过购入大量不必要的库存以使上游企业获得较好的账面利润或现金流，获得高额的银行贷款。

横向多元化企业集团内部的关联交易主要是集团内部企业之间存在的大量资产重组、并购、资金往来及债务重组。例如，目前关联企业较为普遍的一种操作模式是，母公司先将现有资产进行评估，然后再以低于评估价格转售给上市子公司，子公司通过配股、增发等手段进行再融资，并以所购资产的溢价作为投资收益。最终的结果是母公司成功地利用上市子公司套取现金，而子公司获取了额外的投资收益，虚增了资产及利润，改善了账面盈利能力，降低了负债比率，以获得高额的银行贷款。对于这类关联交易，商业银行应重点考察关联交易对双方利润和现金流造成的直接影响，判断其是否属于正常交易。

3. 企业集团风险的表现

集团法人客户的信用风险通常是由于金融机构对集团法人客户多头授信、盲目(过度)授信、不适当分配授信额度，或集团法人客户经营不善，或集团法人客户通过关联交易、资产重组等手段在内部关联方之间不按公允价格原则转移资产或利润等原因造成的。集团法人客户通常采用各种手段隐蔽关联方或关联交易的特征，因此，金融机构发现集团法人客户的下列行为、情况时，应注意分析和判断其是否属于集团法人客户内部的关联方。

(1) 与无正常业务关系的单位或个人发生重大交易；

(2) 进行价格、利率、租金及付款等条件异常的交易；

(3) 与特定顾客或供应商发生大额交易；

(4) 进行实质与形式不符的交易；

(5) 易货交易；

(6) 进行明显缺乏商业理由的交易；

(7) 发生处理方式异常的交易；

(8) 资产负债表日前后发生的重大交易；

(9) 互为提供担保或连环提供担保，存在有关控制权的秘密协议；

(10) 除股本权益性投资外，资金以各种方式供单位或个人长期使用。

四、机构客户风险的分析与识别

这里的机构泛指教育机构、医院、高校等非公司、企业的经营单位。对机构客户进行风险分析时，除了应关注企业客户风险识别的要点外，还要注意是否存在以下风险因素。

(一) 政策风险

不同的机构客户面临不同的政策性风险，例如，对教育机构日趋严格的控制收费政策、对医药行业采取的"医药分离"政策、要求新闻出版行业重视知识产权等政策，如果借款机构未能严格执行相关政策将遭受严厉处罚，可能直接影响其按期偿还贷款本金和利息。

【案例透析】5.7　　分析S大学向B银行借款是否符合资格

2014年11月10日，S大学为维修办公大楼，以维修办公室的名义向B银行借款500万元，期限1年，该笔贷款由该大学基建处担保。贷款到期后，客户经理上门催收，发现借款单位维修办公室已经解散，而学校领导班子和基建处领导换届后都推说对当时的贷款情况不清楚。

　　启发思考：分析S大学向B银行的借款是否符合资格，有可能导致什么风险？

(二) 投资风险

　　商业银行应深入分析客户的投资计划、投资金额的合理性，以及自筹资金能否按计划全额到位(有些财政承诺的项目资金到位率不高，相应增加了债务比率，即增大信用风险)。例如，客户在评估被收购机构(如医院)资产时，只做净资产评估(不做土地和无形资产评估)，然后利用土地和无形资产作为抵押申请巨额贷款，再去收购别的项目，将风险全部转嫁给商业银行，一旦客户的资金链断裂，提供贷款的商业银行将蒙受巨大的信用风险损失。

(三) 财务风险

　　有些机构客户(如高校)的固定资产投资规模大，资产负债比例高，偿债压力大，还贷能力弱，有的存在财务制度不健全、管理混乱、内部审计不力、票据管理不规范等问题，存在严重的信用风险。

(四) 担保风险

　　机构客户普遍难以落实或不愿找第三方担保，即使有第三方担保也存在担保能力不足等问题。

【案例透析】5.8　　　　　分析C公司的担保责任

　　2014年9月，借款人B公司与A银行签订借款合同，向A银行借款600万元，借款用途为购买原材料；借款期限为2014年10月23日—2016年10月21日；贷款利息为月息6.825%，按日计息，按月结息，利随本清。担保人C公司为该笔贷款提供连带责任保证。

　　合同签订后，A银行依约向B公司发放了贷款，并且在B公司在其处开设的银行账户中将该资金进行了划转。借款人的每一笔款项的单据上都加盖C公司法定代表人的名章，该名章与C公司在A银行印鉴卡片上预留的印鉴相同。

　　但是B公司没有按照约定归还贷款利息，担保人亦没有按照约定承担担保责任，2016年6月，A银行将借款人以及担保人诉至某区人民法院，要求B公司偿还借款本金及相关利息，要求担保人承担连带保证责任。

　　担保人C公司认为，该笔贷款的实际用途是B公司的下属企业D公司用于房地产开发建设，其借款用途已经改变，对于借款用途的改变A银行与B公司是知晓的，A银行与

B公司恶意串通导致其做出了错误判断，从而加大了其承担担保责任的风险。因此，其与A银行签订的《保证合同》无效，不应承担担保责任。

启发思考： 分析C公司是否应承担担保责任？

五、客户存在的主要风险点

1. 与银行有关的预警信号

(1) 没有按约定用途使用授信；

(2) 企业存款余额持续下降；

(3) 应付票据展期过多，逾期单证未赎(包括使用信用证来偿付)；

(4) 要求以借款偿还其他银行债务；

(5) 不主动向银行提供信用资料，对银行态度趋向冷淡；

(6) 签发空头支票；

(7) 要求贷款展期；

(8) 被其他债权人追讨欠款或索取赔偿；

(9) 保证人突然要求解除其担保责任、保证人负债大幅增加、保证人经营情况转坏；

(10) 未能按期落实担保手续；

(11) 抵(质)押物管理不善；

(12) 抵(质)押物估值大幅减少；

(13) 季节性贷款需求变化无常；

(14) 从其他银行获取抵押贷款，隐瞒与其他银行的往来情况；

(15) 在本行结算比例低于贷款比例；

(16) 多头开户，往来银行经常变换；

(17) 不能提供所需信息资料。

2. 财务报表反映的预警信号

(1) 多次延误提供财务报表、生产经营情况报告；

(2) 有保留的会计师报告；

(3) 存货或应收账款的增长幅度超过销售的增长幅度，或存货突然增加；

(4) 经营成本的增长幅度超过销售的增长幅度，或成本上升、利润下降；

(5) 主营业务萎缩；

(6) 销售额连续下降；

(7) 连续3个月经营亏损；

(8) 短期融资挪作长期投资；

(9) 坏账增加或不提取坏账准备；

(10) 100万元(含等值外汇)以上的应收款及应付款账龄延长；

(11) 固定资产增长幅度超过10%；

(12) 负债增长幅度超过10%；

(13) 与子公司、附属公司间发生大量往来款；

(14) 净现金流入下降；

(15) 不合理地改变或违反会计制度规定；

(16) 无故更换会计师、审计师及事务所；

(17) 不能及时报送财务报表；

(18) 应收账款的收回拖延；

(19) 长期债务大量增加；

(20) 资产负债表结构发生重大变化；

(21) 公司大额收费；

(22) 拖延支付利息和销售费用；

(23) 盈利增长低于通胀率；

(24) 销售集中于一些客户。

3. 企业人事管理方面的预警信号

(1) 董事会成员、主要股东、高层领导人或财务负责人的人事变动；

(2) 关键人物身体状况不佳或死亡；

(3) 各部门工作不协调；

(4) 业务骨干流失率高；

(5) 劳工纠纷；

(6) 高层领导投机心理过重；

(7) 高层领导对市场信息反应迟缓；

(8) 高层领导缺乏长远的经营策略、急功近利；

(9) 主要管理人员和所有权发生变化。

4. 运营管理方面的预警信号

(1) 逃税、骗税和违规经营；

(2) 涉及法律诉讼；

(3) 行业不景气；

(4) 国家政策出台对公司经营带来负面影响；

(5) 设备保养、维修不善；

(6) 生产秩序混乱、生产环境脏乱差；

(7) 存货陈旧且数额较大；

(8) 销售旺季之后，存货仍大量积压；

(9) 厂房和设备不能得到很好的维修。

5. 市场方面的预警信号

(1) 市场出现强劲对手，竞争处于不利地位；

(2) 市场份额呈下降趋势；

(3) 生产规模过度扩张；

(4) 投资项目失败；

(5) 冒险投资于新业务领域；

(6) 冒险兼并或受政府指令兼并其他企业；

(7) 与公司往来密切的某大客户经济状况突然变坏；

(8) 失去一个或多个主要客户；

(9) 与主要供应商、销售商关系紧张；

(10) 内部谣言四起，人心涣散；

(11) 存在从未实现的计划。

任务三　客户风险的计量

■　学生的任务

掌握定性模型法、定量模型法、定量和定性相结合的评级方法。

■　教师的任务

指导学生对客户风险进行计量。

任务导入

分析银行是否应给A公司提供贷款

A公司是一家制造业上市公司，其财务比率如下：流动资金/总资产=0.15；留存收益/总资产比率=0；息税前利润/总资产比率=-0.3，股权市场价值/总负债账面价值=0.15；销售收入/总资产=2.5。

分析银行是否应给A公司提供贷款。

知识准备

客户风险给金融机构带来许多直接或间接的危害，为了有效地预防或控制客户风险，或在客户风险产生后采取措施减少危害的程度，就必须对客户风险可能造成的危害做出计量。客户风险计量有以专家判断为基础的定性模型法、以统计为基础的定量模型法，以及定量和定性相结合的评级方法。

其实，所谓的模型就是对企业打分，例如，净资产在1亿元以内为100分，在1

亿～10亿元为200分，在10亿～50亿元为300分；资产负债率在30%以下为300分，在30%～50%为200分，在50%～70%为100分，在70%～90%为-100分。然后把所有的分数相加，对总分进行分类管理，最终得到一个结果。注意，不同行业的模型有所区别，考核的重点也有所偏重。

一、定性模型法

定性模型是通过定性分析建立的价值判断标准，又称专家系统。定性分析是指金融机构由相关部门的主管人员和行业资深人士做出的关于违约可能性的判断。因此，个人经验、主观判断和对关键因素的衡量对最后的结果有非常大的影响。

目前常用的定性模型中，使用较为广泛的是5C系统和5P系统。

1. 5C系统

5C系统中，5C是指品德(character)、资本(capital)、还款能力(capacity)、抵押(collateral)、经营环境(condition)。

(1) 品德，是指顾客或客户努力履行其偿债义务的可能性，是评估顾客信用品质的首要指标。

(2) 资本，是指顾客或客户的财务实力和财务状况，表明顾客可能偿还债务的背景，如负债比率、流动比率、速动比率、有形资产净值等财务指标等。

(3) 还款能力，是指顾客或客户的偿债能力，即流动资产的数量和质量，以及流动资产与流动负债的比例。判断依据通常是客户的偿债记录、经营手段，以及对客户工厂和公司经营方式所做的实际调查。

(4) 抵押，是指顾客或客户拒付款项或无力支付款项时能被用作抵押的资产，一旦收不到这些顾客的款项，便以抵押品抵补，这对于首次交易或者对信用状况有争议的顾客或客户尤为重要。

(5) 经营环境，是指可能影响顾客或客户付款能力的经济环境，如顾客或客户在困难时期的付款历史、顾客或客户在经济不景气情况下的付款可能。

2. 5P系统

5P系统中，5P是指5种因素：个人因素(personal factor)、资金用途因素(purpose factor)、还款来源因素(payment factor)、保障因素(protection factor)、企业前景因素(perspective factor)。

(1) 个人因素，主要分析：企业经营者品德，是否诚实守信，有无丧失信用事件；还款意愿是否强烈；借款人必须是依法登记、持有营业执照的企事业法人，产品有市场，经营有效益，在银行开立基本账户，并拥有可供抵押的资产或能提供担保人；还款能力可通过企业经营者的专业技能、领导才能及经营管理能力体现。

(2) 资金用途因素，通常包括生产经营、还债交税和替代股权等三个方面。

(3) 还款来源因素，主要有两个：一是现金流量；二是资产变现(流动比率、速动比率及应收账款与存货的周转情况)。

(4) 保障因素，包括内部保障和外部保障两个方面：内部保障要分析企业的财务结构是否稳健和盈利水平是否正常；外部保障要分析担保人的财务实力及信用状况。

(5) 企业前景因素，主要分析借款企业的发展前景，包括产业政策、竞争能力、产品寿命周期、新产品开发情况等。

企业的组织管理的专家评分如表5.1所示。

表5.1 企业的组织管理的专家评分

评分值	评分标准说明
高分(8～10)	机构设置正规，组织体系健全，经营历史较长，管理上积累了相当多的经验；管理均衡，管理者德高望重
中分(4～7)	组织机构不庞大，但是管理者管理能力较强，或者有上级单位和母公司的支持
低分(1～3)	专制、无实践经验或管理不均衡

企业资金状况指标信用评价如表5.2所示。

表5.2 企业资金状况指标信用评价

资信级别	24个月内资金回笼情况	最长付款周期/天	资信评估
A	90%～100%	45	最好
B	75%～90%	75	较好
C	65%～70%	105	一般
D	30%～60%	255	较差
E	<30%	≥270	无信誉

3. 定性模型的缺点

(1) 一致性的问题。专家评级系统没有考虑借款人的不同类型对信用评级的影响。

(2) 主观问题。对于不同因素，权重如何分配取决于个人的意见，并没有一个客观的评定标准。

(3) 标准化困难。通常表现为：将专家的决策过程转化为一系列的规章制度需要一定的时间和精力；编写决策规程及维护系统非常困难，耗费巨大。

定性模型法的缺点显而易见，目前只作为客户风险计量的辅助手段。

二、定量模型法

对风险进行量化是现代风险管理的发展趋势，越来越多的量化工具被应用到风险测量之中。信用评分模型属于定量模型法，是指在长期、大量的数据积累的基础上，收集各类可能影响客户风险的要素并建立数学模型，通过模型计算出客户的违约概率。通常的模型要素包括个人客户基本信息(年龄、职业、学历、收入情况、婚姻状况等)或公司客户基本信息(企业规模、组织架构、行业地位、高管信息等)、客户资产负债(公司客户还要做报表分析)、客户信用(有没有不良记录)、贷款金额及用途(是否与行业情况匹配,是否与资产情况匹配等)、还款来源(用什么钱来还)、担保(担保方式及担保效力强弱)、宏观环境等。

具体模型千差万别,信用评分模型常用的是Z值模型分析。

Z值模型又称Z计分模型,被普遍用来进行上市公司、非上市公司和跨行业公司的财务预警分析。

(一) 上市公司的财务预警模型

上市公司的Z值模型通过对五种财务比率的加权计算,得出预测企业破产的总判别分数,称为Z值或Z分数,其函数表达式为

$$Z=0.012X_1+0.014X_2+0.033X_3+0.006X_4+0.999X_5$$

1. X_1=营运资本/期末总资产

营运资本是指一个企业投放在流动资产上的资金,具体包括现金、有价证券、应收账款、存货等占用的资金,反映了企业流动资产的变现能力和规模特征。企业是否会面临财务困境,主要取决于可以用来偿还债务的流动资产在整个资产中所占的比重。可变现的营运资本越多,则偿还债务的能力越强。

2. X_2=期末留存收益/期末总资产

企业留存收益是支付了股东股利和税款后的净利润,税后的累计获利能力越大,发生财务风险的可能性越小。

3. X_3=息税前利润/期末总资产

该指标反映了支付所得税和利息之前的利润对企业的贡献度,即息税前利润占整个企业资产的比重。一般来讲,总资产规模越大的企业承受财务风险的能力就越大。

4. X_4=期末股东权益的市场价值/期末总负债

这一指标能够反映企业资产所有者的资产能否增值,如果出现股东权益市场价值增加,则不会出现财务困境。通常情况下,由于企业股权结构非常复杂,如何确定股东权益非常困难,所以大多数企业常用预期收益法来确定股东的市场价值。

5. X_5=本期销售收入/总资产

该指标反映了总资产周转率,总资产周转率越低,周转的时间越长。

Z值越低,企业发生破产的可能性就越大。通过计算同一企业连续多年的Z值就能帮助判断该企业破产的可能性。

企业财务预警模型判断标准为:①当$Z \leqslant 1.81$的时候,说明企业已濒临破产边缘,企业财务状况堪忧;②当$Z \geqslant 2.99$的时候,说明企业的财务状况良好;③如果$1.81 < Z < 2.99$,说明企业的财务状况不稳定,仍有可能出现财务困难。

例如,某申请贷款的上市公司主要财务比率如下:$X_1=0.45$,$X_2=0.55$,$X_3=21.62$,$X_4=312.86$,$X_5=2.40$,则$Z=0.012 \times 0.45+0.014 \times 0.55+0.033 \times 21.62+0.006 \times 312.86 +0.999 \times 2.4=5.0001 > 2.99$。由此可得结论:可以给该企业提供贷款。

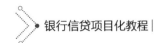

(二) 非上市公司及跨行业公司的财务预警模型

非上市公司及跨行业公司的Z值模型的函数表达式为

$$Z=0.717X_1+0.847X_2+3.107X_3+0.42X_4+0.998X_5$$

上述模型中，X_4=期末股东权益的市场价值；X_1、X_2、X_3、X_5与上市公司Z值模型的计算公式相同。

企业财务预警模型判断标准为：①$Z \le 1.1$，说明企业已濒临破产边缘，企业财务状况堪忧；②$1.1 < Z < 2.6$，说明企业的财务状况不稳定，出现破产的可能性较大；③$Z \ge 2.6$，说明企业暂无财务困难。

定性模型法与定量模型法的对比如表5.3所示。

表5.3　定性模型法与定量模型法的对比

风险计量方法	优点	缺点
定性模型法	可以对风险进行排序并能够对那些需要立即改善的环节进行标识	不能对影响大小给出具体的定量度量，因此使进行成本效益分析变得很困难
定量模型法	对影响大小给出了度量，实现了使用成本效益分析来控制成本	依赖用于表示度量的数字的范围，定量分析结果的含义可能会比较模糊，还要以定性的方式对结果做解释

三、定性与定量相结合的评级方法

定性描述和定量计算两种形式各有优点，应相互配合使用。

例如，要定性分析某客户在行业中所处的地位，可以将其分解为供求状况、行业竞争力、政策法规三个部分以便量化，如表5.4所示。首先，权衡各项指标的重要性并赋予其权重；然后，各要素分别乘以各个部分的权值，相加就得到定性结果的量化值；最后，以很好、好、一般、不好、差五个等级分别对应90%～100%、75%～90%、60%～75%、30%～60%、0～30%评分作为分析结果。

表5.4　客户行业评价计分标准参考表

因素	选用指标	分值					权重
		0	25	50	75	100	
供求状况(45%)	未来5年行业所处生命周期	导入期或衰退期	成熟后期	成熟期	成熟前期	成长期	8%
	行业发展与国民经济周期的关系	不利影响	不利影响	无明显影响	有利影响	有利影响	6%
	主要产品进口	很不合理	不合理	可接受	比较合理	合理	5%
	以往3年行业销售收入平均增长率	5%以下	5%～10%	10%～14%	14%～17%	17%以上	6%

(续表)

因素	选用指标	分值					权重
		0	25	50	75	100	
供求状况(45%)	行业地位及变化趋势	占GDP的比例下降明显	缓慢下降	起伏不定,但幅度不大	比较稳定	比例上升	6%
	行业适应性	夕阳行业	一般行业	一般行业	先进行业	先进行业	4%
	当期生产能力利用率	65%以下	65%～70%	70%～75%	75%～85%	85%以上	6%
	主要产品出口	差	较差	一般	较好	好	4%
	供求关系	供给严重大于需求	供给大于需求	基本平衡	需求大于供给	非常供不应求	
行业竞争力(40%)	竞争范围与竞争类型	不利	比较不利	一般	比较有利	有利	8%
	进入壁垒	容易	比较容易	一般	不容易	很不容易	8%
	运行机制与运行水平	差	较差	一般	较好	好	4%
	市场开放水平	封闭市场	半封半闭	半封半闭	开放市场	开放市场	8%
	质量、价格及成本	差	较差	一般	较好	好	6%
	科技创新及应用	差	较差	一般	较好	好	6%
政策法规(15%)	宏观政策	5年内有负面影响	5年后有负面影响	无负面影响			8%
	法律法规	5年内有负面影响	5年后有负面影响	无负面影响			7%

四、客户信用评级

客户信用评级的等级可以用一定的符号来表示。例如,有的金融机构用AAA、AA、A、BBB、BB、B、CCC、CC、C表示,如表5.5所示。

表5.5 借款企业信用等级及含义

等级	含义
AAA	短期债务的支付能力和长期债务的偿还能力具有最大的保障;经营处于良性循环状态,不确定因素对经营与发展的影响最小
AA	短期债务的支付能力和长期债务的偿还能力很强;经营处于良性循环状态,不确定因素对经营与发展的影响很小
A	短期债务的支付能力和长期债务的偿还能力较强;企业经营处于良性循环状态,未来经营与发展易受企业内外部不确定因素的影响,盈利能力和偿债能力会产生波动
BBB	短期债务的支付能力和长期债务的偿还能力一般,目前对本息的保障尚属适当;企业经营处于良性循环状态,未来经营与发展受企业内外部不确定因素的影响,盈利能力和偿债能力会有较大波动,约定的条件可能不足以保障本息的安全
BB	短期债务的支付能力和长期债务的偿还能力较弱;企业经营与发展状况不佳,支付能力不稳定,有一定风险
B	短期债务支付能力和长期债务偿还能力较差;受企业内外部不确定因素的影响,企业经营困难,支付能力具有较大的不确定性,风险较大

(续表)

等级	含义
CCC	短期债务支付能力和长期债务偿还能力很差；受企业内外部不确定因素的影响，企业经营困难，支付能力较差，风险很大
CC	短期债务支付能力和长期债务偿还能力严重不足；经营状况差，促使企业经营及发展走向良性循环状态的内外部因素很少，风险极大
C	短期债务支付困难，长期债务偿还能力极差；企业经营状况一直不好，基本处于恶性循环状态，促使企业经营及发展走向良性循环状态的内外部因素极少，企业濒临破产

综合练习

一、填空题

1. 银行存在的主要风险是(   )，即交易对手不能完全履行合同的风险。

2. 处于经济扩张期时，信用风险(   )，因为较强的盈利能力使总体违约率降低；处于经济紧缩期时，信用风险(   )，因为盈利情况总体恶化，借款人因各种原因不能及时足额还款的可能性增加。

3. 信用风险的特征有(   )、(   )、(   )、(   )。

4. 造成客户宏观风险的因素主要有(   )、(   )、(   )。

二、单项选择题

1. 某企业2016年销售收入为20亿元，销售净利率为12%。2016年年初所有者权益为40亿元，年末所有者权益为55亿元，则该企业2016年净资产收益率为(   )。

　　A. 3.33%　　　　　　　B. 3.86%　　　　　　　C. 4.72%　　　　　　　D. 5.05%

2. 某公司2016年年末流动资产合计2 000万元，其中存货500万元，应收账款400万元，流动负债合计1 600万元，则该公司2016年速动比率为(   )。

　　A. 0.79%　　　　　　　B. 0.94%　　　　　　　C. 1.45%　　　　　　　D. 1.86%

3. 在客户信用评级中，由个人因素、资金用途因素、还款来源因素、保障因素和企业前景因素等构成，针对企业进行信用分析的专家系统是(   )。

　　A. 4C系统　　　　　　B. 5C系统　　　　　　C. 5P系统　　　　　　D. CAMEL分析系统

4. 影响企业短期偿债能力的主要因素是(   )。

　　A. 盈利能力　　　　　B. 销售收入　　　　　C. 资产的结构　　　　　D. 资产的变现能力

5. 甲企业年初流动比率为2.2，速动比率为1；年末流动比率为2.5，速动比率为0.5。发生这种变化的原因是(   )。

　　A. 当年存货增加　　　B. 应收账款增加　　　C. 应付账款增加　　　D. 应收账款周转加快

6. 企业持有较多的货币资金，最有利于(   )。

　　A. 投资人　　　　　　B. 经营者　　　　　　C. 短期债权人　　　　　D. 长期债权人

7. 资产运用效率是指资产利用的有效性和( )。

A. 完整性   B. 充分性   C. 真实性   D. 流动性

8. 计算总资产周转率时使用的收入指标是( )。

A. 补贴收入   B. 其他业务收入   C. 投资收入   D. 主营业务收入

9. 某公司2017年的主营业务收入为60 111万元，其年初资产总额为6 810万元，年末资产总额为8 600万元，该公司总资产周转率及周转天数分别为( )。

A. 8.83次，40.77天   B. 6.99 次，51.5天

C. 8.83次，51.5天   D. 7.8 次，46.15天

10. 企业的应收账款周转天数为90天，存货周转天数为180天，则简化计算营业周期为( )天。

A. 90   B. 180   C. 270   D. 360

三、多项选择题

1. 财务比率分析指标有( )。

A. 盈利能力比率   B. 效率比率   C. 杠杆比率   D. 流动比率

2. 偿债能力比率包括( )。

A. 现金比率   B. 利息保障倍数   C. 速动比率   D. 产权比率

3. 尽管流动比率能反映现金的流动性，但也存在很大的局限性，主要原因是( )。

A. 流动资产中的存货变现能力差   B. 存货不能用成本反映变现净值

C. 所运用的都是时点指标   D. 应收账款变现能力差

4. 与销售有关的盈利能力分析指标主要有( )。

A. 销售毛利率   B. 销售利润率   C. 市盈率   D. 销售净利率

5. 以下说法中，正确的有( )。

A. 处于经济扩张期时，信用风险降低   B. 处于经济扩张期时，信用风险增加

C. 处于经济紧缩期时，信用风险增加   D. 处于经济紧缩期时，信用风险降低

6. 担保方式主要有( )。

A. 保证   B. 抵押   C. 质押   D. 留置   E. 定金

7. 个人住宅抵押贷款的风险有( )。

A. 经销商风险   B. "假按揭"风险

C. 由于房产价值下跌   D. 借款人的经济财务状况变动风险

8. 进行个人零售贷款风险分析时，应分析( )。

A. 借款人的真实收入状况   B. 借款人的偿债能力稳定情况

C. 贷款购买的商品质量情况   D. 抵押权益实现情况

9. 管理层风险分析重点分析企业管理者的( )。

A. 人品   B. 诚信度

C. 授信动机   D. 经营能力及道德水准

10. 保证人的有效性是指( )。

A. 保证人的资格

B. 保证人的财务实力

C. 保证人的保证意愿

D. 保证人履约的经济动机及其与借款人之间的关系

四、判断题

1. 负债比率越高，则权益乘数越低，财务风险越大。( )

2. 经营杠杆能够扩大市场和生产等不确定性因素对利润变动的影响。( )

3. 财务报表分析主要是对资产负债表和损益表进行分析，主要关注财务报表的编制方法及其质量能否充分反映客户实际和潜在的风险。( )

4. 风险评估应尽量图示、量化、细致、客观，以便科学地反映金融企业的受险程度。( )

5. 信用评分模型是建立在对历史数据模拟的基础上，因此对借款人历史数据的要求不高。( )

6. 信用评分模型可以给出客户信用风险水平的分数，能够提供客户违约概率的准确数值。( )

7. 如果流动负债小于流动资产，则期末以现金偿付一笔短期借款所导致的结果是流动比率降低。( )

8. 客户信用风险分析一般包括非财务因素分析和财务因素分析两方面的内容，非财务因素分析是信用等级评定的主体，财务因素分析是对分析的结果进行修正、补充和调整。( )

9. 国家控制的企业间，因为彼此同受国家控制而成为关联方。( )

10. 常用的专家系统中，5C系统中，5C是指品德、资本、还款能力、抵押、经营环境。( )

五、简答题

1. 简述信用风险的原因。

2. 风险报告的职责有哪些？

六、分析题

某公司2016年年初的流动资产总额为900万元(其中应收票据300万元，应收账款为200万元，存货为400万元)，流动资产占资产总额的25%；流动负债总额为600万元，流动负债占负债总额的30%；该公司2016年年末的流动资产总额为1100万元(其中应收票据为350万元，应收账款为300万元，存货为450万元)，流动资产占资产总额的20%，流动负债占负债总额的32%，该公司2016年年末股东权益与年初股东权益的比值为1.5。已知该公司2016年的营业收入为6 000万元，销售毛利率为22%，负债的平均利息率为9%，经营现金流量与流动负债的比率为0.5。

要求：

(1) 计算2016年年初的负债总额、资产总额、权益乘数、流动比率和速动比率。

(2) 计算2016年年末的股东权益总额、资产总额、产权利率、流动比率、速动比率。

(3) 计算2016年的应收账款及应收票据周转率、存货周转率(按营业成本计算)和总资产周转率(涉及资产负债表数据时使用平均数计算)。

(4) 计算2016年经营现金流量净额、现金流量利息保障倍数(涉及资产负债表数据时使用平均数计算)。

项目六　贷款的审查与审批

▶ 项目目标

职业知识

熟悉授信业务报审的主要材料；掌握授信业务的审查重点；了解授信业务审查评价报告的主要内容及要求；熟悉授信客户与授信项目的风险评价；熟悉授信业务审批制度；掌握授信业务的审查重点；能够对授信业务做出客观的风险判断；能够按照授信审批制度进行授信审批工作。

职业能力

能够按照要求报审授信材料、撰写审查评价报告。

职业道德

具有吃苦耐劳的精神和严谨的工作态度，具有团队合作意识、语言表达能力和应变能力。

▶ 项目提出　分析借款人是如何逃避还款责任的

A公司是一家刚刚成立几个月的公司，主营业务为投资兴办经济实体以及国内商业和物资供销，注册资本为1 000万元人民币。2015年10月6日，A公司向某银行H支行申请人民币流动资金贷款840万元，金额超过了H支行的贷款审批权限，在H支行的授意下，A公司找了另外两家公司B公司和C公司，3家公司各贷款人民币280万元，期限6个月，由J公司担保，贷款全部被A公司投到外地的保龄球馆项目，由于项目投资资金未完全落实，贷款到期后保龄球馆还未建成，贷款到期无法归还。

贷款到期后客户经理多次到3家借款企业进行催收，A公司明确表示暂时拿不出资金还款，要等保龄球馆建成投入使用后的收入来逐步还款，B公司和C公司则表示贷款不是他们使用，他们与A公司之间有协议，贷款全部由实际用款人A公司承担还款责任。尽管A公司表示愿意独家承担还款责任，但根据保龄球馆建成后的收入测算，至少需要5年才能还清贷款本息。

▶ 项目任务

$$\boxed{贷款的审查} \Rightarrow \boxed{贷款的审批}$$

任务一　贷款的审查

■ 学生的任务

了解贷款审查的内容；熟悉贷款审查的材料；掌握授信业务审查的重点。

■ 教师的任务

指导学生按照要求撰写企业贷款审查评价报告。

任务导入

分析银行损失的根本原因

甲公司于2016年11月23日在M银行贷款人民币350万元，期限半年，担保单位是乙公司。由于甲公司经营管理不善，严重亏损，资不抵债，贷款到期已无力偿还，银行便诉诸法律，追究第二债务人乙公司的连带责任。

起诉后，法院判决的结果是银行胜诉，所欠贷款本金及利息由乙公司负责清偿。但在计算所欠利息时，客户经理将应付少计算了15.9万元，法院是按照客户经理提供的利息数据判决的，所以在乙公司还款时就少了15.9万元的利息。事后在贷款移交过程中才发现这个问题，再去找乙公司追款，该公司已经不可能再归还。找法院，法院却认为银行没有主张自己的权利，放弃了债权。

知识准备

贷款审查实质上是对某项贷款业务的风险进行把控，对其收益进行评估，审查其收益是否能够与风险匹配，以及是否符合银行的各项政策。总体来看，可以把审查工作分成三个部分：第一部分是对工作流程的把控，包括资料完整性审查和贷款业务合规性审查等；第二部分是对企业或项目实质风险的把控，包括客户基本情况、经营管理情况、财务状况等；第三部分主要是对贷款收益的审查，判断项目或企业是否能够为银行带来合理的贡献度。其中，最难也是最关键的部分是对企业或项目实质风险的把控。其他两个部分的情况相对固定和简单，按照制度要求逐条核对就基本能够找到其中存在的问题。

客户经理收集授信资料，完成客户调查并撰写好调查报告，经调查经办人和调查主责任人签字后，将全部授信资料送交授信审查部门审查。对商业银行授信业务的报审材料进行审查，能够使商业银行信贷管理部门客观地了解、评价授信项目，及时发现授信业务中可能出现的风险，为授信业务审批提供依据。

需要注意的是，不同授信品种的风险特点不同，审查的重点也不相同。一般来说，授信审查部门审查的基本内容包括以下几项。

一、借款主体资格审查

授信审查部门应通过企业信用代码、组织机构代码、工商注册号、国地税号、贷款卡编码等多种编码查询企业信息，主要内容如下。

1. 法人及借款主体资格

借款人为法人的，必须严格审查其提交的营业执照、税务登记证明、组织机构代码证、贷款卡等有权部门出具的证明文件，确定其是否具有独立的法人资格和借款主体资格。

2. 主体资格证明文件

应注意借款人的主体资格证明文件是否合法、有效以及是否存在瑕疵，具体注意事项如下：

(1) 企业法人营业执照(事业法人登记证书)、税务登记证明、组织机构代码证、贷款卡等法律证明文件应在有效期限内办理年检手续，且上述证照不存在被吊销、注销、声明作废等情况；

(2) 上述证明文件的正本、副本均为原件，有同等法律效力，复印件必须与原件核对后由调查人员签字或加盖印章后方可作为证明文件；

(3) 法定代表人的身份证、法定代表人身份证明书上记载的姓名应与营业执照上的记载相符。

3. 企业法人注册资金

注册资金是指企业法人在工商行政管理部门登记的出资额。出资人仅以出资额为限对外承担民事责任，因此，银行应审查企业法人注册资本的真实性，核实其到位情况，防止出资人虚假出资和抽逃出资。

4. 其他

借款企业产权明晰，法人治理结构完善。董事会、股东(大)会决议符合公司章程规定的生效条件，董事签名真实。

二、担保的合法性审查

(一) 保证担保

自然人或者具有代为清偿债务能力的法人、其他组织可以作为保证人。

1. 自然人作为保证主体的审查重点

(1) 保证人具有完全民事行为能力。

(2) 保证人具有代为清偿债务的能力。

(3) 保证人姓名应与其有效身份证件上的姓名一致。

(4) 保证人已婚的，尽可能要求其配偶同时提供保证担保，避免发生纠纷时难以分割保证人的财产，降低保证人的代偿能力。

2. 法人、其他组织作为保证主体的审查重点

(1) 已办理年检手续的营业执照副本、税务登记证。

(2) 企业章程或合伙、联营、合作等协议文书，验资证明。

(3) 股东名册或董事会名册、法定代表人身份证明。

(4) 组织机构代码证、贷款卡。

(5) 保证人是否是一家法人多家公司。

(6) 保证人与被保证人存在关联关系的，应注意保证人提供担保的合法性。

(7) 企业集团财务公司只能为该企业集团的成员单位提供贷款担保，不得为成员单位以外的单位和个人提供担保。

(二) 抵押担保

抵押人必须对抵押物享有无争议的所有权或经营管理权，抵押物须有合法的权属证书，不存在所有权保留等情形。若抵押物为共有，抵押人应出具共有人同意该财产用于抵押的书面证明。

(1) 抵押人所有的房屋和其他地上定着物。

(2) 抵押人所有的和依法有权处分的机器、交通运输工具和其他财产。

(3) 抵押人依法有权处分的国有土地使用权、房屋和其他地上定着物。

(4) 抵押人依法承包并经发包方同意抵押的荒山、荒沟、荒丘、荒滩等荒地的土地使用权和乡(镇)、村企业的建筑物及其占用范围内的土地使用权。

(5) 依法可以抵押的其他财产。

(三) 质押担保

1. 动产质押

动产质押的标的物必须是依法可以转让的动产。以特户、封金、保证金等形式特定化后的金钱可作为动产用于质押。

2. 权利质押

(1) 汇票、本票、支票、债券、存款单、仓单、提单。

(2) 依法可以转让的股份、股票。

(3) 依法可以转让的商标专用权、专利权、著作权中的财产权。

(4) 依法可以质押的其他权利，如公路桥梁、公路隧道、公路渡口的不动产收益权。

三、授信业务政策符合性审查

(1) 授信用途是否合法合规；是否符合国家宏观经济政策，产业行业政策，土地、环保和节能政策，以及国家货币信贷政策等。

(2) 客户准入及授信用途是否符合银行区域、客户、行业、产品等的信贷政策；企业流动资金、固定资金是否分口管理；流动资金占用水平及结构是否合理，有无被挤占、挪用。

(3) 借款人的信用等级评定、授信额度核定、定价、期限、支付方式等是否符合信贷政策制度。

四、财务因素审查

财务因素审查主要审查借款人财务报告的完整性、真实性和合理性。要特别重视通过财务数据间的比较分析、趋势分析及同业对比分析等手段判断客户的真实生产经营情况，并尽量通过收集必要的信息，查证客户提供的财务信息的完整性、真实性和合理性。

财务因素审查应从资产负债表、利润表、现金流量表着手，将三表结合起来进行分析。

财务审查的第一步便是"打假"，结合企业的具体销售、成本、费用等情况对财务报表进行分析，找出其中的不合理部分，然后根据三表对企业的偿债能力、营运能力、盈利能力进行分析。这个过程一般要结合行业中或本地区类似企业的基本情况，通过横向和纵向对比来分析企业是否能够达到银行信贷投放的要求。

账务因素审查的主要内容如下：

(1) 企业近期经营状况，主要包括物资购、耗、存及产品供、产、销状况，流动资金占用水平及结构状况，信誉状况，经济效益状况等；

(2) 企业负债能力，主要指企业自有流动资金实有额及流动资产负债状况，一般可用自有流动资金占全部流动资金的比例和企业流动资产负债率两项指标分析；

（3）企业经营状况的审查，主要指企业的产品结构、寿命周期和新产品开发能力，主要领导人实际工作能力和经营决策水平及开拓、创新能力，企业所属行业的发展前景和企业发展方向。

五、非财务因素审查

非财务因素审查应做到细致周全，通过各种途径收集、整理材料和数据，力求把握最基本的风险。

(1) 企业基本情况的审查，主要包括借款人的企业性质、发展沿革、品质、组织架

构、财务管理、经营环境、所处的行业市场分析、行业地位分析、产品定价分析、生产技术分析、核心竞争能力分析等。

(2) 企业挖潜计划、流动资金周转加速计划、流动资金补充计划的执行情况。

(3) 企业发展前景，主要指企业所属行业的发展前景、企业发展方向、主要产品结构、寿命周期和新产品开发能力，以及主要领导人实际工作能力，经营决策水平及开拓、创新能力。

六、充分揭示信贷风险

分析、揭示借款人的财务风险、经营管理风险、市场风险及担保风险，提出相应的风险防范措施。

七、提出授信方案及结论

在全面论证、平衡风险收益的基础上，坚持标准，灵活取舍，提出审查结论。

在平时的授信审查过程中，差别化管理和风险尺度标准化是较难把握的内容。具体来说，就是既要坚持风险管理的标准，又要差别化地对具体风险进行取舍，不能机械地执行呆板的标准。基本的标准一定要统一，但同时也需要考虑其中的差别化情况，做到实事求是。例如，同样一个基础设施项目，在发达地区由于同类项目较多、竞争比较激烈，如果收益无法覆盖风险就不能做；在中西部地区，如果收益可以覆盖风险就可以考虑做。实践中，要通过具体分析来取舍，到底是做还是不做，不能简单地用同一把标尺衡量。

八、授信业务审查评价报告

授信审查部门审查结束后，应将授信审查信息和资料及时输入信贷管理系统，并撰写授信业务审查评价报告。授信审查评价报告主要包括以下内容。

1. 客户(含项目)基本情况

客户(含项目)基本情况主要包括客户名称，所有制性质，成立日期，简要历史，注册资本，实收资本，主要出资人及出资金额、出资比率、出资方式，经营范围，经营管理者素质等。

2. 客户经营管理、财务状况和市场评价

客户经营管理、财务状况和市场评价主要包括客户所处行业状况，客户行业市场地位，客户经营管理情况，客户近三年来的主要财务、经营指标，分析其连续性、合理性和可信性。

3. 客户在金融机构的信用情况

客户在金融机构的信用情况主要包括客户开户情况，在金融机构的信用总量及信用记录，在商业银行用信、担保、存款、结算等情况。

4. 本笔授信业务的基本情况

本笔授信业务的基本情况主要包括本笔授信业务的用途、金额、期限和担保方式等。

5. 授信风险评价和防范措施

授信风险评价和防范措施主要包括客户(项目)市场风险、经营风险、财务风险、行业风险、政策性风险、担保风险、定价风险等，判断客户风险是否在银行可接受的水平内，并提出具体的风险防范和控制措施。

6. 业务的效益性评价

业务的效益性评价主要包括直接效益与间接效益。

7. 审查结论、限制性条款和管理要求

提出明确的审查意见，并针对揭示的风险提出可行的风险控制措施，包括授信是否实施的审查意见等。

【视野拓展】6.1　　　　授信项目审查重点

1. 加工产业授信项目

(1) 借款人在行业中的地位和优势。

(2) 投资规模与借款人现有的经营规模是否匹配。

(3) 借款人目前的财务状况是否健康。

(4) 在融资银行的融资总量和占比。

(5) 市场情况，主要分析供求关系、成本和价格，判断本项目有无竞争优势。

(6) 项目资本金落实情况。

(7) 贷款期限和还款方式。

2. 城建(开发区)领域授信项目

(1) 当地经济发展情况与信用环境，包括财政收入规模、财政性负债情况、政府信用记录，以及项目投融资总额与当地财政规模和实力是否匹配。

(2) 是否突破总行核定的融资总量控制指标。

(3) 还贷资金来源与渠道是否明确，是利用项目本身的效益还贷还是利用土地开发收益或财政承诺还贷。

(4) 政府承诺的有效性和可靠性。

(5) 项目审批的合法性。

3. 房地产行业授信项目

(1) 土地和在建工程抵押情况，争取追加股东担保(房地产项目一般不接受单纯的保证担保)。

(2) 落实按销售进度还贷，一般要求在完成销售进度的80%以前全额还贷，对一些风险较高的房地产项目，可要求加速还贷。

(3) 承诺本项目的按揭在融资行办理。

(4) 如有股东贷款和工程垫款，应约定融资行贷款偿还顺序优于股东借款，同时要求施工单位放弃优先受偿权。

4. 电力行业授信项目

(1) 项目建设规模，主要考察有无政策性风险及竞争能力。

(2) 项目审批手续是否完备，包括核准、土地审批和环评审批。

(3) 股东实力，主要考察出资能力、技术水平及与电网公司的协调能力。

(4) 年发电利用小时、网站阅览电量和网站阅览电价，即分析市场风险。

(5) 项目燃煤供应的可靠性，即分析建设条件。

【案例透析】6.1　　代理进口业务中的高风险客户

1997年2月，北京一家进出口公司为拓展业务，和一个找上门来的香港公司签订了代理其进口的1 000吨纺织原料的合同，总金额为100万美元。港商吹嘘自己在内地有十几家工厂，原料进口后可自行消化，北京公司不用自己开拓客户便可得3%的进口代理手续费。双方规定的付款条件为90天远期信用证，且货款在议付期前10天汇到北京。北京公司觉得不用费事就可赚钱，于是立即答应。

待港商的20%预付款到位后，北京公司向银行申请开出远期信用证。货到港口后，北京公司去港口办理了报关验货等一系列手续后，将货物运到港商指定工厂。离议付期还有10天，北京公司催促港商汇款，但香港公司以产品在国内市场的价格暴跌无法出售为由不付款。北京公司此时才知道被港商的花言巧语所骗，但因信用证到期，北京公司只得垫付资金，在银行议付了信用证。后经多次和港商接洽，虽然签署了各种还款协议，但也只追回小部分货款，其余部分悬而未决。后经查，这位港商在香港仅租了一个写字间，雇用一个秘书接电话，且在内地的所谓工厂并不存在。

任务二　贷款的审批

■ 学生的任务

了解商业银行授信业务审批流程及贷款审查委员会的工作职责；了解授信业务审批制度和审批原则的基本内容；了解贷款审批人初次审批和再次审批结论的基本内容；掌握审贷分离的一般操作规程。

■ 教师的任务

指导学生准确填写贷款审查审批表。

分析B信用社形成严重信贷资产风险的根本原因

2013年10月，B信用社为扩大存、贷款规模，决定以引存放贷的经营方式来发展业务。该信用社的贷款基本上都是负责人说了算，因此，该信用社负责人为吸收存款，擅自将定期存款年利率提高到18%～24%，活期存款利率提高到13%。同时以高利率向企业发放贷款，把高息转嫁给贷款企业，如将6个月贷款利率从9.9‰提高到15‰～20‰，1年期贷款利率从12.79‰提高到15.33‰～22‰。2013年10月—2015年10月，该信用社以高利率共吸收存款人民币6亿多元，发放高息贷款4亿多元。截至2016年10月，该信用社发放的贷款绝大部分已经逾期，且欠息严重。其拖欠本息的贷款企业中，已宣告破产的有2家，已不存在或找不到的公司有18家，已无经营业务或已无力偿还能力的有30家。这些企业所欠贷款本息合计3亿多元，从而形成了较严重的信贷资产风险。

知识准备

审批是商业银行授信业务的决策环节，是授信业务执行实施的前提和依据。商业银行授信业务审查部门和贷款审查委员会具体负责授信业务的审查与审批工作。在授信业务审批过程中，商业银行应按照审贷分离、分级审批的原则，规范授信业务审批流程，明确授信业务审批权限，确定审批人员按照授权独立进行授信业务审批。

一、授信业务审批制度

(一) 授权管理

1. 信贷授权的定义

授权管理是指商业银行按照信贷授权对授信业务审批环节进行管理。信贷授权是商业银行对其所属职能部门、分支机构和关键岗位开展授信业务权限的具体规定。

2. 信贷授权的分类

信贷授权大致可分为直接授权、转授权和临时授权三个层次。直接授权是指银行业金融机构总部对总部相关授信业务职能部门或直接管理的经营单位授予全部或部分信贷产品一定期限、一定金额内的授信审批权限。转授权是指授权的经营单位在总部直接授权的权限内，对本级行各有权审批人、相关授信业务职能部门和所辖分支机构转授一定的授信审批权限。临时授权是指在被授权者因故不能履行业务审批职责时，可以临时将自己权限范围内的信贷审批权限授予其他符合条件者代为行使。

3. 信贷授权的原则

信贷授权应遵循的基本原则如下。

(1) 授权适度原则。商业银行应兼顾信贷风险控制和提高审批效率两方面的要求，合理确定授权金额及行权方式，以实现集权和分权的平衡。

(2) 差别授权原则。应根据各业务职能部门和分支机构的经营管理水平、风险控制能力、主要负责人业务及所处地区经济环境等，实行有区别的授权。

(3) 动态调整原则。应根据各业务职能部门和分支机构的经营业绩、风险状况、制度执行，以及经济形势、信贷政策、业务总量、审批手段等方面的情况变化，及时调整授权。

(4) 权责一致原则。业务职能部门和分支机构超越授权，应视越权行为性质和所造成的经济损失追究主要负责人及直接责任人的责任。主要负责人离开现职时，必须有上级部门做出的离任审计报告。

4. 信贷授权的方法

商业银行对业务职能部门和分支机构的信贷授权，原则上应根据其风险管理水平、资产质量、所处地区的经济环境、主要负责人的信贷从业经验等因素设置一定的权重，采用风险指标量化评定的方法合理确定。此外，在确定信贷授权时，还应适当考虑公司信贷、小企业信贷、个人信贷的业务特点。

5. 信贷授权的形式

信贷授权常用的形式有以下几种：①按授权人划分，信贷授权可授予总部授信业务审批部门及其派出机构、分支机构负责人或独立授信审批人等；②按授信业务的风险高低进行授权，如对固定资产贷款、并购贷款、流动资金贷款等品种给予不同的权限；③根据银行信贷行业投向政策，对不同的行业分别授予不同的权限，如对产能过剩行业、高耗能、高污染行业适当上收审批权限；④根据银行信用评级政策，对不同信用等级的客户分别授予不同的权限；⑤根据担保对风险的缓释作用，对采用不同担保方式的授信业务分别授予不同的权限，如对全额保证金业务、存单(国债)质押业务等分别给予不同的审批权限。

(二) 分级审批

分级审批是建立在信贷授权制度基础上的，是商业银行提高审批效率、增强竞争力的内在要求。商业银行根据信贷部门有关组织和人员的工作能力、经验、职务、工作实绩，以及所负责授信业务的特点和额度，决定每位有权进行授信业务审批的人员或组织的贷款审批品种和最高贷款限额。一般来说，分级审批的主要依据是授信额度，因为授信额度的大小直接反映了该授信业务给商业银行带来的风险大小，授信额度越大，风险越大，对授信业务专业知识和经验的要求也越高。

对于一家独立的商业银行机构来说，其授信业务的分级授权由高到低可分为董事会的审批授权、贷款委员会或高级管理层的审批授权、一般信贷员的审批授权三个层次。

对于一家具有分支行机构的商业银行机构来说，各分支机构必须在权限范围内办理信贷业务。分级审批的业务基本流程为：分支经营行信贷管理部审查，贷审会审议，有权审批人审批。超越权限的信贷业务的审批流程为：分支经营行信贷管理部门初审，分支经营行行长审核同意后，由信贷管理部报有权审批的上级管理行信贷管理部复审，上级管理行贷审会审议，有权审批人审批。

(三) 审贷分离

1. 审贷分离的定义

审贷分离是指将信贷业务办理过程中的调查和审查环节进行分离，分别由不同层次的机构和不同部门(岗位)承担，以相互制约并充分发挥信贷审查人员专业优势的信贷管理制度。

2. 审贷分离的实施形式

商业银行按照信贷业务和信贷审查职能的不同，本着各负其责和相互制约的原则，设立不同层次的岗位或部门，配备相应的人员，明确各环节的主要负责人。例如，信贷规模比较小的支行，一般设置信贷业务岗和信贷审查岗；分行乃至总行等较高层次的单位，一般设置信贷业务部门和授信审查部门。

从信贷业务岗(部门)和信贷审查岗(部门)的职责划分来看，信贷业务岗(部门)直接面对客户，为客户提供服务，营销并管理银行信贷业务，其信贷职责是受理客户的信贷申请、对客户进行贷前调查、审批后信贷业务的合同签订和贷后管理，提交贷前调查报告，并承担调查失误、风险分析失准和贷后管理不力的责任。信贷审查岗(部门)的职责是依据法律和银行信贷政策与条件，对客户部提供的客户调查材料进行审查，将审查、评估意见报贷审会审议及有权审批人审批。信贷审查岗(部门)人员出具审查意见报告，承担审查失误的责任。

3. 审贷分离的实施要点

(1) 为保持审查审批的独立性和客观性，审查人员与借款人原则上不直接接触。对特大项目、复杂事项等确需审查人员接触借款人的，应经过一定程序的批准，在客户经理的陪同下进行实地调查。

(2) 审查人员无最终决策权。信贷决策权应由贷款审查委员会或最终审批人行使。

(3) 审查人员应真正成为信贷专家，才能对信贷调查人员提交的材料以及结论的真实性、合理性提出审查意见。

(4) 实行集体审议机制。贷审会作为授信业务决策的计提议事机构，评价和审议信贷决策事项，为最终审批人提供决策支持。

(5) 授信审批应按规定权限、程序进行，不得违反程序、减少程序或逆程序审批授信业务。

二、授信业务审批机构

信贷业务的审批方式包括贷款审批人审批和授信业务审批，贷款审批人审批结论是授信业务审批结论的主要依据。授信业务审批一般可采取会签审批和会议审批。

贷款审批人的审批是指单个贷款审批人对审批的具体授信业务发表的书面形式的审批意见。贷款审查委员会(以下简称贷审会)是行长领导下的授信业务决策议事机构，对有权审批人审批授信业务起智力支持作用和制约作用。

1. 组织机构

贷审会设主任一名，由行长担任，副主任委员由主管授信业务的副行长担任。贷审会实行部门委员和个人委员相结合，委员由信贷管理部门、客户部门、资金计划部门、风险资产管理部门、国际业务部门、法规部门的负责人和本行具有评审能力的人员组成。部门负责人由正职和副职部门的负责人和本行具有评审能力的人员组成。贷审会委员不得少于7人。各级行的贷审会人员的组成应稳健明确，并上报上级贷审会办公室备案。

部门委员工作变动时，其贷审会委员的职务同时自动变更。具有评审能力的人员成为贷审会委员要符合从事授信或相关工作三年以上、具有较强的评审能力和原则性强等条件，并按程序确定，报上级行会办公室确定。

贷审会下设办公室，作为贷审会的具体办事机构，其工作职责应列入部门职责。成立贷审会办公室应正式行文，发送本级行各部门，抄报上级贷审会办公室，抄送下级各单位。

2. 贷审会的主要职责

贷审会的主要职责：审议职责范围内的授信事项；督促有关部门落实贷审会审议、行长审批的各类授信事项；指导和协调下级行贷审会工作。

3. 审议范围

贷审会的审议范围：超过本行审批权限的贷款、贸易融资、贴现、承兑、信用证、担保等形式的本、外币授信业务，以及公开统一授信、可循环使用授信、贷款承诺函等；超过本行审批权限，按规定需要贷审会审议、报请上级行审批的上述事项；行长认为有必要提交贷审会审议的特别授权、内部授信、特别授信及其他授信特别事项；按规定应提交贷审会审议的客户信用等级评定；经本行贷审会审议通过、行长批准的授信业务执行情况和贷后检查报告。

4. 可不经贷审会审议的事项

可不经贷审会审议的事项包括：以全额保证金、存单或国债质押方式办理的贷款、银行承兑汇票、开立的信用证和投标保函；100%外汇质押的人民币贷款业务；银行承兑汇票质押办理承兑贷款；本行已授信国外银行开立的备用信用证项下的担保贷款；银行承兑汇票的贴现；出口信用证项下的票据贴现；公开统一授信项下和可循环使用信用项下的短期授信业务；扶贫到户贷款；总行规定的可不经贷审会审议的其他业务。

三、授信业务审批流程

贷审会工作程序如图6.1所示。

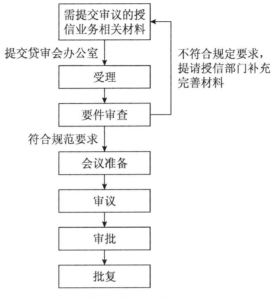

图6.1 贷审会工作程序

(一) 受理

1. 资料接收

凡提交贷审会审议的授信业务，由信贷管理部门按规定进行审查后，撰写授信审查报告，经本部门盖章、部门负责人签字，连同贷款申请报告、调查报告、评估报告(或专家咨询意见)和内部运作等资料，送贷审会办公室。

2. 资料分派

授信审批部门接收授信业务经办行授信业务资料，按移交清单逐一核对并当面登记签收，按照授信审批部门内部分工将授信业务资料分派给授信业务审查审批人。

(二) 要件审查

贷审会办公室按规定对拟提交审议的有关事项进行要件审查，符合规范要求的授信事项，应及时安排提交贷审会审议；不符合规范要求的授信事项，应要求提交审议的授信部门补充完善。

(1) 新项目的合规性审查。

(2) 续议项目的合规性审查。续议项目是指已经由有权审批行审批，结论为续议，在解决了前次审批提出的问题后再次申请审批的项目。

(3) 复议项目的合规性审查。复议项目是指已经由有权审批行审批，结论为不同意，申报行(部门)提请再次复议的项目。

(4) 变更贷款条件项目的合规性审查。变更贷款条件项目是指已经由有权审批行审批，结论是附加条件同意，申报行申请修改或放弃部分审批提出的附加条件项目。

(三) 会议准备

贷款审批方式分为审批人会议、会签、单签审批，原则上各类贷款应通过审批人会议审批。

审批人会议审批前要提请会议主持人及时召开贷审会例会，做好会议资料准备，将审查报告提前至少一天发送给贷审会委员，通知贷审会委员和汇报、列席人员按时参加会议。

(四) 审议

会议主持人负责组织对提交贷审会的授信事项进行审议。由审查人员向贷审会汇报授信审查报告，参加会议的委员就授信审查报告中的主要内容和突出问题进行审议后，就审议的授信事项实行无记名投票表决。贷审会办公室根据会议记录整理成会议纪要，根据投票结果填制贷审会审议表，连同会议纪要一并呈报有权审批人审批。

(五) 审批

有权审批人在审议表和会议纪要上签署审批意见。对贷审会审议通过的授信事项，有权审批人可行使一票否决权，对经投票未通过(包括不同意和复议)的授信事项，有权审批人不得行使一票赞成权。但不论投票结果如何，有权审批人均有复议决定权。无论审批结论为同意或不同意的，都应将审批结论及时通知有关人员。

(六) 批复

贷审会办公室根据有权审批人在审议表和会议纪要上的签字意见印发《贷款审查委员会会议纪要》，依据会议纪要起草文件批复有关行。授信批复可以采取行发文件和贷款审批表的方式进行。审批结论分为同意(含附加条件同意)授信、否决授信和续议授信三种。

1. 同意授信

(1) 贷款审批人认真审阅申报单位提交的授信申请书、客户评级报告、授信项目审查报告和所有其他材料，采用会议审批形式的，在审批会议上与经营主责任人、风险经理等人员进行了有效沟通后，如果贷款审批人判断申报的授信业务符合国家法律法规、产业政策、银行信贷政策、风险管理政策及各项规章制度，授信方案建议的各项基本要素合理，还款来源充足、稳定、可实现、可执行，能有效控制风险，且办理该项业务给银行带来的收益能够覆盖成本和风险，则应发表"同意"的审批结论，即同意申报单位按照审批方案办理授信业务。

(2) 对于贷款审批人原则上同意，但仍需申报单位进一步修改和完善的授信方案，贷款审批人可发表含附加条件的"同意"的审批结论。

贷款审批人提出的附加条件应能够有助于防范风险，有助于还款来源的保障和控制，有助于在控制风险的情况下提高授信业务的收益，有助于银行业务的发展。

贷款审批人提出的附加条件应注意具备可操作性，即授信申请人或申报单位经努力可以在一定期限内落实的条件。

2. 否决授信

贷款审批人认真审阅申报单位提交的授信申报书、客户评级报告、授信项目审查报告和所有其他材料，采用会议审批形式的，在审批会议上与经营主责任人、风险经理等人员进行了有效沟通后，如果贷款审批人判断申报的授信业务存在不符合国家法律法规、产业政策、银行信贷政策、风险管理政策及各项规章制度，或者办理该项业务给银行带来的收益不能覆盖成本和风险，则应发表"否决"的审批结论。

发表否决意见时，贷款审批人应在审批结论中明确提出否决的具体内容及理由。原则上应发表"否决"的审批意见的情况包括：借款人不具备借款的主体资格；借款人或借款项目未达到"准入门槛"；借款项目的审批过程存在严重缺陷；借款用于国家法律和银行信贷政策规定的禁止用途；借款项目不符合国家或地区的产业政策；授信业务带来的收益不能完全覆盖银行的成本和风险。

3. 续议授信

若贷款审批人认为申报材料不充分、汇报人回答问题不清楚，不能满足决策的需要，或认为有必要对申报方案的重要条款进行修改，需要申报单位补充材料加以说明或对申报方案进行修改后再次审议，则应发表"续议"的审批结论。

可以考虑做出续议结论的情况包括：授信金额不合理；授信期限不合理；借款人或保证人的经营信息不充分；借款人或保证人财务信息不充分；不能有效评价还款来源；不能有效评价保证人的履约能力；担保物有瑕疵，对担保能力和效力产生不利影响；贷后管理措施不到位、不完备、不能有效控制授信风险等。

四、贷款审查审批表的填写

信贷审查及审批部分按照各自的权限，分别在授信业务审查审批意见表上写明审查的意见、审查和审批的结论。商业银行分支行与总行授信业务审查审批意见表的一般格式如表6.1和表6.2所示。

表6.18　授信业务审查审批意见表(分支行)

经办行(盖章):

信贷审查部门意见:
经办人签字:　　　　　　　　负责人签字:　　　　　年　　月　　日
相关部门意见:
经办人签字:　　　　　　　　负责人签字:　　　　　年　　月　　日
主管副行长审查(审批)意见:
签字:　　　　　　年　　月　　日
贷款审查委员会意见:
主任签字:　　　　　年　　月　　日
行长审查(审批)意见:
签字:　　　　　　年　　月　　日

表6.2 授信业务审查审批意见表(总行)

分行(总行营业部)意见:
一、审查结论:
二、附加条件或限制性条款:
负责人签字:　　　　　　　　　　盖章:　　　　年　　　月　　　日
主审查人意见:
一、审查结论:
二、附加条件或限制性条款:
主审查人签字:　　　　　部门负责人签字:　　　　年　　　月　　　日
总行信贷审批中心审查意见:
一、审查结论:
二、表决情况 　　总行信贷审批中心审贷委员　　人,出席　　人,表决　　人。 　　表决结果:同意　　票,不同意　　票,再议　　票。
三、附加条件或限制性条款(或再议条件):
信贷审批中心主任签字:　　　　年　　　月　　　日
总行信贷管理部总经理意见:
签字:　　　　年　　　月　　　日
信贷政策委员会意见:
一、审查结论:
二、表决情况: 　　信贷政策委员会委员　　人,出席　　人,表决　　人。 　　表决结果:同意　　票,不同意　　票,再议　　票。
三、附加条件或限制性条款(或再议条件):
签字:　　　　年　　　月　　　日
主管副行长意见:
签字:　　　　年　　　月　　　日
行长意见:
签字:　　　　年　　　月　　　日

综合练习

一、填空题

1. 一般情况下，银行自受理之日起，会按照法定的答复期限，即短期贷款(　　)个工作日，中、长期贷款(　　)个工作日，为银行信贷部门审议贷款时间。

2. 银行接到客户提交的《建立信贷关系申请书》及有关资料后，安排(　　)人对客户提供的情况进行核实，对照贷款的条件，判别其是否具备建立信贷关系的条件。填写(　　)，报有权审批部门审批。

3. 银行审批大致有(　　)、(　　)、(　　)三大环节。

4. 信贷授权大致可分为(　　)、(　　)、(　　)三个层次。

5. 信贷授权应遵循的基本原则包括(　　)、(　　)、(　　)、(　　)。

6. 授信业务审批制度有(　　)、(　　)、(　　)。

7. 商业银行各级机构应建立由行长或副行长(　　)和有关部门负责人参加的(　　)。

8. 商业银行应审议借款人的借款申请，并及时答复贷与不贷。短期贷款答复时间不得超过(　　)。

9. 贷款卡持卡人要到(　　)办理贷款发初审手续，到(　　)办理终审手续。

二、单项选择题

1. 客户的还款能力主要取决于(　　)。

A. 客户的信誉　　　　B. 客户的现金流　　　　C. 贷款期限　　　　D. 贷款金额

2. (　　)适用于被批准于短期贷款、长期循环贷款和其他类型的授信贷款的最高的本金风险敞口额度。

A. 集团借款企业额度　　　　　　　　B. 借款企业额度

C. 单笔贷款授信额度　　　　　　　　D. 承诺贷款额度

3. (　　)的授信对象是符合规定条件的自然人。

A. 固定资产贷款　　　　　　　　　　B. 个人贷款

C. 流动资金贷款　　　　　　　　　　D. 项目融资

4. 固定资产贷款和流动资金贷款的授信对象是(　　)或国家规定可以作为借款人的其他组织。

A. 财政部门　　　　B. 国家机关　　　　C. 自然人　　　　D. 企事业法人

5. 行长不得担任贷审会的成员，但可指定(　　)副行长担任贷审会主任委员，但该主任委员不得同时分管前台业务部门。

A. 1名　　　　　　B. 2名　　　　　　C. 3名　　　　　　D. 5名

6. 以下关于贷审会的说法中，正确的是(　　)。

A. 贷审会投票未通过的信贷事项，有权审批人不得审批同意

B. 行长可以担任贷审会的成员

C. 行长可指定两名副行长担任贷审会主任委员

D. 主任委员可以同时分管前台业务部门

7. 信贷审查岗职责中的( )，即审查借款行为的合理性，审查贷前调查中使用的信贷材料和信贷结论在逻辑上是否具有合理性。

A. 表面真实性审查

B. 合理性审查

C. 合规性审查

D. 完整性审查

8. 信贷审查岗的职责不包括( )。

A. 表面真实性审查

B. 完整性审查

C. 实质性审查

D. 可行性审查

9. 常用的授权形式中，( )，根据银行信用评级政策，对不同信用等级的客户分别授予不同的权限。

A. 按担保方式授权

B. 按客户风险评级授权

C. 按授信品种划分

D. 按行业进行授权

10. 对全额保证金业务、存单(国债)质押业务等分别给予不同的审批权限，属于信贷授权形式中的( )。

A. 按客户风险评级授权

B. 按担保方式授权

C. 按授权人划分

D. 按授信品种划分

三、多项选择题

1. 商业银行在贷款审查审批过程中应审查的内容有( )。

A. 贷款业务资料是否齐全

B. 借款人股东的实力及注册资金的到位情况

C. 借款人的银行及商业信用记录

D. 保证、抵押、质押等担保方式的合法、足值、有效性

E. 借款用途的合法合规性

2. 贷款发放时，银行要核查提款申请书中的( )等要素，确保提款手续正确。

A. 提款日期　　　 B. 提款金额　　　 C. 划款途径

D. 提款次数　　　 E. 首次提款

3. 通过企业( )可以查询企业信息。

A. 企业信用代码　　 B. 组织机构代码　　 C. 工商注册号

D. 国地税号　　　 E. 贷款卡编码

4. 借款主体资格审查是指审查( )。

A. 法人及借款主体资格

B. 主体资格证明文件

C. 企业法人注册资金

D. 借款人的章程及董事会、股东(大)会决议

5. 担保的合法性审查是指审查( )

A. 保证担保   B. 抵押担保

C. 质押担保   D. 身份证担保

6. 财务因素审查需要审查( )。

A. 借款人财务报告的完整性

B. 借款人财务报告的真实性和合理性

C. 从资产负债表、利润表、现金流量表入手

D. 将资产负债表、利润表、现金流量表结合分析

7. 非财务因素需要审查( )，应做到细致周全，通过各种途径收集、整理材料和数据，力求把握最基本的风险。

A. 企业基本情况的审查

B. 企业近期经营状况

C. 企业挖潜、流动资金周转加速、流动资金补充计划的执行情况

D. 企业发展前景

8. 与有担保流动资金贷款相比，商用房贷款还需要审批的内容包括( )。

A. 与开发商签订的购买或租赁商用房合同或协议

B. 开发商出具的有权部门批准可出售或出租商用房已办妥的全部文件，包括可办妥产权证的证明

C. 开发商的资信情况

D. 商业用房的地段及质量状况情况

四、判断题

1. 反映借款人还款能力的主要标志是借款人现金流量是否充足。( )

2. 财务分析不能直接说明企业是否有现金、是否能还债，而企业的现金流量表却能反映企业借款的原因和还债的来源。( )

3. 银行信贷登记咨询系统要采集借款人是否被起诉等资信信息。( )

4. 通过现金流量表可以概括反映经营活动、投资活动和筹资活动对企业流入流出的影响，在评价企业利润、财务状况及财务管理时，要比传统的利润表更为有效。( )

5. 贷款评估中，投资估算主要审查工程内容和费用是否齐全，分析投资估算中有无漏项，审查收费标准和依据，分析有无任意扩大规模或压低造价的情况。( )

6. 综合对比拟建项目的企业与主要竞争对手和潜在竞争对手的生产经营要素及产品的质量、价格、市场占有率等，即可了解借款人的市场竞争能力。( )

7. 审贷分离制度可以规范信贷业务各环节经营管理者的行为，实现信贷部门的相互制约。( )

8. 目前，我国商业银行主要采用垂直审批体制及审批方式。( )

9. 银行信贷登记咨询系统是与银行有信贷业务关系的所有客户的信息管理系统，是

由中国人民银行建设的。（　　）

10. 内部授信无法律效力，无担保要求，无须申请。（　　　）

五、简答题

简述授信业务审批流程。

六、分析题

分析信贷人员应汲取哪些教训。

Y公司通过与国土部门签订土地出让合同取得某县一块土地使用权，Y公司支付部分土地出让价款后，开始到处筹措资金计划建房。

2014年4月，Y公司找到某银行申请抵押贷款550万元，用于流动资金。Y公司提出申请后，开始工程报建，并使用欺骗手段把该土地使用权证换成了房屋使用权证。贷款办理过程中，Y公司经办人员曾表示过这笔贷款将用于建房，利润颇丰，但这并未引起银行的警觉。

在签订合同时，Y公司将房屋产权证拿出来给银行审查，并保证这笔款项能按时归还，并说只要这笔资金能到位很快就能有丰厚的回报，这时银行提出月息为15‰。Y公司老总满口答应，双方遂签订了借款合同，约定贷款额550万，期限9个月，月息15‰，Y公司用其自有的一处房地产作为抵押，合同签订后双方去公证处对合同进行了公证。正在他们准备去办理抵押登记时，某县撤县设市，房地产登记业务暂停，在这种情况下，Y公司催某银行放款，抵押登记可等到以后补做。某银行认为这笔贷款有抵押物，没有风险，而且利息又高，遂依Y公司要求在月底匆忙放款。

后来，某银行要求Y公司补办抵押登记手续，Y公司都以种种借口搪塞。直到Y公司法人代表因牵连诈骗案被公安机关拘捕，某银行才醒悟过来，调查后发现用于抵押的房地产不过是一片荒地。

项目七　合同的签订和担保

▶ **项目目标**

职业知识

掌握借款合同的主要条款及内容；掌握授信业务担保合同的主要特征、内容和签订的操作要点；掌握保证、抵押、质押担保方式的审查和审核要点。

职业能力

能够结合案例对授信保证、抵押、质押等担保业务进行分析；能够独立办理授信保证担保业务。

职业道德

培养严谨、细致的工作态度，培养契约意识。

▶ **项目提出　分析此案例中抵押合同为什么无效**

2014年4月，M酒店向某银行申请贷款600万元，期限4个月，由S发展公司位于某镇工业区的2号厂房、3号厂房、4号宿舍楼共计7 700平方米作为贷款抵押物。贷款合同签订并办理公证后，某银行立即去办理抵押登记手续，但这时房产所在地正撤县设区，某国土部门暂停办理贷款抵押登记。这时，借款人交来抵押物所在某乡房管所的一份证明，证明上写明了房产的权属和该区暂停办理房产登记与他项权证的情况，并写道："我所同意在暂停办理登记手续期间，不得重复登记，待重新开始办理抵押登记或房产登记他项权证手续，我所即刻将此项未尽事宜尽速办理。我所将负责此项抵押物之权属责任，贷后再补办他项权证手续"。同时，借款人M酒店提出由J贸易公司作为贷款的保证人，某银行遂先将贷款放出。

而后，该银行去某区国土局补办抵押登记手续，经该国土局产权处证实此抵押物属村委自建工业厂房且尚未缴纳地价，导致抵押登记手续未能办理。后来，该银行因借款人拖欠贷款本息向该区法院起诉。法院审理后，判决此贷款中的抵押关系无效，其他关系合法有效。

▶ **项目任务**

合同的签订 ⇨ 保证担保贷款 ⇨ 抵押担保贷款 ⇨ 质押担保贷款

任务一　合同的签订

■ 学生的任务

能够按照规定签订各类授信合同；能够区分授信主合同和从合同；掌握办理授信担保业务的流程和手续。

■ 教师的任务

指导学生签订各类授信合同。

任务导入

分析A贸易公司存在的风险

2013年1月5日，A贸易公司向某银行申请流动资金贷款500万元人民币，用于购买化工材料，贷款期限6个月，由J公司提供担保，贷款合同约定"担保责任一直到贷款本息还清为止"。贷款出账后，A贸易公司并未将款项用于购买化工材料，而是用于位于S市的房地产项目，恰遇国家宏观调控，房地产市场低迷，再加上项目本身资金缺口大，时建时停，导致该房地产项目长时间不能产生效益。贷款到期后，A贸易公司无力按时归还本息。

2015年7月，该笔贷款逾期时间已经超过两年，逾期后A贸易公司从未还过拖欠的贷款本息，期间贷款银行也未采取有效措施收贷，使贷款的诉讼时效中断。银行多次派人上门催收并与借款人和担保人协商还款事宜，但A贸易公司由于管理混乱，经营状况每况愈下，不仅房地产项目无法产生效益，资产闲置、毁损严重，而且其他业务也长期亏损，导致严重资不抵债，处于事实破产状况，无力还款。担保单位J公司有一定财产而且仍在经营，但J公司在当地是有名的欠贷欠息大户，对该笔贷款的担保责任以各种理由进行推脱，拒绝签收银行催收通知书。在反复催收无效的情况下，银行拟起诉A贸易公司和J公司。

分析此案例存在什么风险，为什么？

知识准备

签订授信合同是贷款发放的一个主要环节，它是对签约双方产生法律约束力的标志。

一、授信合同的内容

授信合同是贷款人将一定数量的货币交付给借款人按约定的用途使用，借款人到期还本付息的协议，是一种经济合同。

授信合同有自己的特征，合同标的是货币，贷款方一般是银行或其他金融组织，贷款利息由银行规定，当事人不能随意商定。当事人双方依法就授信合同的主要条款进行协商并达成协议，由借款方提出申请，经贷款方审查认可后，即可签订借款合同。

授信合同必须由当事人双方的代表或由法定代表授权的经办人签章，并加盖公章。

授信合同应具备以下主要条款。

1. 贷款标的

授信合同的标的必须是货币。商业银行和其他金融机构提供给法人的贷款是以信用凭证体现的，一般不支付现金；提供给个体户和农民的贷款应是人民币。

2. 贷款种类

以用途分类来确定贷款的类型，如基本建设贷款、农业贷款、企事业流动资金贷款等。贷款种类不同，利率也不同。

3. 贷款金额

贷款金额是授信合同的标的数额，是根据借款方的申请，经银行核准的借款数额。借款方需增加贷款金额的，必须另行办理申请和核准手续，签订新的授信合同。

4. 贷款用途

授信合同中必须明确规定贷款的用途，并符合国家批准下达的贷款计划文件的规定。贷款必须按规定的用途专款专用，银行对贷款的使用有权监督。

5. 贷款期限

授信合同应根据贷款的性质、种类确定贷款发放日期。借款到期，借款方应如数还本付息。我国贷款的期限分为中短期贷款和长期贷款两种。各项贷款的还款期限应根据贷款用途的实际情况，按贷款类型协商议定并严格履行。

6. 贷款利率

贷款利率必须在授信合同中规定。

7. 还款

贷款到期时，借款方应将本息全数还清，确因客观原因到期不能归还，借款方应提出申请，经贷款方同意可以延期。但借款方没有正当理由或者经申请延期未获准而逾期不还的，借款方要承担违约责任。贷款方有权依法向借款方了解贷款使用情况及经营管理、财务活动、物资库存等情况，监督贷款的使用。贷款到期后，贷款方有权采取必要措施收回贷款及利息。

8. 违约责任

在授信合同中，违约责任是借款方和贷款方严格按照合同规定履行各自义务的必要保证，必须明确规定。

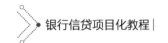

9. 保证条件

授信合同主要采取物资保证的原则，由借款方提供生产经营或建设范围内一定的适用适销的物资、商品或其他资产作为担保。借款方不能提供物资保证时，经贷款方同意，也可采取保证人保证的方式。

10. 争议的解决方式

授信合同当事人双方发生合同争议时，若双方在合同中约定了仲裁条款或事后达成书面仲裁协议，可向各级工商行政管理部门经济合同仲裁委员会申请仲裁；当事人没有在合同中订立仲裁条款，事后又没有达成书面仲裁协议的，可向人民法院起诉。

11. 双方当事人约定的其他条款

略。

二、授信合同的填写、审核及签订

目前，商业银行的授信业务合同多采用格式合同。格式合同又称标准合同、制式合同，是指当事人一方预先拟订合同条款，对方只能表示全部同意或者不同意的合同。授信合同通常由商业银行列出合同文本框架，在单笔授信时只需要按照实际条件进行填空并划掉不适用项目即可。某些特殊情况下，包括但不限于重大客户提供了格式合同或者根据授信业务的具体情况需要另行编制合同，可以不采用格式合同。

授信合同必须严格按照规定填写或编写，逐级审核，经有权签字人或授权签字人签署后才能生效。通常情况下，授信合同由主合同(借款合同)和从合同(担保合同)组成，主、从合同必须相互衔接。

1. 授信合同的填写要求

授信合同填写工作通常由商业银行法规部门或市场部门的经办人员完成，填写时需注意以下几点。

(1) 授信合同必须用黑色签字笔或钢笔书写，或者用打印机打印，内容填制必须完整，正、副文本的内容必须一致，不得涂改。

(2) 授信合同的授信业务种类、币种、金额、期限、利率或费率、还款方式和担保合同应与授信业务审批的内容一致。

(3) 需要填写空白栏且空白栏后有备选项的，在空的栏中填好选定的内容后，对未选的内容应画斜线表示删除；合同条款有空白栏，但根据实际情况不需要填写内容的，应加盖"此栏空白"字样的印章。

(4) 授信合同应使用统一的格式合同，对单笔授信有特殊要求的，可以在合同的其他约定事项中约定。

2. 授信合同的审核

授信合同填写完毕后，填写人员应及时将合同文本交给复核人员进行复核。一笔授信的合同填写人与合同复核人不得为同一人。

(1) 格式合同的审核要点：①该格式合同制定以来，国家关于银行授信工作的法律、法规、政策和规范是否有重大变化，是否需要对该格式合同做整体性的修改；②合同的填写应符合制定格式合同时的使用说明，已确定内容应填写完整，空白处应画线删除；③授信合同载明的授信金额、币种、期限、授信用途等内容必须与授信审批表、担保合同、借据等相关文件保持一致，合同条款填写齐全、准确，文字表达清晰，主从合同及附件齐全等；④办理借新还旧授信的，均应重新设置担保，签订担保合同；⑤借款人、担保人的法定代表人或主要负责人的签章应与工商行政管理机关或其他有权机关颁发的借款人主体资格证明的记载内容一致；⑥如果有最高额担保的，该笔授信业务的债权数额应在最高额担保约定的最高债权额度尚未使用的余额之内。

(2) 非格式合同的审核。对于非格式合同，应经过管辖行或直属行的法务部门审查批准并附有法律意见书。

合同复核人员应就复核中发现的问题及时与合同填写人员沟通，并建立复核记录。商业银行通常要求合同填写人与复核人在每页合同的下角签章，表明对合同内容负责。

3. 授信合同的签订

授信合同填写并复核无误后，授信人应负责与借款人(包括共同借款人)、担保人(抵押人、出质人、保证人)签订合同。签订合同时需要注意以下几点。

(1) 履行充分告知义务。在签订有关合同文本之前，应履行充分告知义务，告知借款人(包括共同借款人)、保证人等合同签约方与合同内容、权利义务、还款方式及还款过程有关的注意事项等。

(2) 鉴证签章。商业银行市场部或法务部人员须当场监督借款人、保证人、抵押人、质押人等签章。借款人、保证人为自然人的，应在当面核实身份证明文件之后，由签约人当场签字；如果签约人委托他人代替签字，签字人必须出具委托人委托其签字并经公证的委托授权书。借款人、保证人为法人的，签字人应为其法定代表人或授权委托人，授权委托人也必须提供经公证处公证的有效书面授权委托书。签章后，商业银行应核对预留印鉴，确保签订的合同真实、有效。商业银行鉴证签字人应为两人或以上，鉴证签字后，在合同签字处加盖见证人名章或签字。采取抵押或质押等担保方式的，应要求抵押物或质押物共有人在相关合同文本上签字。

(3) 有权签字人审查。借款人、担保人等签字或盖章后，商业银行应将有关合同文本、授信调查审批表和合同文本复核记录等材料送交银行有权签字人审查，有权签字人审查通过后在合同上签字或加盖按个人签字笔迹制作的个人名章，之后按照用印管理规定加盖商业银行授信合同专用章。

(4) 合同公证。商业银行可根据实际情况决定是否办理合同公证。

(5) 合同编号管理。商业银行合同管理部门对授信合同进行统一编号，并按照合同编号的顺序依次在授信合同登记簿上登记。合同管理部门应将统一编制的授信合同号填入授信主合同和从合同中，主、从合同的编号必须相互衔接。

三、授信主合同和从合同

根据两个或者多个合同相互间的主从关系，可将合同分为主合同与从合同。主合同是指不需要其他合同的存在即可独立存在的合同，这种合同具有独立性。从合同又称附属合同，是指以其他合同的存在为其存在前提的合同。商业银行授信业务中，借款合同为主合同；相对于借款合同来说，抵押合同、质押合同、保证合同、定金合同等为从合同。从合同的存在是以主合同的存在为前提的，故主合同的成立与效力直接影响从合同的成立与效力；反之，从合同的成立与效力不影响主合同的成立与效力。

(一) 主合同——借款合同

借款合同是当事人约定一方将一定种类和数额的货币所有权移转给他方，他方于一定期限内返还同种类同数额货币的合同。其中，提供货币的一方称为授信人，受领货币的一方称为借款人。

借款合同主要包括当事人名称、授信种类、币种金额、资金用途、授信期限、授信利率费率及利息计收方式、提款先决条件、还款资金来源及还款方式、提前还款条款、担保方式、违约、合同的变更和解释、争议、管辖和放弃豁免、合同生效条件及有效期、其他条款等内容。

(二) 从合同——担保合同

担保合同是指为促使债务人履行其债务，保障债权人的债权得以实现，而在债权人(同时也是担保权人)和债务人之间，或在债权人、债务人和第三人(担保人)之间协商形成的，当债务人不履行或无法履行债务时，以一定方式保证债权人债权得以实现的协议。

1. 担保合同的主要特征

1) 从属性

从属性又称附随性、伴随性。担保合同的从属性主要表现在以下四个方面。

(1) 成立上的从属性，即担保合同的成立应以相应的合同关系的发生和存在为前提，而且担保合同所担保的债务范围不得超过主合同债权的范围。在授信合同中，应先有主合同即借款合同，然后才有从合同即担保合同，担保合同不能独立存在。

(2) 处分上的从属性，即担保合同应随主合同债权的转移而转移。

(3) 消灭上的从属性，即主合同关系消灭，为其设定的担保合同关系也随之消灭。

(4) 效力上的从属性，担保合同的效力依主合同而定。担保合同可以与主合同同时订立，也可以是主合同订立在先，担保合同随后订立。

2) 补充性

担保合同的补充性是指合同债权人所享有的担保权或者担保利益。担保合同的补充性主要体现在以下两个方面。

(1) 责任财产的补充，即担保合同一经有效成立，就在主合同关系的基础上补充了某种权利、义务关系，从而使保障债权实现的责任财产得以扩张，或使债权人就特定财产享有了优先权，增强了债权人的债权得以实现的可能性。

(2) 效力的补充，即主合同关系因适当履行而正常终止时，担保合同中担保人的义务并不实际履行，只有在主债务不履行时，担保合同中担保人的义务才会履行，使主债权得以实现。

3) 相对独立性

担保合同的相对独立性是指担保合同能够相对独立于被担保的合同债权而发生或者存在。担保合同的相对独立性主要表现在以下两个方面。

(1) 发生或存在的相对独立性，即担保合同也是一种独立的法律关系。担保合同的成立与其他合同的成立一样，须有当事人的合意或者依照法律的规定而发生，与被担保的合同债权的成立或者发生分属于两个不同的法律关系，受不同的法律调整。

(2) 效力的相对独立性，即依照法律的规定或者当事人的约定，担保合同可以不依附被担保的合同债权而单独发生效力，此时，被担保的合同债权不成立、无效或者失效，对已经成立的担保合同的效力不发生影响。此外，担保合同有自己的成立、生效要件和消灭的原因，而且，担保合同不成立、无效或者消灭，不影响其所担保的合同债权。

2. 担保合同的种类及内容

1) 抵押合同

抵押合同的主要内容包括：抵押人及授信人的全称、住所、法定代表人；被担保的主债权种类、金额；主合同借款人履行债务的期限；抵押物的名称、数量、质量、状况、所在地、所有权权属或者使用权权属；抵押担保的范围；抵押物的登记与保险；双方的权利和义务；违约责任；合同的生效、变更、解除和终止；当事人认为需要约定的其他事项。

2) 质押合同

质押合同的主要内容包括：质押人及授信人的全称、住所、法定代表人；被担保的主债权种类、金额；主合同借款人履行债务的期限；质物的名称、数量、质量、状况；质押担保的范围；质物移交的时间性；当事人认为需要约定的其他事项。

3) 保证合同

保证合同的主要内容包括：保证人及授信人的全称、住所、法定代表人；被保证的主债权种类及数额；主合同借款人履行债务的期限；保证方式、保证范围及保证期间；双方的权利和义务、违约责任；合同的生效、变更、解除和终止；双方认为需要约定的其他事项。

(三) 担保的分类

从理论上来讲，依据标的划分，担保可分为人的担保和财产担保两大类。

1. 人的担保

人的担保也叫信用担保，是以债务人以外的第三人的信用作为保证，担保债务人履行债务。债务人不履行债务时，由担保人以其一般财产负责清偿。这种担保方式实质上是把履行债务的主体及其财产范围由债务人扩展至第三人，在债务人的全部财产之外，又附加上第三人的全部财产，以增加债权人受偿的机会。

人的担保的最典型的形态是保证，即由债务人以外的第三人作为保证人，在债务人不履行债务时，保证人承担履行责任或连带责任。人的担保是基于人身信任而发生，是赋予债权人的债权性的财产请求权。

2. 财产担保

财产担保是指债务人或者第三人以其自身的特定财产作为债务履行的保障。如果债务人不履行债务，债权人可以通过处分用于担保的财产而优先得到清偿。财产担保实质上就是担保物权，主要有以下几种。

(1) 法定担保和约定担保。这是根据设定方式不同划分的。法定担保是直接由法律规定的担保，如加工承揽关系中的留置权，留置的担保方式是根据法律规定直接产生的，不能由当事人自行约定；约定担保是由当事人自行约定的担保，即根据当事人的意志自主决定是否设立担保以及设立何种担保，如抵押权、质权。

(2) 占有性担保和非占有性担保。这是根据设定担保时是否转移担保物的占有状态划分的。占有性担保要求转移担保物的占有状态，以强化担保效果，如质押、留置，主要有动产或权利担保。在债权人占有担保物的情况下，本身就足以表明其公示性，即动产或权力以占有为公示，故称为不登记担保。非占有性担保不转移物的占有，仅以获得债权的优先受偿为满足，如抵押，主要有动产、不动产担保。由于不转移标的物的占有并且其标的为不动产或动产，因而不经登记无法起到公示作用，故称为登记担保。

【案例透析】7.1 贷款到期，保证人更换不当，造成贷款风险加大

M公司是某县驻S市企业，以经营贸易为主，2015年年初注册后并没有开展多少业务。2015年8月，该公司向H银行申请流动资金贷款300万元，期限9个月，由R公司提供担保。申请贷款前M公司曾私下答应提供担保的R公司，允许其使用一部分贷款。但贷款实际出账后，R公司并未得到。为此R公司曾闹到H银行，要求撤回担保。由于贷款已出账，H银行没有同意R公司撤回担保的要求。

M公司实际上是一家无正常业务的皮包公司，取得贷款后没有用于开展正当的业务，而是用于大肆挥霍和私人挪用，可想而知贷款到期后难以按期归还。

贷款到期后，H银行已经找不到M公司的办公地址，其法人代表也经常在外地见不到面。于是H银行找到担保单位R公司追讨债务。R公司提出当时是由于M公司骗取R公司提供担保，因此，不愿承担担保责任。H银行向R公司提出，如果R公司不承担担保责任代为还款，H银行将诉讼于法律。在此压力下，R公司多次找到M公司的法人代表交涉，并施加种种压力。贷款逾期后4个月，M公司找到H银行，要求更换担保单位办理该笔贷款的借新还旧手续。H银行在要求M公司支付20多万元欠息后同意由更换后的S公司担保办理了借新还旧手续。期限6个月。该笔贷款于2017年又重新到期。经信贷员反复追讨，借款企业找不到人，担保企业已濒临倒闭。该笔贷款实际上已形成呆帐损失。

启发思考：分析形成呆账的原因有哪些?

任务二 保证担保贷款

■ 学生的任务

了解保证担保及其特征；熟悉保证担保的操作流程；掌握保证担保的操作步骤。

■ 教师的任务

指导学生学习保证担保的特征和主要的保证方式，以及保证贷款涉及的法律关系。

任务导入

伪造担保企业公章诈骗贷款

J公司是一家经营各类实业的民营公司，2015年10月该公司法人代表曹某通过各种关系找到某银行W支行，要求贷款人民币3 000万元投资房地产项目，由P公司提供担保，经客户经理调查，该房地产项目地理位置尚可，但项目刚刚完成三通一平(建设项目在正式施工以前，施工现场应达到水通、电通、道路通和场地平整等条件)，资金缺口较大，担保单位实力不够，因此没有同意该笔贷款。事过1个多月后，曹某又找到W支行，说可以帮助拉到3 000万元存款存在该支行，并做出贷款不还存款不提走的承诺，同时加上P公司担保，W支行考虑到有存款作为质押，同时加上P公司担保，风险不是太大，于是同意了该笔贷款，并签订了贷款合同，期限10个月。

贷款到期后，客户经理上门到J公司催收，J公司表示房地产项目仍在建设之中，要求延缓几个月时间还款，贷款到期的同时，与该笔贷款相关的引存款也到期，存款客户要求提款，W支行拿出存款客户和J公司签署的承诺书，指出在贷款未还清之前不同意提走存款，但由于承诺书文字在法律上不严密，存款客户拒绝承担还款责任，W支行无奈只好让客户将存款逐步提走。

在此情况下，W支行上门找保证人P公司追索还款连带责任，客户经理找到P公司后，P公司感到震惊，表示P公司从未出具任何手续为J公司贷款提供担保，经核对所有担保手续，发现保证人的签字和盖章全是伪造的。由于担保单位不承担责任，借款人又无力还款，因此该笔贷款存在很大风险，为了化解风险，W支行多次找到J公司法人代表曹某，督促其办理在建房地产项目的房地产代用证，用该证办理了房地产楼花抵押手续，使风险得到一定程度转化。

分析客户经理的错误有哪些？

知识准备

一、保证担保及其特征

保证是指保证人和债权人约定，当债务人不履行债务时，保证人按照约定履行债务或者承担责任的行为。保证法律关系中的当事人有：为债务人履行债务而做担保的第三人，称为保证人；被担保的债务人，称为被保证人；债权人。保证授信是商业银行按照《中华人民共和国担保法》(以下简称《担保法》)及《中华人民共和国物权法》(以下简称《物权法》)规定的保证方式，由第三人承诺在授信人不能偿还贷款或履行义务时，由其按约定承担连带责任的一种授信形式。

保证担保具有以下特征：保证是一种人的保证；保证人为债务人以外的第三人；保证人必须具有代为清偿的能力；保证人履行义务不具有必然性。

保证授信对借款人或义务人来说能发挥一种微妙的心理作用，这是因为授信保证通常是由借款人或义务人的股东、所有人、高级管理人员或关联机构提供的，它能够增强有关人员的个人责任感，时刻提醒他们对借款人或义务人所承担的义务要承担一定的责任，因此，保证人就会努力督促借款人或义务人稳健经营并获得足够的利润。

二、保证担保的方式

保证担保的方式有一般保证、连带责任保证和共同保证三种。

1. 一般保证

当事人在保证合同中约定，债务人不能履行债务时，由保证人承担责任的为一般保证。一般保证的保证人在主合同的纠纷未经审判或者仲裁，并就债务人财产依法强制执行仍不能履行债务前，可以对债权人拒绝承担保证责任，但有下列情况之一的，保证人不得拒绝承担保证责任：债务人住所变更，致使债权人要求其履行债务发生重大困难的；人民法院受理债务人破产案件，中止执行程序的；保证人以书面形式放弃拒绝承保的权利的。

2. 连带责任保证

当事人在保证合同中约定保证人与债务人对债务承担连带责任的，为连带责任保证。连带责任保证的债务人在主合同规定的债务履行期届满没有履行债务的，债权人可以要求债务人履行债务，也可以要求保证人在其保证范围内承担保证责任。如果当事人对保证方式没有约定或者约定不明确的，按照连带责任保证承担保证责任。

一般保证和连带责任保证的区别：一是保证人承担的责任不同。一般保证的保证人一般在强制执行借款人财产，借款人"不能"还款时承担保证责任；而连带责任保证的保证人在借款合同期满借款人未还款时就要承担保证责任。二是保证合同的诉讼时效中断不同。一般保证中，贷款的诉讼时效中断，保证债务的诉讼时效中断；而连带责任保证中，贷款的诉讼时效中断，保证债务的诉讼时效并不中断。三是保证人享有的抗辩权不同。一般保证的保证人享有先诉抗辩权和免责抗辩权；而连带责任保证的保证人只享有抗辩权，不享有先诉抗辩权。四是保证人在诉讼中的地位不同。在借款担保合同纠纷中，一般保证的保证人只能列为共同被告；而连带责任保证的保证人既可以列为共同被告又可以列为单独被告。

3. 共同保证

同一债务有两个以上保证人的，称为共同保证。在共同保证中，保证人应按照保证合同约定的保证份额承担保证责任。没有约定保证份额的，保证人承担连带责任，债权人可以要求任何一个保证人承担全部保证责任，保证人都负有担保全部债权实现的义务。已经承担保证责任的保证人，有权向债务人追偿，或者要求承担连带责任的其他保证人清偿其应当承担的份额。

三、保证担保的范围

保证担保的范围分为法定范围和约定范围。

1. 法定范围

我国《担保法》规定的法定担保范围如下。

(1) 主债权，是指由借款合同、银行承兑协议、出具保函协议书等各种信贷主合同所确定的独立存在的债权。

(2) 利息，是指由主债权所派生的利息。

(3) 违约金，是指由法律规定或合同约定的债务人不履行或不完全履行债务时，应付给商业银行的金额。

(4) 损害赔偿金，是指债务人因不履行或不完全履行债务给商业银行造成损失时，应向商业银行支付的补偿费。

(5) 实现债权的费用，是指债务人在债务履行期届满而不履行或不完全履行债务，商业银行为实现债权而支出的合理费用，一般包括诉讼费、鉴定评估费、公证费、拍卖费、变卖费、执行费等。

2. 约定范围

保证合同另有约定的，即为约定范围。如果当事人对保证担保的范围没有约定或者约定不明的，保证人应当对全部债务承担责任。

四、保证担保的操作

商业银行授信业务营销部门的经办人员具体负责授信担保业务的申请工作，具体包

括受理与调查、审查与审批、签订保证合同、授信后管理四个阶段。

(一) 受理与调查

此阶段包括申请与受理、调查与分析两个环节，最终形成调查分析评价报告。

1. 申请与受理

申请与受理环节包括客户申请、资格审查、提交材料和初审材料四个步骤。

1) 客户申请

客户申请做保证人一般有两种方式：客户主动申请和客户经理主动营销。客户主动申请时，客户经理应做到以下两点。

(1) 判断担保客户的代偿能力。客户经理要凭经验迅速判断该客户的代偿能力，同时，还要了解该客户是否为本行退出客户。

(2) 介绍本行授信担保业务的政策。客户经理应通晓业务，熟练掌握各类授信担保业务的政策，提高主动营销意识和营销层次。我国的金融市场已从卖方市场变为买方市场，闭门等客只能使银行丧失客户资源和更多发展机会。对于具有发展潜力，而一时又难以找到合适担保人的借款人，银行也可以利用自己的特殊地位，酌情为客户介绍保证人，以获取优质客户资源，为银行铺设一条可持续发展之路。

2) 资格审查

受理人员对保证人进行资格审查，资格审查的内容主要包括以下两个方面。

(1) 按照《贷款通则》和《担保法》的要求，审核保证人的资格要求和基本条件。

(2) 客户向银行借款，保证人提供担保，除了要符合《贷款通则》和《担保法》的要求外，还要符合国家的授信政策和贷款银行制定的担保标准。每个商业银行都建立了授信和担保的准入机制，对担保客户所属行业、类别和经营状态进行严格的进入核准。只有既符合《贷款通则》和《担保法》的要求，又符合国家的授信政策和贷款银行制定的担保标准，则该担保客户才有可能获得担保准入。

✈ 【视野拓展】7.2　　保证人的资格要求和基本条件

我国《担保法》对保证人的资格做了明确的规定，只有具有代主债务人履行债务能力及意愿的法人、其他组织或者公民才能做保证人。这一规定可以理解为：第一，保证人必须是具有民事行为能力的人，只有具有行为能力的人所从事的法律行为才有效；第二，保证人必须具有代为履行主债务的资力。

1. 法人和其他组织作为保证人的资格要求和基本条件

(1) 法人和其他组织作为保证人的资格要求。经商业银行认可的具有较强代为清偿能力的、无重大债权债务纠纷的以下单位可以接受为保证人：

① 金融机构；

② 从事符合国家法律、法规的生产经营活动的企业法人；

③ 从事经营活动的事业法人;

④ 其他经济组织,其他经济组织主要包括:依法登记领取营业执照的独资企业、合伙企业,依法登记领取营业执照的联营企业,依法登记领取营业执照的中外合作经营企业,经民政部门核准登记的社会团体,经核准登记领取营业执照的乡镇、街道、村办企业。

(2) 法人和其他组织作为保证人的基本条件如下:

① 企业法人或非法人组织充当保证人必须持有有效的企业法人营业执照或营业执照,事业单位或社会团体充当保证人必须领取事业单位法人证书或社会团体法人登记证书;

② 依照法律及有关规定办理了工商、税务、贷款卡、组织机构代码证等注册及年检手续;

③ 合法经营、管理规范,无重大的内部或外部纠纷,近三年来无不良信用记录;

④ 实力较强,经营状况良好,具备较强的抗风险能力,资产负债率低于70%,保证人对外担保总额不超过其最高保证能力;

⑤ 信誉良好,信用等级为AA级以上;

⑥ 保证人财产属本人所有,易变现、能保值;

⑦ 能接受银行的信贷检查和监督,按时向银行提供真实的生产、经营、管理、财务及对外担保等信息资料。

2. 自然人充当保证人的资格要求和基本条件

自然人是指具有民事能力和代为清偿债务能力的公民。自然人充当保证人应当符合的基本条件如下:

① 拥有中华人民共和国国籍;

② 具有完全民事行为能力;

③ 有合法的居留身份;

④ 有固定的住所;

⑤ 有合法收入来源和充足的代偿能力;

⑥ 无贷款逾期、欠息、信用卡恶意透支等不良信用记录。

3. 保证人的资格与条件限制

(1) 保证人的资格限制。商业银行不可接受下列单位作为保证人:

① 国家机关,但经国务院批准为使用外国政府或者国际经济组织贷款进行转贷的除外。

② 以公益为目的的事业单位、社会团体,包括学校、幼儿园、医院、科学院、图书馆、广播电台、电视台等。

③ 无企业法人的书面授权或者超出企业法人书面授权范围提供保证的企业法人的分支机构。

④ 企业法人的职能部门。

⑤ 商业银行的分支机构、全资附属企业,总行另有规定的除外。

⑥ 有限责任公司和股份有限公司不宜充当本公司股东或者其他个人的保证人。我国《公司法》规定:"董事、经理不得以公司财产为本公司的股东或者其他个人债务提供担

保。"此外，中国证券监督管理委员会发布的《关于上市公司为他人提供担保有关问题的通知》也规定："上市公司不得以公司资产为本公司股东、股东的控股公司、股东的附属企业或者个人债务提供担保。"

⑦ 不具有法人资格和偿债能力的主管部门和行政性公司也不得作为保证人。

(2) 保证人的条件限制。商业银行一般不得接受下列人员的保证担保：

① 法定代表人、董事或高级管理人员所在公司有过破产、逃废银行债务等行为的；

② 有拖欠银行贷款本息等不良信用记录的；

③ 有赌博、吸毒等不良行为或犯罪记录的，但过失行为除外；

④ 银行认为不适宜提供保证担保的其他人员。

3) 提交材料

保证人应提交的材料如下。

(1) 担保意向书。担保意向书即保证人同意承担保证责任担保的合法有效证明文件，文件中应对保证人的保证责任做出明确表示。担保意向书必须具备以下内容：被保证人名称，保证的信贷类别、币种、金额、期限等。担保意向书上应加盖公章，并由法定代表人(负责人)或授权代理人签字盖章。

(2) 经工商行政管理部门年检合格的法人营业执照副本。保证人如为企业法人的分支机构，在提供营业执照副本的同时，应提供企业法人的书面授权委托书(原件)。授权委托书必须具备以下内容：授权代理人全称，保证的信贷类别、币种、金额、期限等。授权委托书上应加盖法人公章，并由法定代表人签字。

(3) 法定代表人(负责人)或其授权代理人的身份证明文件。

(4) 股份有限公司、有限责任公司、中外合资企业、具有法人资格的中外合作企业担任保证人的，应查阅该公司或企业的章程，确定有权就担保事宜做出决议的机关是股东会还是董事会(或类似机构)。保证人须提供有权做出决议的机关做出的关于同意出具保证担保的文件、决议或其他具有同等法律效力的文件或证明(包括但不限于授权委托书、股东会决议、董事会决议)。

(5) 保证人经济情况的证明。保证人最近一期的财务会计报表及近三年经审计的财务会计报表和审计报告。成立不足三年的企业应提供与其成立年限相当的财务和会计报表和审计报告。

(6) 中国人民银行颁发且年审合格的贷款卡。

(7) 税务部门年检合格的税务登记证明。

(8) 董事会决议或职工代表大会决议。说明授信担保事项是集体意志，而非个人行为。例如某企业用车辆抵押贷款，需全体职工同意并出具相关的书面证明，否则在处置时会产生由于职工不同意而不能的情况。

(9) 须提供经具有法律效力的有关部门或会计(审计)事务所审计的有关近三个年度的财务报告。

(10) 自然人保证人提供的资料，如有效身份证明、有关资信状况证明等。

(11) 授信银行认为需要提供的其他有关资料。

债务人应在提交的授信业务申请书上写明所采用的保证担保方式和保证人全称，并提供保证人的相关材料。

4) 初审材料

初审材料主要从法律文书的规范性和严谨性上进行审查，即按照现行法律、法规、规章制度和业务管理办法，对保证人的主体资格、意思表示、授权情况及其他相关手续和文件进行审查，确定其真实性、完整性、合法性和有效性，并要符合金融监管机关和总行的有关业务规定。

2. 调查与分析

此环节包括担保客户的调查审核、确定担保总额和撰写担保评价报告三个步骤。

1) 客户的调查审核

接到贷款申请和相关资料后，商业银行授信业务调查人员应根据国家法律、法规、有关方针政策，本行的业务发展规划、风险战略、授信制度，以及确定的目标客户及可受理客户的基本要求，对提出贷款担保申请的客户进行调查审核。

(1) 调查审核保证人的资格。保证人应是具有代为清偿能力的企业法人或自然人，企业法人应提供其真实营业执照及近期财务报表；保证人为有限责任公司或股份制企业的，其出具担保时，必须提供董事会同意其担保的决议和有相关内容的授权书。应尽可能避免借款人之间相互担保或连环担保，对有关联关系的公司之间的相互担保一定要慎重考虑。对业务上互不关联的公司担保要分析其提供担保的原因，警惕企业通过复杂担保骗取银行贷款。

(2) 分析保证人的保证实力。保证人的财务实力是保证人履约的基础，仅有履约愿望而无财务实力的保证人并不能真正履行保证责任。影响保证人偿债能力的因素与影响借款人偿债能力的因素基本一致，主要包括保证人的财务状况、现金流量、或有负债、信用评级，以及保证人目前所提供保证的数量和金额，银行必须充分掌握这些信息才能准确分析保证人是否有履行担保义务的能力。

(3) 核保。为了防范保证授信业务的风险，还要做好核实保证工作。核实保证简称核保，是指核实保证人提供的保证是否是在自愿原则的基础上达成的，是否是保证人真实意思的表示。强制提供的保证，保证合同无效。需要强调的是，核保必须双人共同完成，尤其是对于初次建立信贷关系的企业，更应强调双人实地核保的制度。一人核保有可能被保证人蒙骗，或与企业勾结出具假保证，而双人核保能起到制约作用。

企业法人核保的要点如下。

① 核实法人和法人代表签字印鉴的真伪。在保证合同上签字的人须是有权签字人或经授权的签字人，要严防假冒或伪造的签字。核保人必须亲眼看见保证人在保证文件上签字盖章，并做好核保证实书，留银行备查。如有必要，也可将核保工作交由律师办理。

② 核实保证人出具的保证文件的合法性和有效性。一是企业法人出具的保证是否

符合该企业章程规定的宗旨或经营范围，已规定不能对外担保的，商业银行不能接受为保证人。二是股份有限公司或有限责任公司的企业法人提供的保证，需要取得董事会决议同意或股东大会同意。未经上述机构同意的，商业银行不应接受为保证人。三是中外合资、合作企业的企业法人提供的保证，需要提交董事会出具的同意担保的决议及授权书、董事会成员签字的样本，同时提供由中国注册会计师事务所出具的验资报告或出资证明。

③ 核实保证人的信用记录及履约情况。主要了解保证人账户开立情况、还本付息记录、交易合同履行情况和涉及诉讼情况等，判断分析保证人履行代偿责任的意愿。其中最重要的是保证人在以往的保证中所表现的保证能力，了解其履约行为是出于自愿还是银行采取法律诉讼或其他行动的结果。如果保证人没有履行过去的保证义务，并且没有明确证据表明其愿意履行保证义务，就应对保证的有效性持审慎的态度。

④ 核实保证人的履约动机及其与借款人之间的关系。保证人以其自身的财产和信誉为借款人承担经济和法律上的责任，即承担与借款人相同的还款责任，因而在分析保证的有效性时，有必要掌握保证人履约的经济动机及其与借款人之间的关系。

【视野拓展】7.3　保证人履约的经济动机、保证人与借款人之间的关系

1. 保证人履约的经济动机

保证人履约的经济动机包括：一是保证人已经部分履行了保证义务；二是保证人在贷款项目上有相当比例的投资份额；三是保证人的建设项目与贷款项目是交叉抵押的，或者是与这笔贷款混合在一起；四是保证是以某项变现能力很强的财产作为反担保，同时该项财产又在保证人的控制之下。

2. 保证人与借款人之间的关系

实务中，保证人主要为借款企业的股东、合伙人、母公司和有业务往来的公司。在大多数情况下，银行会要求借款人的合伙方为合伙企业提供贷款保证，股东或高级管理人员为借款人公司提供贷款保证，母公司为子公司提供贷款保证。对于借款人是合伙企业的情况，尽管合伙方要为借款人的债务承担完全的责任，但是银行仍可以要求借款人的每个合伙方为贷款提供保证，这种保证能够提醒借款人的合伙方牢记对外偿债的义务，并有助于在出现司法诉讼的情况下明确银行对合伙人的个人财产的追索权。如果借款人是一个独立法人，除非借款人的股东与银行签署一份保证，否则它对借款人的债务不承担偿还的义务。所以，在发放贷款时，银行应要求借款人的股东或高级管理人员对贷款提供保证。对于借款人是集团公司的情况，银行应要求借款人的母公司为贷款提供保证，这种保证可以将借款人与其母公司的利益更紧密地联系在一起，使母公司对借款人给予更多的关注。

总之，保证人与借款人之间往往存在不同程度的经济利益关系。授信人员尤其要注意完全依赖保证担保的贷款，掌握保证人和借款人对贷款的关心程度。

2) 确定担保总额

确定担保总额包括确定最高保证能力、确定最高对外担保额度和保证率的计算。

(1) 确定最高保证能力。保证人对外担保总额的准确掌握是银行债权第二还款来源的根本保障。理论上来说，保证人对外担保总额不应超过其最高保证能力。保证人最高保证能力与对外担保信用总额之比称为保证能力倍数，该指标应大于等于1。

实务中，企事业法人和独资企业、合伙企业、联营企业、中外合作经营企业为保证人的，其最高保证能力为

最高保证能力=保证人的有效资产总额－保证人的总负债及保证人为他人设定抵押或质押的资产－保证人债务纠纷涉及的金额

有效资产总额=资产总额－摊销费用－待处理资产损失－两年以上各类应收账款－应收股东欠款－资产评估增值不合理部分

保证人债务纠纷涉及的金额不含为他人抵押或质押发生纠纷涉及的额度。此外，部分银行还采用经验公式确定最高保证能力，即

最高保证能力≤保证人近三年年平均经营性现金净流量的3～5倍

自然人的最高保证能力一般不超过其年度纯收入。

(2) 确定最高对外担保额度。银行在准确测算保证人的最高保证能力的基础上，再结合保证人的未来财务状况变化、信用状况、发展前景、管理层经营管理能力等因素来最终确定保证人的最高对外担保额度。

特别提示：如果一个保证人的保证能力不足，银行可以要求提供多个保证人或其他担保方式。

(3) 保证率的计算。确定最高对外担保额度后，还应计算保证率，进一步衡量保证担保的充足性。保证率的计算公式为

$$保证率=\frac{申请保证担保授信额}{可接受保证限额}100\%$$

3) 撰写担保评价报告

经评价符合保证人条件的，由授信人员撰写担保评价报告，随授信业务审批材料一并报送审查评价人员。如不符合条件，应及时将保证人材料退还，并要求债务人另行提供保证人或其他担保方式。

(二) 审查与审批

商业银行授信业务审查部门和授信业务审查委员会具体负责审查与审批工作。此阶段包括授信担保业务的审查与审批两个环节。

1. 授信担保业务的审查

商业银行授信业务审查部门的受理人员负责授信担保业务的合规性审查，包括：对客户经理提供的调查资料的真实性、全面性、合理性及初审意见进行分析、评价、认定和判断；为授信决策提供完整、准确、可靠的信息和依据。

此环节的重点是对报批材料的审查，主体资格审查，合法、合规性审查，代偿能力审查，授信担保风险审查。

审查部门的受理人员审查保证人的材料和《商业银行担保评价报告》后，签署审查意见。

2. 授信担保业务的审批

商业银行授信担保审批部门有专职审批人员负责审批。

商业银行授信担保决策做出后，授信担保条件发生变更的，商业银行应依有关法律、法规或相应的合同条款重新决策或变更授信担保。

(三) 签订保证合同

商业银行的法律合规部门和授信担保业务营销部门具体负责签订保证合同的工作。

商业银行经过对保证人的调查核保，认为保证人具备保证的主体资格，同意授信后，在签订授信合同的同时还要签订保证合同。保证合同是授信合同的从合同，随授信合同的产生而产生，随授信合同的解除而解除。

(四) 授信后管理

商业银行授信担保业务营销部门的经办人员具体负责保证担保业务授信后管理工作。此阶段的重点包括授信后检查和担保债权的实现两个环节。

1. 授信后检查

授信保证的目的是为被授信人履约提供支持，因此，银行对客户授信后，除应加强对被授信人的管理外，还应强化对保证人的监管。银行应特别注意保证的有效性，并在保证期内向保证人主张权利。授信人员应定期对保证人进行检查，检查的重点如下。

1) 保证人代偿能力的变动情况

保证人的财务状况(如现金流量、或有负债、信用评级等)的变化直接影响其担保能力。银行应以对待借款人的管理措施对待保证人，监控保证人的经营状况是否变差，或其债务是否增加，包括是否向银行借款或为他人提供担保。

2) 保证的法律效力

银行与被授信人协商变更授信合同应经保证人同意，否则可能会导致保证无效。例如，借款人因不能按期归还贷款而要求展期的，应取得保证人书面同意。展期批准后，借款人、银行和保证人应重新签订保证担保合同，否则保证可能落空。因此，除事前有书面约定外，银行对借款人有关合同方面的修改，都应取得保证人的书面意见。

3) 保证人的保证意愿

良好的保证意愿是保证人提供担保和准备履行担保义务的基础，应密切注意保证人的保证意愿是否出现改变的迹象。例如，保证人和借款人的关系是否出现变化，保证人是否出现试图撤销和更改担保的情况。应分析其中的原因，并判断贷款的安全性是否受到实质影响，并采取相关措施。同时，应注意保证人的性质变化，保证人性质的变化会导致保证资格的丧失。

2. 担保债权的实现

银行应督促保证人履行保证合同规定的各项义务，发现保证人出现财务状况恶化和经营管理异常情况而影响保证人履行保证责任的，如宣告撤销、破产、关停等，银行应及时采取信贷手段、法律手段和其他手段以实现债权。

1) 信贷手段

信贷手段主要是督促保证人限期整改或要求借款人提供新的担保，如果借款人拒绝更换保证人或拒绝提供新的保证人，贷款行有权提前收回贷款本息。借款人不能按期归还贷款本息的，贷款行除需向借款人发出催收通知书外，还应书面通知保证人，要求保证人履行保证责任。

2) 法律手段

(1) 起诉。若借款人不归还贷款本息，同时保证人也拒绝履行保证责任，贷款行应在保证期间内以借款人、保证人为被告向法院起诉，以保全债权。

(2) 申请执行。保证人拒绝履行人民法院发出的具有法律效力的民事判决、裁定、调解书和支付令的，贷款行应于生效法律文书规定的履行期间的最后一日起6个月内向人民法院申请执行。

(3) 申请参与分配。已经取得执行依据但尚未申请执行的贷款行，在借款人已无财产可供执行，保证人也因全部或主要财产被人民法院查封、扣押或冻结而无其他财产可供执行或其他财产不足清偿全部债务时，应及时向该人民法院书面申请参与分配。

(4) 申请债权凭证。执行程序中，因借款人、保证人均暂无执行能力或人民法院采取各种强制执行措施所得的数额仍不足清偿债务，贷款行又不能提供被执行人下落和新的财产线索时，贷款行可以向人民法院申请债权凭证，待被执行人具备履行能力时再申请执行。

3) 其他手段

以保证保险为担保的，借款人未能按期履行借款合同项下还款义务时，贷款行应按照保险合同及保单载明的期限，备齐规定的索赔单证向保险人书面索赔，并按时领取应得的赔款。

【案例透析】7.2　　分析赵某是否承担偿还此款的担保责任

王某为了借款还债，向某信用社借款，信用社要求王某提供担保，王某找朋友赵某，谎称自己现在是某贸易公司业务员，公司正联系一笔木材生意，由于资金不足需向信用社借款10万元，一个月后收回贷款即可偿还，要求赵某为其借款做保证人。赵某与王某是小学同学，听王某说后便信以为真，即同意为王某向信用社借款10万元提供保证。王某借到款后随即逃跑了，没有留下任何财产。借款期满，信用社找不到王某，要求保证人赵某还款。赵某又找到某贸易公司，才知王某根本不是该公司的业务员，该公司也没有做木材生意。因此，赵某认为自己是受王某欺骗而做保证人的，不肯承担偿还此款的担保责任。

启发思考：保证人受被保证人欺诈而提供担保，所签订的保证合同是否有效？

五、保证担保贷款的主要风险

1. 保证人不具备担保资格

担保人不能为国家机关、以公益为目的的事业单位或企业法人的职能机构。

2. 保证人不具备担保能力

如果保证人没有能够代借款人清偿贷款的财产，或者有财产但不具有处分权，或者有处分权但无法变现清偿，则这样的担保形同虚设。

3. 虚假担保人

借款人以不同名称的公司向同一家银行的多个基层单位借款，而且相互提供担保，借款和担保人公司的法定代表人往往也是同一人兼任的，这样的贷款带有一定程度的诈骗性质，具有较大的风险性。

4. 公司互保

甲公司在申请借款时因银行要求，不得不寻找业务关系较为密切的乙公司作为其保证人，但乙公司因自身借款需要或者担心自己被卷入担保纠纷而遭受经济损失，故而反过来也要求甲公司为其向银行借款提供担保，这样就形成了甲乙公司之间的互保(互相保证)。这种行为在法律上并没有被禁止，但银行必须小心对待，因为互保企业只要其中一方出问题被其他银行追诉，另一方可能由于承担保证责任而出现问题。

5. 保证手续不完备，保证合同产生法律风险

办理一笔保证贷款通常需要保证人出具保证函，并与贷款银行签订保证合同，这些法律性文件都必须有法定代表人签字并加盖公章才能生效，银行方面需要核对签字与印章。但在操作中，可能出现有公章但未有法定代表人签字，或者有法定代表人签字但未加盖公章，或者未对上述签字盖章的真实性进行验证等重大遗漏。此外，还存在保证合同条款约定不明确，不符合法律法规的要求等一系列问题，这些都使保证合同存在重大隐患，甚至可能导致合同无效。

6. 超过诉讼时效，贷款丧失胜诉权

有关诉讼时效问题，我国《民法通则》第一百三十五条明确规定："向人民法院请求保护民事权利的诉讼时效期间为2年，法律另有规定的除外。"第一百三十七条规定："诉讼时效期间从知道或者应当知道权利被侵害时起计算。"因此，就一笔保证贷款而言，如果逾期时间超过2年，2年期间借款人未曾归还贷款本息，而贷款银行又未采取其他措施使诉讼时效中断，那么该笔贷款诉讼时效期间已过，将丧失胜诉权。同样，就保证责任而言，如果保证合同对保证期间有约定，应依约定；如果保证合同未约定或约定不明，则保证责任自主债务履行期届满之日起6个月内，债权人未要求保证人承担保证责任的，保证人免除保证责任。

与信用授信相比，保证担保授信的风险减少了许多，银行债权的安全性也得到了一定程度的提高。但由于保证人拥有抗辩权，在许多情况下保证人都可以免责或者减责。因此，实务中，银行授信业务经营管理人员必须提高风险意识，谨慎运作，以免使银行资金遭受损失。

任务三　抵押担保贷款

■ 学生的任务

理解抵押担保的含义；了解抵押担保的范围；掌握抵押担保的操作步骤。

■ 教师的任务

指导学生独自办理授信抵押担保业务。

任务导入

分析S公司与银行签订的借款抵押合同是否有效

S公司为解决流动资金不足的问题，经常需要向银行申请借款。该公司除了拥有一幢评估价值约为5 000万元的办公楼之外，没有其他高价值的财产，但是，因为该公司用款的时间不易确定，用款数额也难以固定，每次办理借款的时间较紧，并且该公司又不具备信用借款的条件，办理保证贷款又难以找到合格的保证人，所以每次都用办公楼办理抵押借款，手续非常麻烦。

2013年5月21日，S公司与银行签订了一份最高额房地产抵押合同。合同约定：在5 000万元的最高贷款限额内，该公司以其办公楼对2013年6月1日—2016年6月1日连续发生的借款合同提供抵押担保。借款人履行债务的期限为每份借款合同约定的还款期限。同日，双方又签订了一份金额为2 100万元的借款合同，借款期限为2013年6月1日—2013年9月1日，并与最高额抵押合同一起，依法办理了抵押登记手续。2013年6月1日，银行发放了第一笔贷款，该笔借款到期后，S公司按约及时归还了借款本息。此后，S公司又与银行办理了金额分别为700万元和1 200万元的两笔借款，没有发生纠纷。

2014年11月15日，贷款银行与该公司签订了第四份借款合同，借款期限为2014年11月15日—2015年8月15日，并按约发放了2 500万元贷款。2015年6月10日，银行客户经理在贷后检查时发现，因W公司诉S公司3 500万元的货款纠纷一案，法院于2014年10月22日对作为最高额抵押物的办公楼实施了查封措施，后因S公司败诉，法院拍卖了S公司的办公楼。

以被依法查封的财产作为抵押，合同有效吗？

一、抵押担保及其特征

抵押是指债务人或者第三人不转移对财产的占用，将该财产作为债权的担保，当债务人不履行债务时，债权人有权按照规定以该财产折价或者拍卖、变卖的价款优先受偿。其中，债务人或者第三人为抵押人，债权人为抵押权人，提供担保的财产为抵押物。

抵押人是指为担保自己或他人履行债务，而向债权人提供抵押担保的人。

抵押权人对抵押物有控制、支配的权利。所谓控制权，表现在抵押权设定后，抵押人在抵押期间不得随意处分抵押物。所谓支配权，表现在抵押权人在实现抵押权时，对抵押物的价款有优先受偿的权利。所谓优先受偿，是指当债务人有多个债权人，其财产不足以清偿全部债权时，有抵押权的债权人优先于其他债权人受偿；

抵押担保具体以下特征。

(1) 抵押人可以是第三人，也可以是债务人自己。这与保证不同，在保证担保中，债务人自己不能作为担保人。

(2) 抵押物是动产，也可以是不动产。这与质押不同，质物只能是动产。

(3) 抵押人不转移抵押物的占有，抵押人可以继续占有、使用抵押物。这也与质押不同，质物必须转移为由质权人占有。

二、抵押担保的范围

(一) 法律规定可抵押的财产

依照《担保法》和相关法律的规定，可以抵押的财产包括以下几类。

(1) 抵押人所有的房屋和其他地上定着物。前者包括私有房产、集体所有房产和企事业单位投资建设的房屋；后者是指抵押人依法享有所有权的附着于地上的除房屋以外的不动产，如桥梁、隧道、林木、农作物等。

(2) 抵押人所有的机器、交通运输工具和其他财产。机器主要指作为生产工具的设备，如机床、通信设备和装卸机械等；交通运输工具是指能运载人或物的机械性运具，包括飞机、船舶、火车和各种机动车辆等；其他财产是指可以流通并适于抵押的其他动产，如商品、原材料和牲畜等。

(3) 抵押人依法有权处分的国有土地使用权、房屋和其他地上定着物。如果抵押人是以国有土地使用权抵押，抵押人必须对该土地使用权有处分权。如果是以固有房产为抵押，抵押人必须依法取得房屋所有权连同该房屋占用范围内的土地使用权。国有独资企业以重要资产作为抵押时，应取得上级有权机构的批准。但是，有经国务院授权行使资产所有者权利的，无须经国务院批准。

(4) 抵押人依法有权处分的国有机器、交通运输工具和其他财产。国有企业只有在国家授予其对经营管理的财产享有占有、使用和依法处分的权利时，才能以国有机器、交通运输工具和其他财产作为抵押物。

(5) 抵押人依法承包并经发包方同意抵押的荒山、荒沟、荒丘、荒滩等的土地使用权，以及乡(镇)、村企业的建筑物及其占用范围内的土地使用权。

(6) 依法可以抵押的其他财产，如矿业权、海域使用权、取得土地承包经营权或林权证等证书的农村土地承包经营权。

(二) 法律禁止抵押的财产

依照《担保法》和相关法律的规定，禁止抵押的财产包括以下几类。

(1) 土地所有权，包括国有土地的所有权和集体所有的土地所有权。因国家明令禁止国有土地流通，所以国有土地所有权不能抵押；集体所有的土地大多为农业用地，为发展农业生产，集体所有的土地也不得抵押。

(2) 耕地、宅基地、自留地、自留山等集体所有的土地使用权。国家为保护耕地，保障农业生产的发展，禁止以耕地做抵押；为避免出现农民无住所的情况，禁止以宅基地土地使用权做抵押；自留地、自留山能给农民提供基本生活资料，为了保护农民的利益，也禁止以自留地、自留山做抵押。

(3) 学校、幼儿园、医院等以公益为目的的事业单位、社会团体的教育设施、医疗卫生设施和其他社会公益设施。公益设施与社会公共利益密切相关，为了避免损害社会公共利益和社会公共福利，影响社会安定，禁止以公益单位的公益设施做抵押。

(4) 所有权、使用权不明或者有争议的财产。所有权、使用权不明或者有争议的财产表示该财产所有权、使用权归属不明确，抵押人对该财产没有处分权，不符合抵押财产的前提条件，不能作为抵押财产。

(5) 依法被查封、扣押、监管的财产。依法被查封、扣押、监管的财产表明原所有者已对该财产丧失了处分权，也不能作为抵押财产。

(6) 依法不得抵押的其他财产。例如，国家机关的财产；违法、违章、临时建筑物；已依法公告列入拆迁、改造范围的房地产和土地使用权；城市规划区内的集体所有土地；列入文物保护的建筑物和具有重要纪念意义的其他建筑物等。

⊗【教学互动】7.3

某企业名下房产的市场价值为1 000万元，企业以该房产为抵押物向甲银行贷款300万元，期限一年。一个月后，企业又以该房产为抵押物向乙银行贷款300万元，期限3个月，都办理了房产土地抵押登记手续。甲银行为第一抵押权人，乙银行为第二抵押权人。到期后，该企业贷款不能偿还，乙银行申请拍卖该房产，拍卖所得为500万元。

问： 房产拍卖后应如何清偿债务？

答： 先清偿甲银行的300万元贷款，剩余部分才能被乙银行受偿。

三、抵押担保的操作

抵押担保的操作具体包括受理与调查、审查与审批、签订抵押担保合同并进行抵押物登记与保险、授信后管理四个阶段。

(一) 受理与调查

商业银行授信业务营销部门的经办人员具体负责授信担保业务的客户申请受理、客户调查评价工作。此阶段包括申请与受理、调查与评价两个环节，最终形成抵押授信业务评价报告。

1. 申请与受理

申请与受理环节包括客户申请、资格和抵押物审查、提交材料和初审材料四个步骤。

1) 客户申请

客户在向商业银行提出授信申请时，客户经理应要求其提供担保方式意向。如采用抵押担保，则客户应提出抵押申请。

2) 资格和抵押物审查

客户经理应依据银行制度的规定及平时掌握的情况，对债务人提出的抵押人和抵押物进行初步审查与判断。

(1) 抵押人的资格审查。按照《贷款通则》《担保法》和本行的贷款政策、规定，审核抵押人的资格和条件。

(2) 对抵押物的审查。按照《贷款通则》《担保法》和本行的贷款政策、规定，审核债务人拟提供的抵押物是否可以抵押。

3) 提交材料

债务人应在提交的授信业务申请书上写明采用的抵押担保方式及抵押人全称，并向授信银行提供与抵押人有关的资料。

4) 初审材料

客户经理主要从法律文书的规范和严谨性上进行审查。即按照现行法律、法规、规章制度和业务管理办法，对抵押人的主体资格、意思表示、授权情况，抵押物的权属、清单以及其他相关手续和文件进行审查，确定其真实性、完整性、合法性和有效性，并符合金融监管机关和总行的有关业务规定。

2. 调查与评价

此环节包括对抵押物的认定和审核、抵押额度的确定和撰写抵押授信业务评价报告三个步骤。

1) 抵押物的认定和审核

主要从抵押物的真实性、合法性和有效性三方面进行认定和审核。

(1) 抵押物的真实性。授信人员应认真审查有关权利凭证，以房地产做抵押的，要对房地产进行实地核查。

(2) 抵押物的合法性。授信人员应严格依照相关法律审查抵押物，防止以法律禁止抵押的财产作为抵押。

(3) 抵押物的有效性。授信人员在核查抵押物的权属时一定要认真仔细，特别要注意用合伙企业财产做抵押时，必须经全体合伙人同意并共同出具抵押声明；用实行租赁经营责任制的企业财产做抵押时，要有产权单位同意的证明；集体所有制企业和股份制企业用其财产做抵押时，应有董事会或职工代表大会同意的证明；用共有财产做抵押时，应取得共有人同意抵押的证明，并以抵押人所有的份额为限。

2) 抵押额度的确定

(1) 抵押物评估。抵押物的估价是指评估抵押物的现值，即确定抵押物最高担保能力，对抵押物的价值进行准确评估是保证抵押物足值的关键。目前，我国的法律还未就抵押物估价问题做出具体规定。一般情况下，抵押物现值可通过以下途径获得：一是由抵押人与银行双方协商对抵押物价值进行评估；二是委托具有评估资格的中介机构对抵押物价值进行评估；三是参照经过审计的财务报表和现场检查由银行自行评估。

在实务中，银行一般要求抵押企业提供商业评估机构出具的评估报告，并根据评估价值打折扣后确定授信额。这就要求银行认真审查评估报告的真实性和准确性，防止虚报评估价值。

不同的抵押物有不同的评估方法，估价方法一般包括：一是对于房屋建筑的估价，主要考虑房屋和建筑物的用途及经济效益、新旧程度、可能继续使用的年限、原来的造价和现在的造价等因素；二是对于机器设备的估价，主要考虑无形损耗和折旧因素，估价时应扣除折旧；三是对库存商品、产成品等存货的估价，主要考虑抵押物的市场价格、预计市场涨落、抵押物销售前景等因素；四是对可转让的土地使用权的估价，取决于该土地的用途和供求关系。

进行抵押物的价值评估时，银行还应考虑估价的时间性和地区性、市场趋势、银行处理同类抵押物的经验和抵押物的处置费用。

(2) 抵押率的确定。抵押率是指贷款金额与抵押物价值之比，是将抵押物在抵押期内自然的或经济的贬值因素、法定的和约定的处理费用扣除后的估算值与现值的比率。抵押率在某种意义上反映了第二还款来源的保障程度。根据抵押率来判断，抵押物的价值不足以承担授信担保的，应另行提供其他担保。

抵押率的确定受许多因素的影响，主要包括：

① 抵押物的适用性和变现能力。一般而言，选择的抵押物适用性越广，变现能力就越强，抵押率就越高，对银行而言，债权的保障程度就越高。可由抵押物的适用性判断其变现能力，变现能力较差的抵押物，则抵押率应适当降低。

② 抵押物价值的变动趋势。一般可从实体性贬值、功能性贬值和经济性贬值三方面进行分析。抵押物的实体性贬值和功能性贬值是指财产的有形损耗和无形损耗。无论是由于自然因素，还是由于技术进步而导致的损耗都将降低抵押物的价值，而且抵押物性质不同，受损耗的程度也不同。银行在选择抵押物时，要考虑这些因素对抵押物价值的影响，以及抵押物的经济寿命与贷款期限之间的关系。经济性贬值是指由于外部环境变化引起的贬值或增值。抵押物变现时的经济状况和市场条件会影响抵押物的价值，如整体经济状况影响债务人的偿债能力，也影响抵押物的变现；若处于经济衰退时期，人们可能不愿意购进资产，对抵押物的市场需求就会减少，或者市场上同类产品的供给已经饱和，抵押物可能很难实现其价值，从而引起抵押物的贬值。

不同类型的授信需要不同的抵押物，抵押率也不尽相同。抵押率的高低也反映银行对抵押贷款风险所持的态度，抵押率低，说明银行对抵押贷款采取比较审慎的态度；反之，则说明银行对抵押贷款采取较为宽松的态度。授信人员应根据抵押物的评估现值，分析其变现能力，充分考虑抵押物价值的变动趋势，科学地确定抵押率。

③ 抵押额度的确认。由于抵押物在抵押期间会出现损耗、贬值，在处理抵押物期间会发生费用，以及银行授信业务有利息、费用，逾期有罚息、违约金等原因，银行一般不能向被授信人提供与抵押物等价的授信额度，授信额度要根据抵押物的评估价值与抵押率加以确定。其计算公式为

$$抵押授信额=抵押物评估值×抵押授信率$$
$$抵押授信率=\frac{授信本息额}{抵押物现值}×100\%$$

抵押人所担保的债权不得超出其抵押物的价值。财产抵押后，该财产的价值大于所担保债权的余额部分，可以再次抵押，但不得超出其余额部分。

3) 撰写抵押授信业务评价报告

经评价符合抵押担保条件的，由授信人员撰写《抵押授信业务评价报告》，随授信审批材料一并报送评价审查人员。如不符合条件，应及时将抵押人材料退还，并要求债务人另行提供抵押物或提供其他担保方式。

(二) 审查与审批

商业银行授信业务审查部门和授信业务审查委员会具体负责授信业务的审查与审批工作。此环节包括授信抵押担保业务的审查和审批两个步骤。

1. 授信抵押担保业务的审查

商业银行授信业务审查部门的受理人员负责授信抵押担保业务的合规性审查，包括：对客户经理提供的调查资料的真实性、全面性、合理性及初审意见进行分析、评价、认定和判断；为贷款决策提供完整、准确、可靠的信息和依据。授信行审查抵押授信时应遵循下列要求：

(1) 以国有企业关键设备、成套设备或重要建筑物做抵押的，应要求抵押人出具其主管部门同意抵押的批准文件，但法律、法规或国家有关主管机关另有规定的，遵从其规定。

(2) 以集体企业财产做抵押的，应要求抵押人出具该企业职工代表大会同意抵押的书面证明。

(3) 以外商投资企业、有限责任公司或股份有限公司财产做抵押的，应要求抵押人出具该企业董事会同意抵押的书面证明。

(4) 以在建工程财产做抵押的，应要求抵押人出具建设工程规划许可证、建设用地规划证、建设许可证、开工证明、土地使用证明等有关文件。

(5) 以共有财产做抵押的，应要求抵押人出具该财产其他共有人同意抵押的书面证明。

(6) 以划拨方式取得的国有土地使用权做抵押的，应要求抵押人出具工商管理部门批准设立抵押的证明，并同时提供对全部债权承担连带责任的保证人名单。

(7) 以划拨方式取得的房屋做抵押的，应要求抵押人出具该房屋产权主管部门批准设立抵押的证明。

(8) 以海关监管进口货物做抵押的，应要求抵押人出具货物原始产地证、货物买卖合同、付款凭证、货物运输单据、商品检验证明和海关审批单据。

2. 授信抵押担保业务的审批

商业银行授信担保审批部门由专职审批人员负责审批。

商业银行授信抵押担保决策做出后，授信担保条件发生变更的，商业银行应依有关法律、法规或相应的合同条款重新决策或变更授信担保。

(三) 签订抵押担保合同并进行抵押物登记与保险

商业银行的法律部门和授信担保业务营销部门具体负责此阶段工作，主要包括签订抵押担保合同、抵押物登记与抵押物保险三个环节。

1. 签订抵押担保合同

审批通过后，银行与授信申请人签订授信合同，并与抵押人订立抵押合同。

特别提示：抵押期限应等于或大于授信期限，凡变更授信主合同的，一定要注意新授信合同与原授信抵押合同期限的差异，不能覆盖授信合同期限的要重新签订抵押合同。

2. 抵押物登记

需依法登记的抵押物，抵押合同自登记之日起生效，这些抵押物包括房地产、林木、航空器、船舶、车辆，以及企业的设备和其他动产。法律规定自登记之日起生效的合同，必须办理抵押登记，否则合同无效。因此，银行在办理抵押授信时，必须对法律规定需登记的合同切实做好登记工作，以确保抵押关系的合法、有效。

1) 抵押物登记的意义

抵押物登记是指抵押物的登记机关根据当事人的申请，依照法定程序将抵押物上设定的抵押权及抵押权变更、终止等事项记载于抵押物登记簿上的行为，其目的是使抵押权获得公信力。抵押物登记后不仅能防止欺诈和重复抵押，有利于充分发挥抵押的担保功能，保证债权实现，还能为债务清偿顺序提供法律依据，避免发生纠纷。

特别提示：如果是一笔抵押贷款，抵押物登记手续办妥的日期原则上不得迟于抵押贷款的实际发放日期。

2) 抵押物登记的类型

《担保法》规定，抵押物登记有两种类型：强制登记和自愿登记。

(1) 强制登记，即抵押贷款双方当事人签订抵押合同后必须办理抵押登记，抵押合同自抵押物登记之日起生效。未办理抵押物登记，抵押合同视为未生效，不能享有对抵押物的优先受偿权。强制登记的抵押物有：无地上定着物的土地使用权；城市房地产或乡(镇)村企业的厂房等建筑物；林木；航空器、船舶、车辆；企业的设备和其他财产。

(2) 自愿登记，即抵押贷款双方当事人，对抵押物可以登记，也可以不登记，抵押合同自签订之日起生效。如果抵押人又将该财产抵押给第三人且办理了抵押登记的，第三人已登记的抵押权优先于未登记的抵押权。自愿登记的抵押物是指除强制登记的抵押物以外的其他财产。

特别提示：抵押财产必须到对应的法定登记部门办理抵押物登记，非法定登记部门办理的抵押物登记无效。抵押物登记后，如果发生主合同变更、抵押权消灭、抵押财产权属变更等情况，当事人应持相关材料到登记部门办理变更或注销登记。

3. 抵押物保险

抵押物为可保财产的，授信银行应要求抵押人在抵押合同登记后15日内，到有关保险机构按照下列条件办理抵押物的财产保险手续。

(1) 办理抵押物足额财产保险；

(2) 保险期限不得短于主合同履行期限；

(3) 保险金额不得小于主合同授信本息；

(4) 保险合同及保险单中应注明，出险时授信银行为保险赔偿金的第一请求权人；

(5) 保险单中不得有任何限制授信银行权益的条款；

(6) 抵押物保险费用全部由抵押人承担。

(四) 授信后管理

商业银行授信担保业务营销部门的经办人员具体负责授信抵押担保业务的授信后管理工作。此阶段包括授信后检查和抵押担保债权的实现两个环节。

1. 授信后检查

抵押授信业务审批后，银行除应加强对借款人的管理外，还应加强对抵押物的监控和管理。要定期检查抵押物的完整性和价值变化情况，防止所有权人在未经银行同意的情况下擅自处理抵押物。授信后检查的主要内容如下。

1) 抵押物价值的变化情况

抵押期间，经办人员应定期检查抵押物的存续状况以及是否存在占有、使用、转让、出租及其他处置行为。如发现抵押物价值非正常减少，应及时查明原因，采取有效措施。如发现抵押人的行为将造成抵押物价值的减少，应要求抵押人立即停止其行为；如抵押人的行为已经造成抵押物价值减少，应要求抵押人恢复抵押物的价值。如抵押人无法完全恢复，应要求抵押人提供与减少的价值相当的担保，包括另行提供抵押物、权利质押或保证。

若抵押人对抵押物价值减少无过错的，银行只能在抵押人因损害而得到的赔偿范围内要求提供担保。其抵押物未减少的部分，仍作为债权的担保。

2) 抵押物是否被妥善保管

抵押期间，银行若发现抵押人对抵押物使用不当或保管不善，足以使抵押物价值减少时，有权要求抵押人停止其行为并采取相应的处置对策。

3) 抵押物是否被变卖出售或部分被变卖出售

抵押期间，抵押人转让或处分抵押物的，必须向银行提出书面申请，并经银行同意后予以办理。经商业银行同意，抵押人可以全部转让并以不低于商业银行认可的最低转让价款转让抵押物的，抵押人转让抵押物所得的价款应优先用于向商业银行提前清偿所担保的债权或存入商业银行账户；经商业银行同意，抵押人可以部分转让抵押物的，所得的收入应存入商业银行的专户或偿还商业银行债权，并保持剩余贷款抵押物价值不低于规定的抵押率。抵押人未通知银行或者未告知受让人的，转让行为无效。若转让抵押物的价款明显低于其价值的，银行可以要求抵押人提供相应的担保，抵押人不提供的，不得转让抵押物。

4) 抵押物保险到期后有没有及时续投

办理授信抵押时，由于已经考虑过抵押物保险期限要与主合同期限相吻合的问题，因此，一般不会出现抵押物保险到期后没有及时续投的情况。抵押期间，如果出现了抵押物保险到期的情况，一定要及时督促抵押人续投保险，以免出现抵押物保险到期而抵押人没有及时续投保险情况的发生。还应注意，抵押物在抵押期间因出险所得的赔偿金(包括保险金和损害赔偿金)应存入商业银行指定的账户，并按抵押合同中约定的处理方法进行相应处理；对于抵押物出险后所得赔偿数额不足清偿的部分，商业银行可以要求借款人提供新的担保。

5) 抵押物是否被转移至不利于银行监控的地方

抵押期间，如果抵押人擅自将抵押品转移至不利于银行监控的地方，银行有权要求抵押人停止其行为并采取相应的处理措施。

2. 抵押担保债权的实现

抵押担保虽然具有现实性和凭物性，但抵押权是与其担保的债权同时存在的。抵押贷款到期，若借款人能足额按时归还本息，则抵押自动消失；若借款人不能按时归还贷款本息，或银行同意展期后仍不能履行，抵押权才真正得以实现。

(1) 实现抵押权时，应按与抵押人达成的协议处置抵押物。

借款合同履行期限届满，借款人未能按期归还贷款本息的，贷款行应按照与抵押人的预先约定或者与抵押人新达成的协议以抵押物折价或者以拍卖、变卖抵押物所得的价款受偿。折价，即按照与抵押人事先约定的方法和价格，将抵押物的所有权转移给贷款行，以抵偿债务。拍卖，即将抵押物交给有关的产权交易机构或在人民法院的监督下进行竞价出售。变卖，即由抵押双方协商同意，将抵押物有偿转让给第三人，如果抵押物为限制流通物，应按照国家规定交由有关部门予以收购。抵押物的拍卖一般委托当地政府批准的拍卖机构进行，无拍卖机构的，请工商行政管理部门或人民法院监督拍卖。如果抵押物的财产所有权出现纠纷的，经法院判决停止拍卖，或借款人在拍卖成交前还清贷款本息，银行可以中止拍卖。抵押物拍卖的价款按下列顺序进行分配：一是支付拍卖费和其他有关处理财产的费用；二是偿还抵押贷款本息和罚息；三是价款还清银行贷款本息和罚息仍有节余时，应归抵押人所有，不足部分，银行有权另行追偿。

(2) 没有预先约定又协议不成的，贷款行应在诉讼时效内及时提起诉讼或者申请仲裁。

(3) 因抵押物灭失所得的赔偿金应作为抵押财产，银行有权优先受偿。

(4) 抵押担保的贷款本息全部清偿的，抵押担保合同终止。贷款行应与抵押人向原登记机关办理注销登记，并将占管的物品和有关文件返还给抵押人，办妥交接手续。

【案例透析】7.3　　　　三份合同

某工程公司于2007年开发一幢商住楼，其中一楼为18间店面房，该工程于当年11月竣工后，工程公司即开始出售店面房。截至2009年5月，所有店面房分别出售给15位买主，并签订了售房协议，工程公司收取了相应的价款。2009年2月3日，工程公司因急需用款，与建设银行某支行签订了借款合同。约定：由建设银行向工程公司提供28万元借款用于购买材料，借款期限为2009年2月3日—2010年2月3日，贷款利率为7.24%。双方又同时签订一份抵押合同，约定以18间店面房中的东首两间及西首第一间作为抵押物抵押担保贷款本金、利息、违约金、赔偿金以及为实现债权所支付的费用。抵押合同签订后，双方到工商管理部门办理了抵押登记手续。上述所抵押的三间房屋所售时间分别为东首第一间于2007年11月12日售出、东首第二间于2007年12月11日售出、西首第一间于2008年1月31日售出。工程公司于2009年8月28日领取了上述18间店面房的产权证，其产权人为工程公司。此后，建设银行多次向工程公司主张权利，一直未果，双方遂形成纠纷。建设银行要求确认工程公司与购房户的购房合同无效，并根据《担保法》的规定以抵押物折价或者以拍卖、变卖该抵押物的价款优先受偿。

启发思考：抵押合同是否有效？

🦅【视野拓展】7.4　　　　　**抵押率参考值的确定**

实务中，银行可参照以下操作方法确定抵押物现值和抵押率。

(1) 无地上定着物的土地使用权现值的确认，以取得土地实际支付的金额为计算依据，抵押率最高为70%。

(2) 以依法取得的房屋所有权与土地使用权共同抵押的，土地使用权性质为出让方式的，现值以房地产市场交易或实际投入价值扣除折旧为计算依据，抵押率最高为70%；以依法取得的房屋所有权及占用范围内的土地使用权同时抵押，土地使用权性质为划拨方式的，现值以评估价格为计算依据，在扣除应补交的土地出让金及其他税费后，抵押率最高为50%。

(3) 以集体所有土地上的房屋建筑及其占用范围内的土地使用权一并抵押的，现值以其评估价值中的建筑成本(重置价格)为计算依据，抵押率最高为50%；以城区以及主要镇区内的个人住房抵押的，现值以评估价格为计算依据，抵押率最高为50%；以个人商用房和非城区或非主要镇区的个人住房抵押的，现值以评估价格为计算依据，抵押率最高为60%。

(4) 在建工程抵押现值以取得土地实际支付的价格及已经投入在建工程的价值为计算依据，抵押率最高为50%。

(5) 以通用机器设备抵押的，现值以净值或评估价值为计算依据，抵押率最高为30%。

(6) 以汽车、船舶、民用航空器等运输设备抵押的，现值以评估价值为计算依据，一手消费类抵押率最高为60%，一手营运类和二手消费类抵押率最高为50%，二手营运类抵押率最高为40%。

(7) 以用材林、薪炭林、经济林与林地使用权一并抵押的，现值以评估价值为计算依据，抵押率最高为70%。

四、抵押担保贷款的主要风险

1. 抵押物虚假或严重不实

抵押权建立的前提是抵押物必须实际存在，且抵押人对此拥有完全的所有权。客观上来说，由于所有权的确定是一项较复杂、政策性很强，又涉及多个部门的事情，存在一些漏洞，为一些蓄意骗取银行贷款的不法分子提供了可乘之机。

2. 未办理有关登记手续

我国《担保法》规定了在法律规定范围内的财产或权利抵押时，双方当事人不但要签订抵押合同，而且要办理抵押物登记，否则抵押合同无效。实践中，很有可能发生未办理抵押物登记的情况，甚至可能做了假登记。

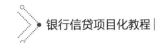

3. 将共有财产抵押而未经共有人同意

共有财产是指两人以上对同一财产享有所有权。对以共有财产抵押的，按照共有财产共同处分的原则，应经得各共有人的同意才能进行抵押，否则抵押无效。

4. 以第三方的财产做抵押而未经财产所有人同意

未经所有权人同意就擅自抵押的，不但抵押关系无效，而且构成侵权。所以，以第三方的财产作为抵押，必须经得第三方同意，并办理有关法律手续，方能有效。

5. 资产评估不真实，导致抵押物不足值

抵押物价值往往随市场行情而变化，相对不确定，借款人可能会为了多贷款而利用各种手段抬高抵押物价值，一些中介评估机构的不规范竞争也会造成目前资产评估不真实的情况大量存在，使抵押物不足值成为抵押贷款的重要风险点。

6. 未抵押有效证件或抵押的证件不齐

抵押中的财产一般都由抵押人控制，如果抵押权人未控制抵押物的有效证件，抵押的财产就有可能失控，可能造成同一抵押物的多头抵押和重复抵押。例如某公司用汽车营运车牌做抵押，在A银行抵押时只在有关部门做了抵押物登记，之后又在B银行以将车牌交其保管的方式质押，重复抵押行为给银行贷款带来了风险。

7. 因主合同无效，导致抵押关系无效

抵押权的发生与存在须以一定债权关系的发生与存在为前提和基础，故抵押权是一种从权利。主合同无效，从合同也无效。贷款主合同无效，多见于贷款合同附条件生效，但生效条件不具备，或贷款违背了有关法律规定，或贷款超出经营范围等。

8. 抵押物价值贬损或难以变现

如果抵押人以存货，特别是鲜活物品做抵押，抵押物易受损失，且价值变化大，从而使贷款难以获得有效的保障。对于专用机器设备等抵押物，由于变现能力差，不易流转，也难以实现抵押价值。

任务四 质押担保贷款

■ 学生的任务

理解质押担保的含义；了解质押担保的范围；熟悉质押担保的操作流程；掌握质押担保的操作步骤。

■ 教师的任务

指导学生正确签订质押担保合同。

任务导入

为C银行设计融资方案和质押贷款流程

贷款申请人厦门某商贸公司成立于2008年，注册资本500万元，系民营小企业，主要从事烤漆门板加工、油漆、涂料批发业务，产品广泛用于汽车售后服务市场、橱柜烤漆等领域。目前在福建省内拥有厦门、福州及泉州三家分公司，员工100多人，服务于省内的80多家品牌汽车4S店，形成了以4S店为主的零售服务网络。2010年，账面收入规模约3 700万元，利润总额60万元。公司于2012年起一直与厦门某卫厨公司保持良好的业务往来关系，承接其橱柜烤漆业务。该卫厨公司根据销售订单的要求下单给该商贸公司，商贸公司根据订单要求的颜色、喷涂的面积等准备材料，同时安排人员进行加工，收取材料费、加工服务费等。商贸公司每月月底与卫厨公司就当月发货情况进行对账，而后凭对账单开立增值税发票，卫厨公司见票后6个月内付清货款。

厦门某卫厨公司成立于2009年，注册资本3 000万元，专业从事设计、生产、销售橱柜、卫浴及卫厨配套产品的生产和销售，是福建橱柜行业的龙头企业及国内橱柜行业的知名企业。在厦门同安工业集中区拥有橱柜及配套产品生产基地，其生产能力居国内行业领先地位。

该卫厨公司在经营规模快速扩大的同时，也承受了存货大幅增加带来的资金压力。但由于该公司在原材料采购过程中处于买方优势地位，其上游供应商对其又具有较强的从属性，因此在对上游供应商提供诸如订单保障、价格保障等方面支持的基础上，将部分资金压力通过延长付款账期转嫁给了上游供应商。

贷款申请人与上游某汽车修补漆公司自2012年合作至今，双方建立了良好的业务伙伴关系，年采购量约3 000万元，结算方式为预付60%货款，余款月结。根据其与下游厦门某卫厨公司的业务量，预计每月需先垫付资金75万，按6个月账期计算，累计垫付资金约450万元，以质押率70%计算，向C银行申请授信额度300万元。

知识准备

一、质押与授信质押

1. 质押的定义

质押是指债务人或者第三人将其动产、权利凭证或者其他财产权利作为债权的担保，债务人不履行债务时，债权人有权依法以该质押财产折价或以拍卖、变卖该财产的价款优先受偿。设立质权的人，称为出质人；享有质权的人，称为质权人；债务人或者第三人移交给债权人的动产或权利，称为质物。质押的特征是出质人保留财产所有权，

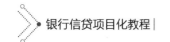

但质权人必须占有质押物。根据《担保法》的规定，质押分为动产质押和权利质押。

2. 授信质押的定义

授信质押是授信担保的一种重要形式。银行与出质人(借款人、义务人或第三人)签订质押协议，出质人将作为质物的财产移交银行占有，以该质物作为债权的担保。当出质人不履行债务时，银行有权将该质物折价出售，或者以拍卖、变卖该动产或权利的价款优先受偿。

二、质押的范围

1. 法律规定可质押的财产

(1) 出质人所有的、依法有权处置的机器、交通运输工具和其他动产。

(2) 汇票、支票、本票、债券、存款单、仓单、提单。

(3) 依法可以转让的基金份额、股权。

(4) 依法可以转让的商标专用权、专利权、著作中的财产权等知识产权。

(5) 依法可以质押的其他权利，包括合同债权，不动产如公路桥梁、公路隧道、公路渡口等的受益权和租赁权，项目特许经营权，应收账款，侵权损害赔偿，保险赔偿金的受益转让权等。

2. 法律禁止质押的财产

(1) 所有权、使用权不明或有争议的财产。

(2) 法律法规禁止流通的财产或者不可转让的财产。

(3) 国家机关的财产。

(4) 依法被查封、扣押、监管的财产。

(5) 珠宝、首饰、字画、文物等难以确定价值的财产。

(6) 租用的财产。

(7) 公益事业单位和社会团体的教育设施、医疗卫生设施及其他公益设施。

(8) 不动产。

(9) 依法不得质押的其他财产和权利。

三、质押与抵押的区别

质押与抵押都是物的担保的重要形式，本质上都属于物权担保，但毕竟是性质不同的两种担保方式，两者有着重要的区别。

1. 质权的标的物与抵押权的标的物的范围不同

质权的标的物为动产和财产权利，动产质押形成的质权为典型质权。我国法律未规定不动产质权。抵押权的标的物可以是动产和不动产，以不动产最为常见。

2. 标的物的占有权是否发生转移不同

抵押权的设立不转移抵押标的物的占有，而质权的设立必须转移质押标的物的占有，这是质押与抵押最重要的区别。

3. 对标的物的保管义务不同

抵押权的设立不交付抵押物的占有权，因而抵押权人没有保管标的物的义务，而在质押的场合，质权人对质物则负有妥善保管的义务。

4. 受偿顺序不同

在质权设立的情况下，一物只能设立一个质押权，因而没有受偿的顺序问题。而一物可设立数个抵押权，当数个抵押权并存时，有受偿的先后顺序之分。

5. 能否重复设置担保不同

在抵押担保中，抵押物价值大于所担保债权的余额部分可以再次抵押，即抵押人可以同时或者先后就同一项财产向两个以上的债权人进行抵押。也就是说，法律允许抵押权重复设置。而在质押担保中，由于质押合同是从质物移交给质权人占有之日起生效，因此在实际中不可能存在同一质物上重复设置质权的现象。

6. 对标的物息的收取权不同

抵押期间，不论抵押物所生的是天然息还是法定息，均由抵押人收取，抵押权人无权收取。只有在债务履行期间届满，债务人不履行债务致使抵押物被法院依法扣押的情况下，自扣押之日起，抵押权人才有权收取物息。质押期间，质权人依法有权收取质物所生的天然息和法定息。

四、质押担保的操作

质押担保的操作具体包括受理与调查，审查与审批，签订质押担保合同、质物交付、登记与保险，授信后管理四个阶段。

(一) 受理与调查

商业银行授信业务营销部门的经办人员具体负责授信担保业务的客户申请受理、客户调查评价工作。此阶段包括申请与受理、调查与评价两个环节，最终形成质押授信业务评价报告。

1. 申请与受理

此环节包括客户申请、资格和质物审查、提交材料和初审材料四个步骤。

1) 客户申请

债务人在向商业银行提出授信申请时，授信人员应要求其提供担保方式意向。如采用质押担保，则客户应提出质押申请。

2) 资格和质物审查

授信人员应依据银行制度及平时掌握的情况，对债务人提出的质押人和质物进行初步审查判断。

(1) 对出质人的资格审查。按照《贷款通则》《担保法》和本行的贷款政策、规定，审核出质人的资格和条件。

(2) 对质物的审查。按照《贷款通则》《担保法》和本行的贷款政策、规定，审核债务人拟提供的质物是否可以质押。

3) 提交材料

出质人向商业银行申请质押担保，应在提交授信业务申请报告的同时，提交担保意向书及相关材料。

4) 初审材料

初审材料主要是从法律文书的规范性和严谨性上进行审查，即按照现行法律、法规、规章制度和业务管理办法，对出质人的主体资格、意思表示、授权情况，质物的权属、清单，以及其他相关手续和文件进行审查，确定其真实性、完整性、合法性和有效性，并符合金融监管机关和总行的有关业务规定。

2. 调查与评价

此环节包括对质物的认定和审核、质押额度的确定和撰写质押授信业务评价报告三个步骤。

1) 对质物的认定和审核

(1) 审核出质人对质物、质押权利占有的合法性。

① 用动产出质的，应通过审查动产购置发票、财务账簿，确认其是否为出质人所有。

② 用权利出质的，应核对权利凭证上的所有人与出质人是否为同一人。如果不是，则要求出示取得权利凭证的合法证明，如判决书或他人同意授权质押的书面证明。为防范虚假质押风险，银行查证质押票证时，有密押的应通过联行核对；无密押的应派人到出证单位或其托管部门进行书面的正规查询。

③ 审查质押的设定是否已由出质人有权决议的机关做出决议。

④ 如质押财产为共有财产，出质是否经全体共有人同意。

(2) 审核质物、质押权利的合法性。

① 所有权、使用权不明或有争议的动产，法律规定禁止流通的动产不得作为质物。

② 凡出质人以权利凭证出质，必须对出质人提交的权利凭证的真实性、合法性和有效性进行确认。确认时向权利凭证签发或制作单位查询，并取得该单位出具的确认书。

③ 凡发现质押权利凭证有伪造、变造迹象的，应重新确认，经确认确实为伪造、变造的，应及时向有关部门报案。

④ 以海关监管期内的动产做质押的，需由负责监管的海关出具同意质押的证明文件。

⑤ 以票据设定质押的，必须对背书进行连续性审查：每一次背书记载事项、各类签章完整齐全并不得附有条件，各背书都是相互衔接的，即前一次转让的被背书人必须是后一次转让的背书人；票据质押应办理质押权背书手续，办理了质押权背书手续的票据应记明"质押""设质"等字样。

⑥ 以股票设定质押的，必须是依法可以流通的股票。

(3) 质物的审核。实务中，对于动产与权利质押，由于质物不同，其审核要点也不尽相同。动产质押审核与动产抵押审核要点基本相同。

2) 质押额度的确定

(1) 质物评估。与抵押物估价类似，质物的评估就是确定质物的公允价值，即现值，也是确定质物的最高担保能力。银行为防范质物的价值风险，应要求质物经过有行业资格且资信良好的评估公司或专业质量检测、物价管理部门做价值认定，再确定一个有利于银行的质押率；应选择价值相对稳定的动产或权利作为质物，谨慎地接受股票、权证等价值变化较大的质物。

(2) 质押率的确定。信贷人员应根据质押财产的适用性、变现能力，质物、质押权利价值的变动趋势，科学地确定质押率。

$$质押率=\frac{授信金额}{质物现值}\times100\%$$

$$质押授信额=质物评估值\times质押率$$

实务中，出质人所担保的债权不得超出其质物的价值。动产出质后，该财产的价值大于所担保债权的余额部分，一般不能再次质押。

3) 撰写质押授信业务评价报告

经评价符合质押条件的，由信贷人员撰写质押授信业务评价报告，随信贷审批材料一并报送评价审查人员。如不符合条件，应及时将材料退还，并要求债务人另行提供质物或提供其他担保方式。

(二) 审查与审批

商业银行授信业务审查部门和授信业务审查委员会具体负责授信业务的审查与审批工作。此阶段包括授信质押担保业务的审查与审批两个环节。

1. 授信质押担保业务的审查

商业银行授信业务审查部门的受理人员负责授信质押担保的合规性审查，包括：对客户经理提供的调查资料的真实性、全面性、合理性及初审意见进行分析、评价、认定和判断；为贷款决策提供完整、准确、可靠的信息和依据。对质押授信的审查与对抵押授信的审查非常相似。在审查质押的有效性时，应注意以下方面。

(1) 质物、质押权利是否属于法律、法规允许质押的财产和权力，如质押财产是否按法律要求脱离债务人托管机构的控制。

(2) 质物和质押权利的权属。以动产质押的，应要求出质人出具该动产的商品发票等有关证明材料，以证明质物的权属。

(3) 质物是否与贷款种类相适应，如动产质押通常不适用于大额贷款。

(4) 对质物的估价是否合理，由于质物很难以足够高的价格出售，所以对其价值应持保守态度。

(5) 质物和质押权利的价值及其变现的可行性。

(6) 质物是否已投保并得到良好维护。

(7) 其他需要审查的事项。

银行不得接受以本银行分支机构为出票人、承兑人的银行承兑汇票或本票的质押担保。

2. 授信质押担保业务的审批

商业银行授信担保审批部门有专职审批人员负责审批。

商业银行授信质押担保决策做出后，授信担保条件发生变更的，商业银行应依有关法律、法规或相应的合同条款重新决策或变更授信担保。

(三) 签订质押担保合同、质物交付、登记与保险

商业银行的法律部门与授信担保业务营销部门具体负责此阶段工作，主要包括签订质押担保合同和质物交付、登记与保险等环节。

1) 签订质押担保合同

审批通过后，银行与借款人签订借款合同，并与出质人订立质押合同。

特别提示：质押期限应等于或大于授信期限，凡变更授信主合同的，一定要注意新授信合同与原授信质押合同期限的差异，不能覆盖授信合同期限的要重新签订质押合同。

2) 质物交付、登记与保险

根据法律规定，质押合同是以质物或权利凭证移交于质权人占有或登记为生效要件。因此，动产或权利凭证质押，银行要亲自与出质人一起到其托管部门办理登记，将出质人手中的全部有效凭证质押在银行保管。具体来讲，出质人是以动产出质的，要将出质的质物交付给银行实际占有；出质人是以权利出质的，要将质押的财产权利凭证，如汇票、本票、支票、债券、存款单、仓单、提单等，交付给银行保管；若出质的财产权利没有凭证，如可转让股票、商标专用权、专利权、著作权等，或者虽有凭证但依法不能转交为他人占有的，要到相关的管理部门进行书面登记。

防范质押操作风险，银行首先必须确认质物是否需要登记，然后按规定办理质物出质登记，并收齐质物的有效权利凭证，同时与质物出质登记、管理机构和出质人签订三方协议，约定保全银行债权的承诺和监管措施。银行要将质押证件作为重要有价单证归类保管，一般不应出借，如要出借，必须严格审查出质人借出是否合理，有无欺诈嫌疑；借出的质物，能背书的要注明"此权利凭证(财产)已质押在×银行，×年×月×日前不得撤销此质押"，或者以书面形式通知登记部门或托管方"×质押凭证已从银行借出仅作×用途使用，不得撤销原质权"，并取得其书面收据作为证明。

对于动产设定质押的，其动产质物为可保财产，质押合同签订后15日内，授信银行应要求出质人到有关保险机构办理质物的财产保险手续。其要求与抵押物办理保险的要求相同，这里不再赘述。

(四) 授信后管理

商业银行授信担保业务营销部门的经办人员具体负责授信后管理工作。此阶段包括授信后检查和担保债权的实现两个环节。

1) 授信后检查

抵押授信业务审批后，银行的检查部门在检查借款人的经营、财务状况的同时，还要检查质押物和质押权利的权属、价值等有无变化。如发现质物有损坏或价值明显减少时，质权人可依法采取保全措施，如要求出质人恢复质物价值或提前拍卖、变卖质物，以履行债务或提供其他相应担保。

2) 担保债权的实现

(1) 借款人拒绝还款或无力还款时，银行可通过拍卖或变卖质物来抵偿贷款。质物灭失所得的赔偿金应作为出质财产，银行有权优先受偿；处分质物所得价款不足清偿银行贷款本息的，银行有权另行追偿。

(2) 借款合同履行期届满，借款人履行债务或者出质人清偿所担保的债权的，贷款行应返还质物及相关单证，办妥交接手续，并就办理了质押登记的质物与出质人向原登记机关办理注销登记。

(3) 借款合同履行期届满贷款行未受清偿的，贷款行可以继续留置质物，并以质物的全部行使权利。

【案例透析】7.4　　　　如何处理以空头存单做质押引起的纠纷

1995年6月，Y公司向G城市信用社申请贷款2 700万元，由第三人珠海A公司以其在某银行N支行的两张共3 000万元的定期存单做质押，并约定借款人履行期限届满不能清偿债务时，作为贷款人的信用社可提取存款，清偿债务。为证实存单真实性，信用社工作人员亲自前往N支行核查，N支行行长陈某、营业部负责人、办公室负责人出面，分别对存单的真实性做了肯定，并在G信用社的对保函上签署了确认存单真实性的意见。根据质押人的书面承诺，N支行书面表示同意存单不办理提前支取和挂失手续，并保证存单到期后，G信用社可持存单办理存款提取。某信用社于1995年8月对Y公司发放贷款2 700万元。

贷款发放后，借款人Y公司以实际用款单位是珠海A公司为由，长期不付利息，直到借款履行期限届满，本金和利息分文未付，G信用社根据贷款合同的约定，持存单与N支行联系，要求该行准备资金于存单到期日将款项划付G信用社，但N支行的答复是，原行长已经调走，作为我行质物的2张存单并无实际资金存入。得知这一情况后，G信用社即与N支行、Y公司和A公司联系。A公司承认其因故确实未实际将存单资金存入N支行，Y公司与A公司表示，将按期限归还G信用社贷款。限期到后，借款本息依旧分文未还，G信用社于1996年9月，以Y公司和A公司作为被告、N支行作为第三人提起诉讼，同年11月调解结案。调解书要求Y公司在1个月内清偿借款本息，到期不清偿，则以A公司的存单支取金额归还债务。1997年1月，Y公司与A公司仍无还款行动，N支行拒不支付存款，G信用社只好申请强制执行。N支行随即以经济犯罪向检查机关报案，检察机关立案后，通知法院，以"刑事优先"为由，要求暂停本案执行。

启发思考： 如何处理以空头存单做质押引起的纠纷？

综合练习

一、填空题

1. 借款合同是一种经济合同，标的是( )，贷款利息由( )规定，当事人不能随意商定，必须由当事人双方的代表或凭法定代表授权证明的经办人签章，并加盖公章。

2. 借款合同应具备以下主要条款：( )、( )、( )、( )、( )、( )、( )、( )、( )、( )。

3. 担保合同的主要特征有( )、( )、( )。

4. 担保合同种类有( )、( )、( )。

5. 从法律角度来讲，担保具有如下特征：( )、( )、( )。

6. 从法律角度来讲，我国《担保法》规定的担保主要有三类：( )、( )、( )。

7. 保证担保的特征有( )、( )、( )、( )。

8. 保证担保的方式有( )与( )两种。

9. 保证涉及三方面当事人，即( )、( )、( )，是由三个法律关系复合而成的担保关系。

10. 贷款发放时，对借款合同审查应着重于( )的审查。

11. ( )中必备的条款包括贷款种类、贷款利率、还款方式、还款期限等。

12. 汇票上未记载付款地的，( )的营业场所、住所或者经常居住地为付款地。

二、单项选择题

1. 质押贷款与抵押贷款的不同点主要在于( )。
A. 是否进行实物的交付　　　　　　　B. 手续的繁简
C. 利率的高低　　　　　　　　　　　D. 风险的大小

2. 张某向联社申请个人抵押贷款，用张某与妻子共有的房产做抵押。根据《担保法》规定，办理抵押时应由( )签字。
A. 张某　　　　B. 张某的妻子　　　　C. 张某和其妻子　　　　D. 张某的父母

3. ( )中必备的条款包括贷款种类、贷款利率、还款方式、还款期限等。
A. 借款合同　　　B. 保证合同　　　C. 抵押合同　　　D. 担保合同

4. 甲欠乙银行贷款1 000万元，甲以一幢楼房设定抵押，丙为保证人。现甲不能偿还债务。根据以上情况，回答以下问题。

(1) 如楼房拍得800万元，乙银行放弃对甲的抵押权，丙的保证责任为(　　)万元。

A. 1 000　　　　　B. 800　　　　　C. 500　　　　　D. 200

(2) 如按照合同约定，乙银行应最迟于7月1日申请拍卖大楼，但乙迟迟未申请，直至9月10日大楼被海啸冲毁，片瓦不存。若大楼市值800万元，丙的保证责任为(　　)万元。

A. 1 000　　　　　B. 800　　　　　C. 500　　　　　D. 200

(3) 如按照合同约定，乙银行应最迟于7月1日申请拍卖大楼，但6月21日大楼被海啸冲毁，片瓦不存。若大楼市值800万元，丙的保证责任为(　　)万元。

A. 1 000　　　　　B. 800　　　　　C. 500　　　　　D. 200

(4) 如法院查明甲的楼房乃违章建筑，乙银行在签订抵押合同时知情而丙不知情。若大楼市值800万元，丙的保证责任为(　　)万元。

A. 1 000　　　　　B. 800　　　　　C. 500　　　　　D. 200

5. 甲公司在与乙公司交易中获得金额为100万元的汇票一张，出票人为乙公司，付款人为丙公司，汇票上有丁、戊两公司的担保签章，其中丁公司担保80万元，戊公司担保20万元。甲公司接受汇票后背书转让给庚公司。根据以上情况，回答下列问题。

(1) 如果甲公司与乙公司的交易被协议解除，则乙公司可以行使的权利是(　　)。

A. 请求甲公司返还汇票

B. 请求付款人丙公司停止支付票据上的款项

C. 请求从甲公司处受让汇票的庚公司返还汇票

D. 请求甲公司返还100万元

(2) 如果庚公司请求承兑时，丙公司在汇票上签注："承兑。乙公司款到后支付。"下列关于丙公司付款责任的表述中，正确的是(　　)。

A. 丙公司已经承兑，应承担付款责任

B. 应视为丙公司拒绝承兑，丙公司不承担付款责任

C. 乙公司给丙公司付款后，丙公司才承担付款责任

D. 按乙公司给丙公司付款的多少确定丙公司应承担的付款责任

(3) 如果庚公司请求承兑时，丙公司拒绝承兑该汇票，以下判断不正确的是(　　)。

A. 庚公司在被拒绝承兑时可以向乙公司追索100万元

B. 庚公司只能分别向丁公司追索80万元和向戊公司追索20万元

C. 丁公司和戊公司应向庚公司承担连带责任

D. 庚公司在被拒绝承兑时可以向甲公司追索100万元

三、多项选择题

1. 质押合同通常包括的内容有(　　)。

A. 保证期间　　　　　　　　　　　　B. 借款人履行债务的期限

C. 质物移交时间   D. 被质押的贷款数额

2. 借款人如出现违约，银行有权采取的措施有( )。

A. 加罚利息   B. 期限纠正

C. 停止或取消借款人尚未提用的借款额度

D. 宣布贷款合同项下的借款本息全部立即到期

E. 宣布与借款人签订的其他贷款合同项下的借款本息立即到期

3. 商业银行给集团客户贷款时，应在贷款合同中约定，借款人若( )，银行有权单方决定停止支付借款人尚未使用的贷款，并提前收回部分或全部贷款本息。

A. 给集团的其他成员提供担保   B. 提供虚假材料

C. 隐瞒重要经营财务事实   D. 挪用贷款

E. 拒绝接受贷款人对其信贷资金使用情况的监督

4. 贷款人出现任何违约事件，银行有权分别或同时采取的措施有( )。

A. 要求借款人限期纠正违约事件

B. 停止借款人提款或取消借款人尚未提用的借款额度

C. 宣布贷款合同项下的借款本息全部立即到期，根据合同约定立即从借款人在银行开立的存款账户中扣款用于偿还被银行宣布提前到期的所欠全部债务

D. 宣布借款人在与银行签订的其他贷款合同项下的借款本息立即到期，要求借款人立即偿还贷款本息及费用

E. 向人民法院提起诉讼

5. 合同复核人员审核合同的内容包括( )。

A. 文本书写是否规范   B. 内容是否与审批意见一致

C. 合同条款填写是否齐全、准确   D. 文字表达是否清晰

E. 主从合同及附件是否齐全

6. 贷款发放前，抵押人与银行要以书面形式签订抵押合同，抵押合同包括的内容有( )。

A. 被担保的主债权种类、数额

B. 债务人履行债务的期限

C. 抵押物的名称、数量、质量、状况、所在地、所有权权属或者使用权权属

D. 抵押担保的范围

E. 当事人认为需要约定的其他事项

7. 贷款合同管理是指按照银行业金融机构内部控制与风险管理的要求，对贷款合同的( )等一系列行为进行管理的活动。

A. 制定   B. 修订   C. 废止

D. 选用   E. 填写

8. 商业银行加强贷款合同管理的实施要点包括( )。

A. 加强贷款合同规范性审查管理

B. 实施履行监督、归档、检查等管理措施

C. 做好有关配套和支持工作

D. 建立完善、有效的贷款合同管理制度

E. 修订和完善贷款合同等协议文件

9. 合同的变更包括(　　)。

A. 当事人变更　　　　　　　　　　B. 担保合同的变更

C. 贷款展期　　　　　　　　　　　D. 借款合同提款计划的调整

E. 还款计划的调整

10. 根据相关规定，如果借款人发生(　　)情形，均可能导致银行贷款合同无效或效力待定，会对银行保全债权产生不确定性。

A. 损害国家利益的

B. 恶意串通损害国家、集体或第三人利益的

C. 以合法形式掩盖非法目的的

D. 违反法律、行政法规等强制性规定的

E. 主体资格存在瑕疵的

四、判断题

1. 质押贷款是指贷款人按《担保法》规定的质押方式以借款人的动产为质押物发放的贷款。(　　)

2. 抵押贷款合同自抵押物办理登记之日起生效。(　　)

3. 政府可要求银行为他人提供担保。(　　)

4. 法律规定自登记之日起生效的合同，必须办理抵押登记，否则合同无效。(　　)

5. 抵押权的转让独立于其所担保的债权。(　　)

6. 对以机器设备作为抵押物的，在估价时不得扣除折旧。(　　)

7. 保证合同是主合同的从合同。(　　)

8. 贷款保证人不可以是自然人。(　　)

9. 医院、学校等以公益为目的的事业单位、社会团体提供保证的保证合同无效。(　　)

10. 在抵押担保中，若债务人按期偿还债务，则债权人无权出售抵押品。(　　)

五、简答题

质押与抵押的区别是什么？

六、分析题

分析保证合同当事人加盖私章与签字是否具有同等法律效力。

2014年10月30日，甲银行与乙饭店签订一份借款合同，约定借款本金为200万元，

借款期限为2014年10月30日—2015年4月30日。同时，甲银行与丙有限公司签订一份最高额保证合同，合同约定由丙有限公司就以上款项向甲银行承担连带保证责任，保证期为两年，合同约定由双方法定代表人或法定代表人授权的代理人签字并加盖公章后生效。合同签订时，甲银行和丙有限公司均在合同中加盖了本单位公章和法定代表人私章而没有签字。合同签订后，甲银行依约向乙饭店发放贷款。贷款到期后，乙饭店未履行偿还本息的义务，丙有限公司也未承担连带保证责任。甲银行在催收无结果的情况下于2016年3月20日向法院起诉，要求乙饭店偿还200万元本金及利息，并要求丙有限公司承担连带清偿责任。被告丙有限公司认为，盖的私章不能等同于签字，不符合合同的约定，最高额保证合同未生效，拒绝承担保证责任。

项目八　贷款的发放与支付

▶ 项目目标

职业知识

了解贷款发放的含义和原则；掌握贷款发放的条件；熟悉贷款发放的审查内容和停止发放贷款的情况；掌握放款操作程序；了解商业银行授信支付方式；掌握受托支付的含义、条件、操作要点及操作流程；了解自主支付的含义；掌握自主支付的操作要点及操作流程。

职业能力

独立完成自主支付和受托支付的操作。

职业道德

树立对职业、对制度的敬畏之心和严谨的工作态度。

▶ 项目提出　信贷人员违反操作规程造成贷款呆滞

D公司系中外合资企业，2014年9月，D公司向F银行申请贷款270万元，期限半年，用G公司拥有的某房产做抵押。

贷款调查过程中，D公司称该公司正在开发一款前景十分看好的产品，公司发展潜力巨大，承诺公司以后将把主要结算放在F银行，并按银行的要求，备齐了所有贷款资料。F银行经办信贷员听其介绍，认为态度诚恳，项目可信度大，加上D公司申请贷款时积极主动，便在主观上认为D公司可予信任，放松了对借款单位和抵押单位的调查核实，也未对抵押物进行调查，贷款批准后，该信贷员开始办理有关手续。按信贷管理规则，信贷员必须与借款单位和抵押单位的法定代表人或授权委托人亲自到公证处公证，当面签字盖章，再到国土局办理登记，但是该信贷员在办理公证、抵押登记时均未到场，全权委托借款人办理一切手续。手续办好后，F银行即放款270万元。

贷款到期后，D公司不仅拖欠本金，还一直拖欠利息。F银行对借款企业进行了追踪调查，发现借款企业的"项目"实际上已泡汤，借款企业经营难以维持，无偿债能力可言，遂起诉，要求处理抵押物以偿债。但在诉讼期间，F银行才进一步了解到，D公司早在2014年1月就被注销，其印章也同时被缴收销毁，后经查证，贷款合同、抵押承诺书、公证书等上的签名、盖章都是假的。

▶ 项目任务

贷款的发放 ⇨ 受托支付 ⇨ 自主支付

任务一　贷款的发放

■ 学生的任务

了解贷款发放的含义和原则；掌握贷款发放的条件；熟悉贷款发放的审查内容和停止发放贷款的情况；掌握放款操作程序。

■ 教师的任务

指导学生准确完成放款操作。

任务导入

风险事件分析

某银行网点柜员办理1 000万元贷款业务时，发现提款审核表上借款人发出提款通知的日期与提款通知书上填写的日期不一致便下发查询，网点收到查询并与信贷部门沟通，信贷部门重新提供借款人发出提款通知日期与提款通知书上填写日期一致的提款审核表，并追加影像。因此笔业务发生金额较大，最终被风险监控中心确认为风险事件。

该案例为什么最终被风险监控中心确认为风险事件？对你的启示有哪些？

知识准备

一、贷款发放的含义

贷款发放是指贷款人按合同约定将信贷资金划转到借款人账户的行为。

贷款发放是贷款决策的执行阶段，贷款经批准后，客户经理应严格遵照批复意见，着手落实贷款批复条件，落实贷款批复中提出的问题和各项附加条件之后，即可签署借款合同。所有贷款必须在发放之前与借款人签订借款合同，通过合同把借贷双方及担保方的责任、义务、权利以条文的形式固定下来并成为法律依据，这是贷款程序中的一个重要环节。

借款合同一经签订生效后，受法律保护的借贷关系即告确立，借贷双方均应依据借款合同的约定享有权利和承担义务。只有在完成上述有关法律文书之后，才能发放贷款。

在满足借款合同用款前提条件的情况下，如果无正当理由或借款人没有违约，银行必须按借款合同的约定按时发放贷款，主要原因有三个：

(1) 借款合同一旦签订生效，即成为民事法律事实，借贷双方之间的权利与义务关系即被确立，银行不按借款合同的约定履行义务发放贷款，就构成借款合同项下的违约行为；

(2) 影响借款人的利益；

(3) 影响贷款的正常收回。

二、贷款发放的原则

1. 计划、比例放款原则

应按照已批准的贷款项目年度投资计划所规定的建设内容、费用，准确、及时地提供贷款。借款人用于建设项目的其他资金(自筹资金和其他银行贷款)应与贷款同比例支用。

2. 进度放款原则

在中长期贷款发放过程中，银行应按照完成工程量的多少进行付款。如果是分次发放或发放手续较复杂，银行应在计划提款日前与借款人取得联系。借款人如需变更提款计划，应于计划提款日前的合理时间内，向银行提出申请并征得银行同意。如借款人未经银行批准擅自改变款项的用途，银行有权不予支付。

3. 资本金足额原则

银行需审查建设项目的资本金是否已足额到位，即使因特殊原因不能按时足额到位，贷款支取的比例也应同步低于借款人资本金到位的比例。此外，贷款原则上不能用于借款人的资本金、股本金和企业其他需自筹资金的融资。

三、贷款发放的条件

1. 先决条件

贷款发放的重要先决条件通常在借款合同内加以规定，银行必须按照借款合同的规定，逐条核对是否已完全齐备或生效，以确保贷款发放前符合所有授信批准的要求，落实全部用款前提条件。贷款操作实务中，先决条件文件会因贷款的种类而异，以下列举的首次放款的先决条件文件基本涵盖了所有贷款种类，银行应针对贷款的实际要求，根据借款合同的约定进行对照审查，分析先决条件是否齐备或有效。

(1) 贷款类文件包括：①借贷双方已正式签署的借款合同；②银行之间已正式签署的贷款协议(多用于银团贷款)。

(2) 公司类文件包括：①现时有效的企业法人营业执照、批准证书、成立批复；②公司章程；③全体董事的名单及全体董事的签字样本；④就同意签署并履行相关协议而出具的董事会决议(包括保证人)；⑤就授权有关人士签署相关协议而出具的授权委托书以及有关人士的签字样本(包括保证人)；⑥其他必要文件的真实副本或复印件。

(3) 与项目有关的协议包括：①已正式签署的合作合同；②已正式签署的建设合同或建造合同；③已正式签署的技术许可合同；④已正式签署的商标和商业名称许可合同；⑤已正式签署的培训和实施支持合同；⑥已正式签署的土地使用权出让合同；⑦其他必要文件合同。

(4) 担保类文件包括：①已正式签署的抵(质)押协议；②已正式签署的保证协议；③保险权益转让相关协议或文件；④其他必要性文件。

(5) 与登记、批准、备案、印花税有关的文件包括：①借款人所属国家主管部门就担保文件出具的同意借款人提供该担保的文件；②海关部门就同意抵押协议项下进口设备抵押出具的批复文件；③房地产登记部门就抵押协议项下房地产抵押颁发的房地产权利及其他权利证明；④工商行政管理局就抵押协议项下机器设备抵押颁发的企业动产抵押物登记证；⑤车辆管理所就抵押协议项下车辆抵押颁发的车辆抵押登记证明文件；⑥已缴纳印花税的缴付凭证；⑦贷款备案证明。

(6) 其他类文件包括：①政府主管部门出具的同意项目开工批复；②项目土地使用、规划、工程设计方案的批复文件；③贷款项目预算资金(包括自筹资金)已全部落实的证明；④对建设项目投保的证明；⑤股东或政府部门出具的支持函；⑥会计师事务所出具的验资报告和注册资本占用情况证明；⑦法律意见书；⑧财务报表；⑨其他一切必要的批文、许可或授权、委托、费用函件等。

除首次放款外，以后的每次放款通常只需提交以下文件：①提款申请书；②借款凭证；③工程检验师出具的工程进度报告和成本未超支的证明；④贷款用途证明文件；⑤其他贷款协议规定的文件。

2. 担保手续的完善

在向借款人发放贷款前，银行必须按照批复的要求落实担保条件，完善担保合同和其他担保文件及有关法律手续。具体操作因贷款的担保方式不同而存在较大差别。

(1) 对于提供抵(质)押担保的：可以办理登记或备案手续的，必须先完善有关登记、备案手续；如抵(质)押物无明确的登记部门，则必须先将抵(质)押物的有关产权文件及其办理转让所需的有关文件正本交由银行保管，并且将抵(质)押合同在当地的公证部门进行公证，应特别注意抵押合同的生效前提条件。如遇特殊项目无法及时办理抵押登记造成抵押生效滞后的，应采取必要的方式规避由此造成的贷款风险。

(2) 对于以金融机构出具的不可撤销保函或备用信用证做担保的，须在收妥银行认可的不可撤销保函或备用信用证正本后，才能允许借款人提款。

(3) 对于有权出具不可撤销保函或备用信用证的境外金融机构以外的其他境外法人、组织或个人担保的保证，必须就保证的可行性、保证合同等有关文件征询银行指定律师的法律意见，获得律师认可的书面意见，并在律师的主持下完善保证合同、其他保证文件及有关法律手续后，才能允许借款人提款。

四、贷款发放的审查

贷款发放审查是贷时审查的核心工作，银行必须严格掌握审查的要点，充分防范贷款执行阶段的风险。审查的内容可能因贷款项目的不同而有所差异，

贷款发放的审查主要包括以下内容。

1. 贷款合同审查

银行应对借款人提款所对应的合同进行认真核查，包括合同真伪性的识别、合同提供方的履约能力调查，防止贷款挪用及产生使贷款不能如期偿还的不利因素。审查工作中，还应通过可能的渠道了解借款人是否存在重复使用商务合同骗取不同银行贷款的现象。

信贷业务中涉及的合同主要有借款合同、保证合同、抵押合同、质押合同等，下面对各个合同的具体检查条款进行介绍。

(1) 借款合同。贷款发放中借款合同的条款审查应着重于合同核心部分即合同必备条款的审查，包括贷款种类、借款用途、借款金额、贷款利率、还款方式、还款期限、违约责任和双方认为需要约定的其他事项。

(2) 保证合同。保证合同的条款审查应着重于以下内容。

① 被保证的贷款数额。主债务的数额是指主合同的标的额，一般可用货币来衡量。保证合同应对主债权的种类和数额做出规定，以明确将来的责任。

② 借款人履行债务的期限。在保证合同中明确主债务的履行期限对保证人和债权人来说都至关重要。主债务的期限届满，对保证人来说意味着债权人可以要求保证人履行保证义务或一般保证债务的义务；对债权人来说意味着主债务履行不能完成时可对保证人行使权利。

③ 保证的方式。保证方式分为一般保证和连带责任保证，是指保证人在保证法律关系中承担不同的民事责任，即补充责任或第一顺序责任。

④ 保证担保的范围。保证担保的范围一般包括主债权及其利息、违约金、损害赔偿金及实现债权的费用等。

(3) 抵押合同。抵押合同的条款审查应着重于以下内容。

① 抵押贷款的种类和数额。在抵押设立原因中应载明被担保主债权的种类、数额，否则就违背一般抵押权所担保主债权的特定性原则，以表明主债权产生的原因(如借款、租赁、买卖等)及数额的大小。

② 借款人履行贷款债务的期限。由于抵押权人对抵押物行使权利的条件是主债务履行期限届满，抵押权人的债权未受清偿，如果抵押物履行期尚未届满，抵押权人不能对

抵押物行使权利了；否则，就属于侵权。

③ 抵押物的名称、数量、质量、状况、所在地、所有权权属或使用权权属。由于抵押是以特定的财产担保特定债务的履行，抵押人对抵押物应具有所有权或者对抵押物享有使用权。抵押合同除对抵押物特定化外，还应表明抵押物的所有权权属或使用权权属。

④ 抵押的范围。除主债权以外，抵押担保的债权范围还包括利息、违约金、损害赔偿金和实现抵押权的费用等。

此外，抵押物是否在有关部门办理登记，也是抵押合同是否完善的重要前提之一。

(4) 质押合同。质押合同的条款审查应着重于以下内容：被质押的贷款数额，借款人履行债务的期限，质物的名称、数量、质量、状况，质押担保的范围，质物移交的时间，质物生效的时间，当事人认为需要约定的其他事项。

2. 提款期限审查

在长期贷款项目中，通常会包括提款期、宽限期和还款期等内容。银行应审查借款人是否在规定的提款期内提款，除非借贷双方同意延长，否则提款期过期后无效，未提足的贷款不能再提。

3. 用款申请材料检查

(1) 审核借款凭证。借款人办理提款，应在提款日前准确、完整地填写借款凭证中的借款人名称、提款日期、提款用途等各项目，并加盖借款人在银行的预留印鉴。信贷员要根据借款合同认真审核，确认贷款用途、金额、账号、预留印鉴等正确、真实无误后，在借款凭证的相应栏目签字，交由有关主管签字后进行放款的转账处理。

除非借款合同另有规定，银行不能代客户填写借款凭证，一般情况下，应要求借款人填妥借款凭证送银行审核后办理放款转账。

(2) 变更提款计划及承担费的收取。借款合同签订后，如借款人需改变提款计划，则应按照借款合同的有关条款和规定办理，或在原计划提款日以前的合理时间内向银行提出书面申请，并得到银行同意。

(3) 检查和监督借款人的借款用途及提款进度。监督借款人按规定的用途用款是保证银行贷款安全的重要环节。借款人提款用途通常包括土建费用、工程设备款、购买商品费用、在建项目进度款、支付劳务费用、其他与项目工程有关的费用、用于临时周转的款项。要注意检查借款人的借款用途，监督提款进度。

4. 有关账户审查

银行应审查有关的提款账户、还本付息账户或其他专用账户是否已经开立，账户性质是否已经明确，避免出现贷款使用混乱或被挪作他用。

5. 提款申请书、借款凭证审查

银行应对提款申请书中写明的提款日期、提款金额、划款路线等要素进行核查，确保提款手续正确无误。银行应审查借款人提交的借款凭证是否完全符合提款要求，确认贷款用途、日期、金额、账号、预留印鉴等正确、真实、无误。

五、放款操作程序

(一) 审查各种资料

1. 审查贷款合同

(1) 银行经办人员应认真审查、核对借款申请书的各项内容是否无误，是否与借款合同相符。企业申请贷款经审查批准后，应由银企双方根据贷款种类签订相关种类的借款合同。签订合同时应注意项目填写准确，文字清楚工整且不能涂改，借、贷、保三方公章及法人代表签章齐全无误。借款借据是书面借款凭证，可与借款合同同时签订，也可在合同规定的额度和有效时间内，一次或分次订立。

(2) 内勤应检查借款合同内容填写是否准确。要求在合同中增加保护性条款等附加条款的，还应检查是否增加了相应内容。

2. 审查其他资料

(1) 确认已收集齐以下资料并与原件核对：营业执照复印件、组织机构代码证、公司章程、法人代表身份证、贷款卡及密码、财务报表。

(2) 审查提款申请书是否按借款合同约定的固定格式撰写并加盖企业公章及法人签字，或在提交法人授权书的情况下由受委托人签字等。

(二) 填制放款放出通知单

借款申请书审查无误后，填制放款放出通知单，由信贷员、科(股)长"两签"或行长(主任)"三签"送银行会计部门办理贷款拨入借款方账户的手续。借款申请书及放款放出通知单经会计部门入账后，最后一联返回信贷部门作为登记贷款台账凭证。

(1) 有关用款审批资料按内部审批流程经有权签字人签字同意；

(2) 按账务处理部门的要求提交审批及相关用款凭证办理提款手续；

(3) 所提贷款款项入账后，向账务处理部门索取有关凭证，入档案并保存；

(4) 建立台账并在提款当日记录，如果借款人、保证人均在同一地区，则根据中国人民银行的有关要求，在其信贷登记系统登记，经审核后进行发送等。

(三) 银行放款

客户的相关手续处理完毕之后，银行会根据对借款人的评定，进行借款审批或者报送上级审批。然后，工作人员会告知客户贷款数量、贷款期限、贷款利率等相关细节，并签发贷款指令，将贷款项划入客户账户。

落实贷款批复要求，完善前述放款前提条件，并进行严格的放款审查之后，银行应保留所有证明借款人满足提款前提条件的相关文件和资料，准备着手办理贷款发放。贷款发放过程中，在遵循前述放款原则的情况下，银行应按有关程序发放贷款。但必须说明的是，由于各银行对公司业务人员前、后台工作的职责分工及内部机构设置存在差异，各银行应根据本地区实际情况制定详细的提款操作细则，规范贷款执行阶段的操作程序。

六、停止发放贷款的情况

在一定时期内终止发放贷款是银行对借款人违约实行的一种制裁，是执行法律赋予的信贷监督职能的具体体现，也是借款人承担违约责任的一种方式。

从借款申请和借款合同来看，借款人对贷款的用途都比较明确，但一些借款人对贷款的实际使用往往与合同规定的用途相背离。例如，有的借款人将银行的流动资金贷款用于弥补亏损或购买固定资产、搞基本建设，使企业的短期偿债能力减弱，致使贷款到期时无力偿还银行贷款，影响银行资金的流动性，给银行的正常经营造成不利的影响。甚至有的借款人将银行的贷款用于炒买炒卖有价证券、期货或房地产等高风险的业务，或者将贷款转借他人牟取非法收入，违反国家的金融法规，使银行贷款的安全性受到极大的威胁。发现此类行为，银行一般可以采取停止发放贷款的措施，甚至提前收回贷款。具体而言，挪用贷款的情况一般包括：

(1) 用贷款进行股本权益性投资；

(2) 用贷款在有价证券、期货等方面从事投机经营；

(3) 未依法取得经营房地产资格的借款人挪用贷款经营房地产业务；

(4) 套取贷款相互借贷，牟取非法收入；

(5) 借款企业挪用流动资金进行基本建设或用于财政性开支、弥补企业亏损、职工福利等。

在贷款发放阶段，银行务必密切关注借款人的资金使用方向，一旦出现上述或其他影响企业偿债能力的违约情况，要立即终止借款人提款，并可视具体情况提前收回贷款。情况严重的，应采取进一步的措施，积极防范授信风险。

(1) 要求借款人限期纠正违约事件；

(2) 停止借款人提款或取消借款人尚未提用的借款额度；

(3) 宣布贷款合同项下的借款本息全部立即到期，根据合同约定立即从借款人在银行开立的存款账户中扣款偿还被银行宣布提前到期的所欠全部债务；

(4) 宣布借款人在与银行签订的其他贷款合同项下的借款本息立即到期，要求借款人立即偿还贷款本息及费用。

任务二　受托支付

■ 学生的任务

了解商业银行授信支付方式；掌握受托支付的含义、条件、操作要点及操作流程。

■ 教师的任务

指导学生完成受托支付操作。

任务导入

分析银行不对A公司发放流动资金贷款的原因

某银行拟向A公司发放流动资金贷款，用途为购买材料，期限一年，贷款方式为第三方抵押担保，审批意见所列提款前提条件为落实受托支付。经办行据此提交了委托支付协议、提款通知书，以及A公司与上游B公司签订的购销合同。同时，经办行在系统合同补录的借据附属信息中列明的交易对手也为B公司。放款核准岗审核后提出整改意见，虽然经办行提供的此笔业务的提款通知书、交易合同等相关资料内容一致，但A公司与B公司在商品购销合同中约定，在B公司将材料送达A公司指定地点经核对无误后，并由质检部门出具检验合格证明后，付清款项，由于经办行未能提供A公司是否已验收B公司交付货物证明，所以不予核准放款。

根据银行《关于公司客户贷款发放与支付管理有关事项的通知》相关管理规定，虽然前述贷款用途符合管理要求，但经办行在受托支付审查中忽略了A公司与B公司在购销合同中的限制性条款，即先货后款的结算方式。经办行须据此审核查验A公司与B公司的实际货物交接情况资料，在提交受托支付时，应一并提交B公司已把货物交付给A公司的证明资料。

分析银行最终不对A公司发放流动资金贷款的原因。

知识准备

支付是指借款人按照合同约定将信贷资金从借款人账户付给交易对手的行为。目前，商业银行授予授信有两种支付方式：受托支付和自主支付。

一、受托支付的含义

受托支付是贷款资金的一种支付方式，是指贷款人在确定借款人满足贷款合同约定的提款条件后根据借款人提款申请和支付委托，将贷款资金通过借款人账户支付给符合合同约定用途的借款人交易对象。

简单地说，就是贷款发放后，银行先把钱放到买方的账户上并冻结起来，再由银行把这笔钱直接从买方的账户转给卖方。受托支付的目的是减小贷款被挪用的风险。受托支付有助于加强商业银行对贷款全流程的科学管理、提高贷款发放的质量，使商业银行贷款风险管理模式从粗放型走向精细化。

二、受托支付的意义

按照中国银行业监督管理委员会的规定，单笔借款达到一定额度的贷款，必须通过贷款人受托支付的方式，直接将贷款资金汇划至借款人的交易对手的账户上，这样借款人就对贷款资金失去主动支配权，从而可以保证贷款资金用途的真实性。而借款人为了规避这一规定，通常通过减少单笔借款额度，增加贷款次数的方式来操作。

(1) 通过受托支付，银行将信贷资金支付给借款人的交易对手，确保了贷款实际用途与约定用途的一致性，有效降低了信贷风险。

(2) 由于贷款基本不在借款人的账户上停留，使借款人的财务成本大大降低。

(3) 大量信贷资金不再"空转"，而是流向确实需要贷款的中小企业，受托支付最终形成银企双赢的局面。

三、受托支付的条件

银行应在贷款资金发放前审核借款人的相关交易资料和凭证是否符合合同的约定条件，在贷款资金支付后做好有关认定工作。

(1) 采用贷款人受托支付方式的，借款人应提交合同约定的交易资料供贷款人审核。贷款人应与借款人在合同中对借款人需提交的交易资料做出约定，具体规定如与固定资产投资项目有关的商品、服务、资金等各类交易分别需要提供的交易文件或凭证，以及对交易文件或凭证的详细要求(如交易文件或凭证记载的交易主体、签名、印章、填写规范)等内容。

(2) 根据国际通行惯例和贷款支付的常见做法，贷款人原则上应在贷款发放的当天，将贷款资金通过借款人账户支付给借款人交易对手。确因客观原因在贷款发放当天不能将贷款资金支付给借款人交易对手的，贷款人应在下一工作日完成受托支付。

① 客户经理至少按月对借款人的银行账户进行资金监测，掌握账户资金流入、流出

情况，填写《账户资金定期监测台账》，结合企业采购、销售模式判断企业资金往来是否正常，并督促借款人按规定办理相应份额的存款和结算业务。

②客户部门应加强对大额资金往来的监测，关注资金异动，防止授信挪用。针对集团客户关联交易隐蔽、融资主体多元、资金集中管理等特征，强化集团客户资金监控工作，防止授信资金在集团内部不同项目、不同成员之间随意流动。

③如发现借款人有挤占、挪用授信资金，未按合同约定使用授信的情况，应及时向经营主责任人报告。商业银行授信资金不得用于以下用途：

● 国家明令禁止的产品或项目；
● 违反国家有关规定从事股本权益性投资，以授信作为注册资本金、注册验资和增资扩股；
● 违反国家有关规定从事股票、期货、金融衍生产品等投资；
● 其他违反国家法律法规和政策的项目。

对于发现授信资金用途与合同约定不一致的，应要求客户限期纠正。对于拒不纠正的，视情节轻重可提前收回部分或全部银行信用，并根据有关规定予以追究。

对于使用授信资金需入行支付审核的借款人，应在借款合同或补充协议中约定，借款人使用授信资金必须经过银行审核同意。为实现支付审核，应与客户约定，银行授信资金的支付不可以通过票据交换他行托收的被动划款方式来进行。

银行应通过科技手段的完善，逐步实现客户经理、风险经理对借款人银行账户资金的实时监测，通过每日监测客户授信账户往来、授信出账、额度使用中出现的异常情况，尽早发现预警信号。银行还应逐步完善网上银行等支付工具的功能，实现网上银行渠道授信后资金的支付审核和用后监督。

贷款人受托支付完成后，应详细记录资金流向，保存相关凭证。

四、受托支付的条件

1. 流动资金贷款受托支付的条件

流动资金贷款要求贷款人应根据借款人的行业特征、经营规模、管理水平、使用状况等因素和贷款业务品种，合理约定贷款资金支付方式及贷款人受托支付的金额标准。具有以下情形之一的流动资金授信，原则上应采用授信人受托支付方式：

(1) 与借款人新建立授信业务关系且借款人信用状况一般；

(2) 支付对象明确且单笔支付金额较大；

(3) 授信人认定的其他情形。

2. 固定资产贷款受托支付的条件

单笔固定资产贷款金额超过项目总投资5%或超过500万元人民币的贷款资金支付，应采用贷款人受托支付方式。

✖【教学互动】8.1

甲公司向乙银行借款5 000万元用于厂房的建设，并约定对外支付金额在100万元以上的，需要乙银行受托支付，甲公司对外需要支付120万元购买材料，于是把120万元分成两次支付，每次支付60万元。

问：这样做合理吗？

答：不合理。这样就属于以化整为零的方式规避贷款人受托支付的情况。

五、受托支付的操作要点

受托支付的核心要义有：①借款人在提出提款申请时应同时提供贷款资金使用计划；②在贷后管理中，贷款人应定期核查贷款支付是否符合约定用途，并通过账户分析、凭证查验或现场调查等方式核查贷款支付是否符合约定用途；③对于借款人不按合同约定用途和金额标准支付贷款资金，或以化整为零的方式规避贷款人受托支付等情形的，贷款人应及时采取补充贷款发放支付条件、停止贷款资金的发放支付等措施。在贷款支付过程中，借款人信用状况下降、贷款资金使用出现异常的，贷款人应与借款人协商补充贷款发放支付条件，或根据合同约定变更贷款支付方式、停止贷款资金的发放和支付。

受托支付的操作要点如下。

1. 明确借款人应提交的资料要求

在受托支付方式下，银行除要求借款人提供提款通知书、借据外，还应要求借款人提交授信用途证明材料。借款人应逐笔提交能够反映所提款项用途的详细证明材料，如交易合同、货物单据、共同签证单、付款文件等。此外，借款人还应提供受托支付所需的相关业务凭证，如汇款申请书等。

2. 明确支付审核要求

在受托支付方式下，银行应从以下方面进行审核。

(1) 借款人所填列账户基本信息是否完整。

(2) 放款核准情况。确认本笔业务或本次提款是否通过放款核准，对尚未完成放款核准的，应跟踪核准进度及最终结果。

(3) 资金用途。审查借款人提交的授信用途证明材料是否与借款合同约定的用途、金额等要素相符，审查提款通知书、借据中所列金额、支付对象是否与授信用途证明材料相符。

(4) 其他需要审核的内容。

3. 完善操作流程

银行应制定完善的授信人受托支付的操作制度，明确放款执行部门内部的资料流转要求和审核规则。对须由会计核算部门进行授信发放和资金划转的，还应规范放款执行部门与会计核算部门之间的资料传递要求，明确各自的职责，确保授信资金发放到借款人账户后及时支付到借款人交易对手的账户中。

4. 合规使用放款账户

银行可与借款人约定专门的授信资金发放账户,并通过该账户向符合合同约定用途的交易对手支付资金。

5. 合理确定流动资金贷款的受托支付标准

针对实际操作中可能遇到的问题,授信人应制订详细的操作计划,明确授信发放和支付流程中可能遇到的各种情形,如授信支付后因借款人交易对手的原因导致退款的,应及时通知借款人重新付款并审核;授信支付后因授信人自身原因导致退款的,应根据错账处理的相关要求及时办理再次支付等。

六、受托支付的操作流程

贷款人受托支付的操作流程如图8.1所示。

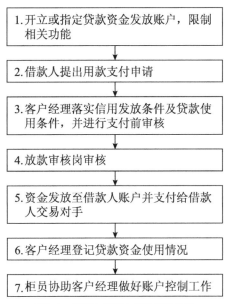

图8.1 贷款人受托支付的操作流程

(1) 开立或指定贷款资金发放账户并作为专户管理,对相关账户限制网上银行、现金管理客户端、电话银行等非柜台渠道的支付行为及通兑功能,并通知柜员协助业务拓展部做好账户支付的监测与控制。

(2) 借款人需支付贷款资金时,向业务拓展部提交委托支付通知单、资金使用计划、按照支付结算制度规定提供资金支付、汇划凭证、结算业务申请书等与结算相关的资料、交易合同、订单或其他能证明借款人及其交易对手交易行为的资料,提出用款支付申请。

(3) 客户经理落实信用发放条件及贷款使用条件,并进行支付前审核。审核同意的,在委托支付通知单上签字后将全套资料移交放款审核岗审核。

（4）放款审核岗按照受托支付管理要求进行信用发放条件、贷款使用条件及受托支付条件审核。审核同意后，在委托支付通知单上签字。

（5）业务拓展部、柜员办理放款手续，将资金发放至借款人账户，柜员根据委托支付通知单及划款单据通过借款人账户将资金支付给借款人交易对手。

（6）客户经理逐笔登记贷款资金使用情况。

（7）柜员协助客户经理按照受托支付的要求做好相关账户的控制工作。

任务三　自主支付

■　学生的任务

了解自主支付的含义；掌握自主支付的操作要点及操作流程。

■　教师的任务

指导学生完成自主支付操作。

任务导入

分析江西稀有稀土金属钨业集团有限公司多次转账的目的

2016年3月12日，江西稀有稀土金属钨业集团有限公司在中行江西省分行业务部借款7 000万元，该业务部仅凭一份借款人提供的购销合同便办理受托支付。借款人在放款当天和次日分2笔将上述资金转入供货方江西画眉坳钨业有限公司在农业银行兴国古龙岗分理处开户的账户中；3月16日，又将上述资金划回借款人在农业银行南昌市青山湖支行营业部的账户中。

分析江西稀有稀土金属钨业集团有限公司多次转账的目的是什么？

知识准备

一、自主支付概述

1. 自主支付的含义

借款人自主支付是指贷款人根据借款人的提款申请将贷款资金发放至借款人账户后，由借款人自主支付给符合合同约定用途的借款人交易对手。

采用借款人自主支付方式的，贷款人应与借款人在借款合同中事先约定，要求借款人定期报告或告知贷款人贷款资金支付情况，贷款人可要求借款人提交实际支付清单，必要时还应要求借款人提供与实际支付事项相关的交易资料，通过账户分析、凭证查验、现场调查等方式核查贷款支付是否符合约定用途。

2. 自主支付需要注意的问题

在实际操作中，商业银行自主支付需要注意以下几点。

(1) 受托支付是监管部门倡导和符合国际通行做法的支付方式，是授信支付的主要方式，自主支付是受托支付的补充。

(2) 借款人自主支付不同于传统意义上的实贷实存，自主支付对于借款人使用授信设定了相关的限制措施，以确保授信用于约定用途。

3. 自主支付的方式

(1) 对借款人自主支付，贷款人应根据借款人特点、信用状况和对借款人的熟悉程度等，选择采用事前逐笔审核、事前批量审核、事后逐笔检查或抽查等方式。

(2) 借款人自主支付应经过客户经理信贷审核、贷款资金支付有权签批人签批、会计人员审核等环节。

(3) 借款人自主支付实行有权签批人制度和AB角制度。借款人自主支付的有权签批人A角为开户行分管客户部门的副行长，B角为开户行客户部门负责人。

二、自主支付的操作流程

借款人自主支付的操作流程如图8.2所示。

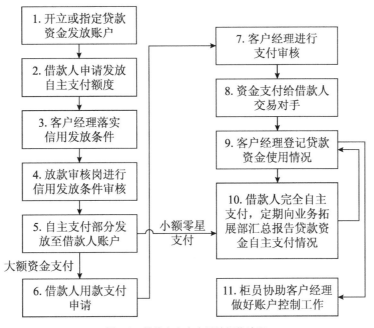

图8.2 借款人自主支付的操作流程

(1) 开立或指定贷款资金发放账户，对相关账户限制网上银行、现金管理客户端、电话银行等非柜台渠道的支付行为及通兑功能，并通知柜员协助业务拓展部做好账户支付的监测与控制。

(2) 借款人提交资金使用计划及证明资金使用符合贷款使用条件的资料，申请将自主支付额度部分发放至指定账户。

(3) 客户经理落实信用发放条件后将相关资料移交放款审核岗进行信用发放条件审核。

(4) 放款审核岗进行信用发放条件审核。

(5) 业务拓展部、柜员办理放款手续，将自主支付部分发放至借款人账户。

(6) 对一定额度以上的大额资金支付，借款人需支付贷款资金时，应向业务拓展部提出用款支付申请。

(7) 客户经理按照《贷后管理实施细则》的相关规定进行支付审核。

(8) 柜员根据支付审核意见及划款单据将资金支付给借款人交易对手。

(9) 客户经理逐笔登记贷款资金使用情况。

(10) 对于小额零星支付可不进行支付审核，完全由借款人自主支付。业务拓展部应要求借款人定期汇总报告贷款资金自主支付情况，客户经理通过账户分析、凭证查验、现场调查等方式核查贷款自主支付是否符合约定用途，并分类汇总登记贷款资金使用情况。

(11) 柜员协助客户经理做好相关账户的控制工作，出现超过约定额度的支付时，应及时通知业务拓展部进行支付审核。

三、资金账户监管的操作要点

(一) 明确贷款发放前的审核要求

借款人自主支付方式下，借款人提出提款申请后，贷款人应审核借款人提交的用款计划或用款清单所列用款事项是否符合约定的贷款用途，计划或用款清单中的贷款资金支付是否超过贷款人受托支付起付标准或条件。经审核符合条件的，方可允许借款人采用自主支付方式。

(二) 加强贷款资金发放与支付后的核查

贷后核查是自主支付方式下的重要环节。由于授信人在放款前并未像受托支付时一样详细审查授信资金用途，因此，授信人应加强对授信资金用途的后续跟踪核查。银行应要求借款人定期汇总报告授信资金支付情况，提交实际支付清单，必要时还应要求借款人提供与实际支付事项相关的交易资料，通过账户分析、凭证查验、现场调查等方式核查授信支付情况。

1. 授信资金用途审查

(1) 分析借款人是否按约定的金额和用途实施了支付；

(2) 判断借款人实际支付清单的可信性；

(3) 借款人实际支付清单与计划支付清单是否一致，不一致的应分析原因；

(4) 借款人实际支付是否超过约定的借款人自主支付的金额标准；

(5) 借款人实际支付是否符合约定的授信用途；

(6) 借款人是否存在化整为零规避授信人受托支付的情形；

(7) 其他需要审核的内容。

2. 授信资金在借款人账户的停留时间和金额

出于兼顾风险控制与工作效率的考虑，允许借款人自主支付小额授信资金。

(1) 遵从实贷实付原则，既要方便借款人资金支付，又要控制授信用途；

(2) 遵守授信与资本金同比例到位的基本要求，不得提前放贷。

因此，授信人应审慎确定自主支付资金的金额和在借款人账户上的停留时间。

(三) 审慎确定个人借款人自主支付方式的使用情况

1. 跟踪监督

借款人使用银行授信资金后，客户经理应及时跟踪监督授信资金用途，采用借款人自主支付且不需要支付审核的授信，客户经理应要求借款人定期汇总报告授信资金支付情况，并通过账户分析、凭证查验、现场调查等方式核查授信支付是否符合约定用途。客户经理应及时填写《授信资金用后跟踪表》(见表8.1)，逐笔记录授信资金使用情况。

表8.1　授信资金用后跟踪表

检查时间	本期累计发放贷款		资金用途与合同约定相符		资金用途与合同约定不符	
	笔数	金额	笔数	金额	笔数	金额

检查时间	本期累计发放贷款资金使用情况					
	合同号	发放日	到期日	贷款金额	合同约定用途	实际用途

2. 定期监测

合规、审慎地确定以借款人自主支付方式发放的贷款资金在借款人账户停留的时间和金额。

综合练习

一、填空题

1. 贷款发放的原则有(　　)原则、(　　)原则、(　　)原则。

2. 在中长期贷款发放过程中，商业银行应按照完成工程量的多少进行付款。这符合银行贷款发放的( )原则的要求。

3. 甲企业于2014年年初从A银行取得中长期借款1 000万元用于一个为期3年的项目投资。截至2015年年底，项目已完工75%，银行已按照借款合同付款750万元。银行依据的贷款发放原则是( )。

4. 根据贷款发放原则中的资本足额原则，因特殊原因，建设项目的资本金不能按时足额到位，银行应该采取的做法是( )。

5. 在中长期贷款发放过程中，银行应( )进行付款。

6. 在贷款发放的原则中，( )原则是指在中长期贷款发放过程中，银行应按照完成工程量的多少进行付款。

7. 商业银行需审查建设项目的资本金是否已足额到位，这符合银行贷款发放的( )的要求。

8. 商业银行负责审核贷款审批日至放款核准日期间借款人重大风险变化情况的部门是( )。

9. ( )是借款人自主支付方式下的重要环节。

二、单项选择题

1. 首次放款的先决条件文件中，贷款文件包括( )。
A. 借贷双方已正式签署的借款合同
B. 现实有效的企业法人营业执照批准证书及成立批复
C. 公司章程
D. 全体董事的名单及全体董事的签字样本

2. 《固定资产贷款管理暂行办法》规定，贷款人应设立独立的责任部门或岗位，负责贷款发放和支付审核，其中所指的责任部门是( )。
A. 前台营销部门   B. 放款执行部门
C. 中台授信审批部门   D. 贷款审核部门

3. 商业银行对于投资额大、技术复杂、按照项目进度分期付款的固定资产贷款项目，一般应要求借款人提供( )。
A. 有监理机构参与签署的确认项目进度和质量的书面文件
B. 有评估机构参与签署的确认项目进度和质量的书面文件
C. 有监理、评估、质检等第三方机构参与签署的确认项目进度和质量的书面文件
D. 有质检机构参与签署的确认项目进度和质量的书面文件

4. 为落实"三个办法一个指引"关于贷款发放与支付的要求，贷款人应当设立独立的( )。
A. 前台营销部门   B. 放款执行部门
C. 中台授信审批部门   D. 风险控制部门

5. 下列关于商业银行放款执行部门职责的表述中，错误的是( )。

A. 审核银行授信业务审批文书是否在有效期内

B. 审核放款条件的落实情况

C. 审核提款金额与项目进度的匹配情况

D. 审核贷款定价水平

6. 下列关于贷款自主支付的表述中，错误的是(　　)。

A. 在借款人自主支付方式下，商业银行仍应遵从实贷实付原则，既要方便借款人资金支付，又要控制贷款用途

B. 在借款人自主支付方式下，商业银行仍应遵从贷款与资本金同比例到位的基本要求

C. 自主支付是监管部门倡导和符合国际通行做法的支付方式，是贷款支付的主要方式

D. 事后核查是借款人自主支付方式下银行加强贷款资金发放和支付的核查的重要环节

7. 下列选项中，不属于贷款发放原则的是(　　)。

A. 计划、比例放款原则　　　　　　B. 按时发放原则

C. 资本金足够原则　　　　　　　　D. 进度放款原则

8. 贷款发放的原则不包括(　　)。

A. 计划、比例放款原则　　　　　　B. 进度放款原则

C. 资金足额原则　　　　　　　　　D. 统一审批原则

9. 下列选项中，不属于用款申请材料检查的是(　　)。

A. 审核借款凭证　　　　　　　　　B. 提款期限审查

C. 变更提款计划及承担费的收取

D. 检查和监督借款人的借款用途与提款进度

10. 下列选项中，属于借款人挪用贷款情况的是(　　)。

A. 用流动资金贷款购买辅助材料

B. 外借母公司进行房地产投资

C. 用流动资金贷款支付货款

D. 用中长期贷款购买机器设备

三、多项选择题

1. 自主支付的操作要点包括(　　)。

A. 明确贷款发放前的审核要求

B. 加强贷款资金发放和支付后的检查

C. 完善操作流程

D. 审慎、合规地确定贷款资金在借款人账户停留的时间和金额

E. 合规使用放款专户

2. 贷放分控中的"贷"是指信贷业务流程中的( )等环节。

A. 贷款发放　　　　B. 贷款支付　　　　C. 贷款调查

D. 贷款审查　　　　E. 贷款审批

3. 根据贷放分控的要求，放款执行部门在审核项目贷款时，应审核( )。

A. 审核合规性要求的落实情况

B. 审核限制性条款的落实情况

C. 核实担保的落实情况

D. 借款人履行贷款债务的期限

E. 审核审批日至放款核准日期间借款人重大风险变化情况

4. 根据"三个办法一个指引"的规定，贷款的发放原则包括( )。

A. 约定时间放款原则　　　　　　B. 计划、比例放款原则

C. 进度放款原则　　　　　　　　D. 项目固定原则

E. 资本金足额原则

5. 贷款发放中，对于借款合同，应着重审查的必备条款有( )。

A. 贷款种类　　　　B. 附加条款　　　　C. 借款用途

D. 还款方式　　　　E. 违约责任

6. 放款执行部门在审核项目贷款时，应审核的内容包括( )。

A. 合规性要求的落实情况　　　　B. 限制性条款的落实情况

C. 项目资本金的到位情况　　　　D. 担保的落实情况

E. 项目贷款定价的合理性

7. 下列情形中，不宜向借款人再发放贷款的有( )。

A. 借款人未按借款合同的规定清偿贷款本息

B. 借款人使用贷款进行违反政策法规的经营

C. 借款人使用贷款支付劳务费用

D. 借款人使用贷款支付在建项目进度款

E. 借款人使用贷款进行证券投资

8. 下列情形中，银行可停止发放贷款的有( )。

A. 企业用贷款控股其他公司

B. 企业用贷款买股票、房地产

C. 企业用银行贷款向其他企业放贷

D. 企业用流动资金贷款发放员工福利

E. 企业使用贷款从事非法业务

9. 固定资产贷款在发放和支付过程中，借款人出现( )情况，贷款人可以根据合同约定停止贷款资金的发放和支付。

A. 信用状况下降

B. 不按合同约定支付贷款资金

C. 项目进度落后于资金使用进度

D. 使用贷款在有价证券、期货等方面从事投机经营

E. 违反合同约定，以化整为零的方式规避贷款人受托支付

10. 借款人如出现违约，银行有权采取的措施有(　　)。

A. 加罚利息

B. 期限纠正

C. 停止或取消借款人尚未提用的借款额度

D. 宣布贷款合同项下的借款本息全部立即到期

E. 宣布与借款人签订的其他贷款合同项下的借款本息立即到期

四、判断题

1. 自主支付方式下，贷款发放后应要求借款人定期汇总报告贷款资金支付情况，必要时还应要求借款人提供与实际支付事项相关的交易资料，通过账户分析、凭证查验、现场调查等方式核查贷款支付情况。(　　)

2. 审慎、合规地确定贷款资金在借款人账户的停留时间和金额是贷款自主支付的操作要点之一。(　　)

3. 借款人自主支付不同于传统意义上的实贷实存，自主支付对于借款人使用贷款设定了相关的限制措施，以确保贷款用于约定用途。(　　)

4. 在长期贷款项目中，除非银行同意，提款期内未提足的贷款过后不能再提。(　　)

5. 在企业出现挪用贷款的情况下，银行可以宣布贷款合同项下的借款本息全部立即到期，要求借款人立即还贷款本息及费用，但无权在借款人的存款账户中直接扣款。(　　)

6. 在长期贷款项目中，银行应审查借款人是否在规定的提款期内提款。提款期过期后，未提足的贷款可以再提。(　　)

7. 贷放分控中的"贷"，特指贷款审批通过后，由银行通过审核，将符合放款条件的贷款发放或支付出去的业务环节。(　　)

五、简答题

自主支付的含义是什么？

六、分析题

分析自主支付和受托支付的不同。

项目九　贷后管理与风险预警

▶ 项目目标

职业知识

了解贷后管理的概念、贷后管理的主要内容；熟悉贷后管理岗位的工作职责；掌握贷后检查的方法；掌握贷款正常回收的环节和方法。

职业能力

能够随时跟踪客户、了解客户风险信息；能够及时发现客户违约的风险苗头，做好客户预警风险工作；能够及时回收正常授信。

职业道德

具有吃苦耐劳的精神和严谨的工作态度；具有良好的文字表达能力。

▶ 项目提出　贷后管理的漏洞

S市某食品企业在W银行贷款40万元，担保单位为S市另外一家企业。在首次例行贷后检查中，信贷员反映该企业按用途使用借款资金，生产经营正常，但在第二季度贷后检查中却发现，该企业已关门停产。尽管当时信贷员能用电话联系上法人代表，并接到对方"在外讨债几天就回来"的承诺，但一周后再联系时便杳无音信。于是，该行信贷员随即启动风险预警机制并通知了担保单位，共同找到法人代表的妻子，对该企业资产进行了诉前保全。可是事后，该企业法人代表的妻子也失踪了。该银行虽然在该贷款到期后启动了起诉程序，但也只挽回损失10万元，剩余30余万元贷款本息只有靠执行担保单位来追回了。

▶ 项目任务

贷后管理的工作职责 ⇨ 贷后检查 ⇨ 贷款风险分类 ⇨ 贷款风险预警

任务一　贷后管理的工作职责

■　学生的任务

了解贷后管理的含义和内容；掌握贷后管理的原则与职责；掌握贷后管理的基本规定与工作流程；了解档案管理工作的内容。

■　教师的任务

指导学生撰写贷后管理报告。

任务导入

分析S信用社贷后管理不到位的教训

某有限公司于2015年3月30日在S信用社借款180万元，用于生产资金周转，期限1年，某有限公司用其厂房用地进行抵押，抵押物足值。S信用社在贷款发放后检查该公司生产经营一切正常，能正常缴交贷款利息，认为贷款较为安全。

由于人员紧缺的原因，在贷后管理过程中未能按期深入企业了解、掌握借款企业的生产经营活动和收集相关财务信息，在贷款到期后，该企业未能归还贷款，形成了不良贷款。形成不良贷款后通过催收，贷款利息还能断续地缴交，但在催收过程中发现企业生产经营活动停止，法定代表人去向不明，催收贷款无着落后，信用社向法院对该公司提起了诉讼，起诉后因诸多原因造成未能执行，在2017年年末，该公司向法院申请破产启动了破产程序。法院受理该公司的破产申请后，召集了相关债权人会议，因该公司涉及的问题较多，法院迟迟未做出裁定，一拖就是多年，信用社债权仍未能实现。

知识准备

一、贷后管理的含义

贷后管理是指贷款发放或其他信贷业务发生后到本息收回的全过程信贷管理行为，

包括资金账户监管、授信后检查、授信风险预警、授信资产风险分类、授信到期处理、问题授信管理、档案管理等内容。

贷后管理是贷款风险防范的重要环节，是对授信调查、审查、审批环节的进一步完善和补充，是对信贷风险控制的延续。贷后管理工作的质量直接影响信贷风险的控制和防范，有效的贷后管理能防止金融风险，保证银行信贷的安全。

二、贷后管理的内容

1. 资金账户监管

客户经理应按照规定做好授信资金的用前审核和用后监督，定期检查客户账户资金的往来情况，防止授信资金被挤占、挪用。

2. 授信后检查

授信后检查是指授信实施后，要对客户及影响授信资产安全的有关因素进行不间断地监控和分析，以便及时发现早期预警信号，并采取相应的补救措施。

3. 授信风险预警

授信风险预警是指综合授信后检查获取的信息，对还未明确出现风险的授信进行潜在性风险的预测，判断授信总体风险状况，提出和上报预警。与已出现风险后的授信跟踪管理不同，风险预警需要在大量的不确定信息中挖掘那些对授信安全有潜在影响的因素，需要客户经理有高度的责任感、敏锐的洞察力和长期、广泛的信息渠道。

4. 授信资产风险分类

授信资产风险分类是指商业银行按照风险程度将授信资产分为不同档次的过程，其实质是判断债务人及时、足额归还授信本息的可能性。

5. 授信到期处理

授信到期处理是指授信偿还或授信结束的有关事宜，一般可分为正常回收、提前归还和展期处理三种情况。

6. 问题授信管理

问题授信是指债务人未按原授信协议按时偿还本息或履行义务，或债务人已有迹象表明其不可能按原授信协议按时偿还本息或履行义务的授信。对银行而言，授信业务是其获利的主要途径之一，因此，加强对问题授信的管理，是银行授信管理至关重要的内容。按照授信风险五级分类，在正常、关注、次级、可疑和损失五级授信资产中，关注、次级、可疑和损失均为问题授信。

7. 档案管理

授信档案是确定借贷双方法律关系和权利义务的重要凭证，是授信管理情况的重要记录。科学地记录、保管和使用授信档案是加强授信管理、保护授信安全的重要基础，授信业务经营管理人员、档案管理人员应严格按照有关制度对授信档案进行管理。

三、贷后管理的原则与职责

(一) 贷后管理的原则

贷后管理的原则包括定期检查与动态跟踪相结合原则、贷后管理与风险分类相结合原则、风险预警与保全资产相结合原则。

(二) 信贷管理部门的主要职责

1. 信贷管理岗的主要职责

信贷管理部门的信贷管理岗是授信后管理的具体实施部门,其主要职责如下。

(1) 制定授信后管理方案。根据客户的具体风险特点和业务管理要求,制定授信后管理方案,授信后管理方案应在授信业务实施前制定。

(2) 资金账户监管。按照规定做好授信资金的用前审核和用后监督,定期检查客户账户资金的往来情况。

(3) 现场检查。定期现场检查客户生产经营及财务承兑汇票保证金、审批要求的落实情况,检查担保人和担保物的情况。

(4) 日常跟踪监管。通过多种渠道收集行业、市场、客户公开信息,走访客户,跟踪客户和担保人的情况。

(5) 风险预警。发现风险信号及时提出处理建议并进行报告,实施风险化解措施。

(6) 不良授信资产管理。对未移交的不良银行承兑汇票保证金制定处置方案,并组织实施。

(7) 实时外汇汇率查询分类及日常操作。及时收集、整理分类相关信息,并收集、整理授信客户档案有关资料,做好系统数据录入、利息和本金的收回等工作。

(8) 定期分析。在资金账户监管、现场检查、日常跟踪管理、风险预警等工作的基础上,定期分析客户的授信后风险状况,撰写授信后管理报告。

(9) 报告。向经营行行长、授信后管理例会、客户管理行客户部门汇报辖内客户授信后管理情况。

2. 贷后管理岗的主要职责

信贷管理部门的贷后管理岗(或承担授信管理工作职责的部门)是授信后管理的风险监控和检查监督部门,其主要职责如下。

(1) 实时监测。通过风险管理系统实时监测客户用信及风险情况。

(2) 风险分析及预警。对授信业务风险状况进行分析,发现异常风险情况及时预警,督促客户部门进行处理。

(3) 在线检查。通过授信后管理子系统实时监督客户部门的授信后管理工作。

(4) 现场检查。对客户部门授信后管理情况定期进行现场检查,经所在部门负责人同意,也可延伸至客户进行现场检查。

(5) 督促整改。对于非现场检查和现场检查发现的问题，要求客户部门及时整改。

(6) 报告。向行长、授信后管理例会、上级授信管理部门报告辖内授信业务风险监控情况和对客户部门授信后管理工作的监督检查情况。

四、贷后管理的基本规定与工作流程

1. 贷后管理的基本规定

贷款发放后，应通过现场、非现场方式对信贷资金使用情况及客户有关情况的真实性、生产经营变化情况等进行跟踪检查，随时监测客户第一和第二还款来源及其相关因素的变化，并根据风险监测中发现的问题提出风险处置意见或方案、流程描述、控制要求等。

2. 贷后管理的工作流程

贷后管理的工作流程如图9.1所示。

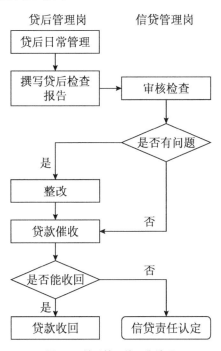

图9.1　贷后管理的工作流程

五、贷后管理报告

贷后管理报告主要包括前言、企业基本情况、现场及电话回访情况、现场审计情况、贷后管理建议等内容，还应包括资产负债表主要科目的真实性调查底稿、损益表主要科目的真实性调查底稿、电话访谈记录、现场回访记录等附件。

六、信贷档案管理

信贷档案是确定借贷双方法律关系和权利义务的重要凭证，是贷款管理情况的重要记录。科学地记录、保管和使用信贷档案是加强贷款管理、保护贷款安全的重要基础，授信业务经营管理人员、档案管理人员应严格执行有关制度去管理授信档案。

(一) 信贷档案的内容

信贷档案是指银行在办理信贷业务过程中形成的，记录和反映信贷业务的重要文件和凭据，主要由相关契约及凭据、借款人的基本资料、借款人的信贷业务资料、银行综合管理资料等组成。信贷档案的分类如下。

(1) 权证类档案，是指抵、质押权证、存单等；

(2) 要件类档案，是指办理信贷业务过程中产生的能够证明信贷业务的合法性、合规性的基本要件；

(3) 管理类档案，是指客户基本资料；

(4) 保全类档案，是指信贷资产风险管理、处置等相关资料；

(5) 综合类档案，是指银行内部管理资料。

(二) 档案管理的原则与要求

加强信贷档案管理要从两方面入手：一是做好档案管理工作，保存好原始资料，及时将贷款跟踪调查的报告进行归档；二是将贷款档案电子化，通过电子化可以加强对贷款情况的控制。

1. 档案管理的原则

(1) 管理制度健全。

(2) 人员职责明确。

(3) 档案门类齐全。

(4) 信息充分利用。

(5) 提供有效服务。

2. 档案管理的要求

(1) 信贷档案采取分段管理、专人负责、按时交接、定期检查的管理模式。

(2) 贷款文件的管理可按照银行要求将信贷档案分类管理办法进行分类，分别管理。

(3) 贷款档案按照保管期限可分为5年期、20年期及永久三类。

(4) 贷款档案应按规定进行销毁。

(5) 客户档案的管理。业务经办部门应按客户分别建立客户档案，移交贷款档案员集中保管。

任务二　贷后检查

■ 学生的任务

了解商业银行贷后检查的内容、方法和基本操作流程；掌握非现场检查的主要方式及现场检查的要点；掌握客户生产经营状况、管理状况和财务状况检查的重点；了解客户经理在贷后检查工作中的主要职责；

■ 教师的任务

指导学生按照贷后检查的操作流程和相关要求，准确办理贷后检查业务，能够根据客户的信息辨别客户的经营风险、管理风险、财务风险和履约风险等。

任务导入

对繁荣公司贷款工作中存在的问题提出整改措施

繁荣公司2015年6月5日在银行贷款300万元，期限6个月，贷款到期日为2015年12月5日，贷款用途为流动资金，贷款月利率为18‰。繁荣公司提供×××房产作为贷款抵押物，抵押房产地址：北京市××区××胡同××号，面积：××平方米。贷款利息现结至2015年12月31日。截至2016年5月底，欠利息及违约金××万元。

客户经理多次催收繁荣公司的贷款一直未收回。通过对该贷款进行分析发现，在向繁荣公司发放贷款的工作中存在以下问题：

(1) 借款企业有挪用贷款的现象；

(2) 贷款项目没有达到预期效益目标，本身已不具有还款能力；

(3) 企业暂时存在资金周转困难；

(4) 固定资产项目出现工期拖延、概算突破现象；

(5) 企业生产经营不正常，产品销售不畅，库存不合理增加，成本费用增大，效益不理想；

(6) 企业短期偿债能力存在问题；

(7) 保证人的担保能力下降，保证人的法律地位发生变化；

(8) 抵押物价值大幅度下降；

(9) 抵押物保险到期；

(10) 抵押物管理不善。

请对繁荣公司贷款工作中存在的问题提出整改措施。

知识准备

一、贷后检查的内容

贷后检查就是跟踪已发放的贷款，掌握贷款的去向和用途，并监督专款专用。贷款发放之后，信贷人员应定期、不定期地对借款的运行情况进行检查分析，主要包括贷款资金使用情况检查、借款人检查、担保检查，这是贷后管理最基础的工作。

(一) 贷款资金使用情况检查

客户经理在进行贷款资金使用情况检查时应注意以下几个方面。

(1) 密切跟踪贷款资金的流向，确保借款人按照约定的用途使用资金。信贷人员要监督贷款资金的使用情况，严格把好贷款支付关，严防抽逃或挪用。

(2) 加强对借款企业资金运动的监督，适时检查和分析借款企业资金运动变化情况及存在的问题。对于流动资金贷款，要密切跟踪资金在购、产、销等环节的使用和周转情况，特别注意在购销环节有关购销票据与实物的一致性，防止弄虚作假，转移资金。对于固定资产贷款，要检查项目资本金及其他资金来源的落实情况和项目进度情况，包括：项目是否按计划进行、有无延期及延期原因、总投资是否突破及突破原因等；项目累计完成工作量与项目累计财务支出是否一致；有关费用开支是否符合规定；项目的技术、市场等是否出现较大变化；项目建成的设施和设备是否正常、是否达到预期效益等。

(3) 对于贷款所形成的资金回流、货款回笼等要密切跟踪，督促企业按时还贷。流动资金贷款到期前一个月，客户经理要重点对借款企业的现金流量、还款资金落实情况进行认真调查、测算，督促企业按时还贷。固定资产贷款到期前三个月，客户经理要认真检查企业还贷能力，督促企业落实还贷资金。在上述期间，要对借款企业的账户变动情况进行严密监控，督促企业加强资金回笼，必要时可限制企业的大额用款。

(二) 借款人检查

贷后检查需要密切监督借款人，及时发现借款人可能难以还款的迹象。这种早期预警是很必要的，它可以使正确行动的影响达到最大化，使贷款可能发生的损失降到最低。

1. 借款人经营状况监控

客户经理一定要培养良好的观察能力，力求对企业进行全面、广泛的了解。一方面，要注意企业在日常的商务活动中是否出现不道德的谋利和不讲诚信的行为，是否出现隐瞒经营情况的现象及其他各种异常情况；另一方面，一定要对异常情况进行调查和分析，找出问题根源。

借款人的经营风险主要体现在：

(1) 经营活动发生显著变化，出现停产、半停产或经营停止状态；

(2) 业务性质、经营目标或习惯做法改变；

(3) 主要数据在行业统计中呈现不利的变化或趋势；

(4) 兼营不熟悉的业务、新的业务或在不熟悉的地区开展业务；

(5) 不能适应市场或客户需求的变化；

(6) 持有一笔大额订单，不能较好地履行合约；

(7) 产品结构单一；

(8) 对存货、生产和销售的控制力下降；

(9) 过分依赖某些客户或供应商，可能引起巨大的损失；

(10) 在供应链中的地位关系发生变化，如供应商不再供货或减少授信额度；

(11) 购货商减少采购；

(12) 企业的经营地点发生不利的变化或分支机构分布不合理；

(13) 收购其他企业或者开设新销售网点，对销售和经营有明显影响，例如，收购只是基于财务动机，而不是与核心业务有密切关系；

(14) 出售、变卖主要的生产性、经营性固定资产；

(15) 厂房和设备未得到很好的维护，设备更新缓慢，缺乏关键产品生产线；

(16) 建设项目的可行性存在偏差，或计划执行出现较大的调整，如基建项目的工期延长、处于停缓状态或进行预算调整；

(17) 借款人的产品质量或服务水平下降；

(18) 流失一大批财务实力雄厚的客户；

(19) 遇到台风、火灾、战争等严重自然灾害或社会灾难；

(20) 企业未实现预定的盈利目标。

2. 借款人管理状况检查

管理状况检查是对企业整体的运营情况进行调查，尤其是对不利的变化情况进行调查，针对"人及其行为"。经营者本人、董事会成员和公司员工是最了解企业情况的内部人员，企业决策人行为和经营观念的变化直接反映了公司经营的变化，对企业产生巨大影响，从而直接关系贷款的安全。

客户经理一定要关注借款人的管理水平、管理架构、人员变化、员工士气变化及企业内部人员的道德风险对公司经营的影响。

借款人的管理风险主要体现在：

(1) 企业发生重要人事变动，如高级管理人员或董事会成员变动，最主要领导者的行为发生变化、患病、死亡或陷于诉讼纠纷，无法正常履行职责。

(2) 最高管理者独裁，领导层不团结，高级管理层之间出现严重的争论和分歧；职能部门矛盾尖锐，互相不配合，管理层品位低下，缺乏修养。

(3) 管理层对环境和行业中的变化反应迟缓或管理层经营思想发生变化，表现为极端的冒进或保守。

(4) 管理层对企业的发展缺乏战略性的计划，缺乏足够的行业经验和管理能力，如有的管理人员只有财务专长而没有技术、操作、战略和营销的综合能力，导致经营计划没有实施及无法实施。

(5) 董事会和高级管理人员以短期利润为中心，并且不顾长期利益而使财务发生混乱，收益质量受到影响。

(6) 借款人的主要股东、关联企业或母子公司等发生重大的不利变化。

(7) 中层管理层较为薄弱，企业人员更新过快或员工不足。

3. 借款人财务状况监控

财务状况变化是企业还款能力变化的直接反映。信贷人员应定期收集符合会计制度要求的企业财务报表，关注并分析异常的财务变动和不合理的财务数据，加强企业财务数据的纵横向比较和数据之间的钩稽关系。

借款人的财务风险主要体现在：

(1) 企业不能按期支付银行贷款本息；

(2) 经营性净现金流量持续为负值；

(3) 产品积压、存货周转率下降；

(4) 应收账款异常增加；

(5) 流动资产占总资产比重下降；

(6) 短期负债增加失当，长期负债大量增加；

(7) 银行账户混乱，到期票据无力支付；

(8) 企业销售额下降，成本提高，收益减少，经营亏损；

(9) 不能及时报送会计报表，或会计报表有造假现象；

(10) 财务记录和经营控制混乱。

除上述检查内容外，客户经理应核实企业提供的财务报表。报表如为复印件，则需公司盖章；报表如经会计师事务所审计，需有完整的审计报告(包括附注说明)；报表应含有资产负债表、损益表。同时，客户经理还应对应收账款、存货、对外投资、销售额等关键性数据进行抽样核实，并进行横向(同类客户之间)和纵向(同一客户不同时间)的比较，以判断其财务数据是否合理，企业经营有无异常情况。

4. 借款人与银行往来情况监控

企业与银行的资金往来是公司交易情况最直接的反映，也是银行利益的体现。银行应通过观察借款人与银行的资金往来情况，核查企业的银行对账单，分析公司的最近经营情况，并对异常的划款行为进行调查分析。

与银行往来的异常现象包括：

(1) 借款人在银行的存款有较大幅度下降；

(2) 在多家银行开户(公司开户数明显超过其经营需要);

(3) 对短期贷款依赖较多,要求贷款展期;

(4) 还款来源没有落实或还款资金为非销售回款;

(5) 贷款超过了借款人的合理支付能力;

(6) 借款人有抽逃资金的现象,并寻求贷款;

(7) 借款人在资金回笼后,在还款期限未到的情况下挪作他用,增加贷款风险。

(三) 担保检查

贷款发放后,对保证人与抵(质)押物的管理主要是对担保人担保能力的变化、抵(质)押物状态和价值变化的跟踪与分析,并判断上述变化对贷款安全性的影响。因此,在贷后检查阶段,客户经理要重视对保证人与抵(质)押物进行动态分析,认真做好日常维护工作。

1. 保证人检查

贷款保证的目的是对借款人按约、足额偿还贷款提供支持,因此,客户经理应特别注意保证的有效性,并在保证期内向保证人主张权利。对保证人的管理主要有以下三个方面的内容。

1) 审查保证人的资格

应注意保证人的性质,保证人性质的变化会导致保证资格的丧失。保证人应是具有代为清偿能力的企业法人或自然人,企业法人应提供真实营业执照及近期财务报表;保证人或抵押人为有限责任公司或股份制企业的,提供担保时,必须提供董事会或股东会同意其担保的决议和有相关内容的授权书。应尽可能避免借款人之间相互担保或连环担保,对有关联关系企业之间的相互担保一定要慎重考虑。业务上互不关联的公司的担保要分析其提供担保的原因,警惕企业通过复杂的担保安排骗取银行贷款。

2) 分析保证人的保证实力

对保证人的评估方法与对借款人的评估方法相同。保证人的财务状况,如现金流量、或有负债、信用评级等情况的变化直接影响其担保能力。客户经理应以对待借款人的管理措施对待保证人。

3) 了解保证人的保证意愿

良好的保证意愿是保证人提供担保和准备履行担保义务的基础,应密切注意保证人的保证意愿是否出现改变的迹象。例如保证人和借款人的关系是否出现变化,保证人是否出现试图撤销和更改担保的情况,应分析其中的原因,判断贷款的安全性是否受到实质影响,并采取相关措施。

2. 抵(质)押品管理

以抵(质)押品设定担保的,客户经理要加强对抵押物和质押凭证的监控和管理。对抵押品要定期检查其完整性和价值变化情况,防止所有权人在未经银行同意的情况下擅自处理抵押品。进行抵(质)押品管理主要检查以下内容：

(1) 抵押品价值变化情况；

(2) 抵押品是否被妥善保管；

(3) 抵押品是否被变卖出售或部分被变卖出售；

(4) 抵押品保险到期后有没有及时续投保险；

(5) 抵押品是否被转移至不利于银行监控的地方；

(6) 质押物价值变化情况；

(7) 质押凭证是否到期；

(8) 银行对质押凭证是否妥善保管。

抵押期间，经办人员应定期检查抵押物的存续状况，以及占有、使用、转让、出租及其他处置行为。如发现抵押物价值非正常减少，应及时查明原因，采取有效措施。如发现抵押人的行为将造成抵押物价值的减少，应要求抵押人立即停止其行为；如抵押人的行为已经造成抵押物价值的减少，应要求抵押人恢复抵押物的价值。如抵押人无法完全恢复，应要求提供与减少的价值相当的担保，包括另行提供抵押物、权利质押或保证。

抵押人在抵押期间转让或处分抵押物的，必须要求其提出书面申请，并经银行同意后予以办理。经银行同意，抵押人可以全部转让并以不低于银行认可的最低转让价款转让抵押物的，抵押人转让抵押物所得的价款应优先用于向银行提前清偿所担保的债权或存入银行账户；经银行同意，抵押人可以部分转让抵押物的，所得的收入应存入银行的专户或偿还银行债权，并保持剩余贷款抵押物价值不低于规定的抵押率。抵押期间，抵押物因出险所得赔偿应按照合同中约定的处理方法进行相应处理；对于抵押物出险后所得赔偿数额不足清偿部分，银行可以要求借款人提供新的担保。

3. 担保的补充机制

1) 追加担保品，确保抵押权益

银行如果在贷后检查中发现借款人提供的抵押品或质押物的抵押权益尚未落实，或担保品的价值由于市场价格的波动或市场滞销而降低，由此造成抵押值不充分，或保证人保证资格或能力发生不利变化，可以要求借款人落实抵押权益或追加担保品。我国《担保法》第五十一条规定，如果抵押人的行为足以使抵押物价值降低的，抵押权人(银行)有权要求抵押人停止其行为，并要求其恢复抵押物的价值，或提供与减少的价值相当的担保，即追加担保品，以达到原借贷合同规定的价值。另外，如果由于借款人财务状况恶化，或由于贷款展期使贷款风险增大，或追加新贷款，银行要根据情况变化要求借款人追加担保品，以保障贷款资金的安全。对于追加的担保品，也应根据抵押贷款的有关规定，办妥鉴定、公证和登记等手续，落实抵押权益。

2) 追加保证人

对由第三方提供担保的保证贷款，如果借款人未按时还本付息，就应由保证人为其承担还本付息的责任。以下情况下，银行应要求借款人追加新的保证人：保证人的担保资格或担保能力发生不利变化，其自身的财务状况恶化；由于借款人要求贷款展期，造成贷款风险增大；由于贷款逾期，银行加收罚息而导致借款人债务负担加重，而原保证人又不同意增加保证额度；抵(质)押物出现不利变化。

二、贷后检查的方法

贷后检查的方法有非现场检查和现场检查两种。

(一) 非现场检查

非现场检查包括以下两种方式。

(1) 通过多种渠道，如工商、税务部门、借款人及担保人竞争对手、上级主管部门、政府管理部门、金融同业、新闻媒介等方面获取信息，尽早发现预警信号，指导现场核查。

(2) 通过客户账户管理系统和信贷登记咨询系统，每日监测和控制客户授信账户往来、授信出账、额度使用中出现的异常情况，尽早发现预警信号。

(二) 现场检查

伙伴式的银企关系意味着如果一家银行希望成为或继续做某个客户的基本账户行，就必须经常适应客户未来的经济计划，满足其资金需求。贷款人可以通过四种信息渠道监控借款人：本银行、客户的供货商、其他金融机构、客户本身。单纯分析财务数据只能提供与客户状况有关的临时性检测数据，数据中所出现的问题只能通过讨论做出回答。不仅如此，仅凭资产负债表和损益表远不足以反映银行管理计划执行情况。为了清楚地了解信贷管理和经营的状况，信贷员必须经常走访客户，在走访中搞清厂房设备以及用作抵押品的各种资产的现状。通过走访收集的第一手资料可以用来检测财务分析的质量和准确性。

通过实地走访查看借款人及担保人的主要办公、生产或经营场所、建设工地，与其主要负责人、财务主管直接接触和交流，查阅会计账册、会计凭证、存货等方法，对发现的主要风险点和预警信号进行补充和验证。现场检查包括日常检查、定期常规检查和专项检查。

1. 日常检查

贷款发放后次日，调查部门要将贷款发放的法律文书、调查审批表等有关资料交贷款检查部门进行贷款的合规、合法性检查，检查的主要内容如下。

(1) 贷款是否按规定的操作程序办理。

(2) 贷款申请书、借款合同、担保合同、借据等与贷款发放有关的法律文书，各栏目、各要素的填写是否齐全有效，是否合规合法，有无错漏；贷款决策过程中，调查情况是否完整、清楚；贷款审查审批中的建议、意见是否明确，审批责任是否落实。

(3) 有无越权和拆分贷款。

(4) 有无超过贷款规模和超过对借款人的授信额度等。

检查部门对贷款的日常检查情况，要填制《贷款日常检查记录》，并及时将检查情况和整改意见反馈到贷款调查、审查部门，必要时要另附书面检查材料报送主任或上级主管部门。

客户经理平时工作中除对客户进行资金账户监管外，还应随时收集和掌握借款人和担保人的财务报表、公开信息、其他融资情况、上下游企业、所处行业及国家宏观经济政策、风险经理提供的风险预警信息等与授信后管理相关的情况。

2. 定期常规检查

定期常规检查必须由负责此项贷款的信贷员发起，分析借款人的财务状况和趋势，借款人过去的经营业绩、今后还款的能力、盈利能力及其市场环境等，然后决定银行继续与借款人保持关系的方式。定期检查中所反映的信用方面或经营方面的情况可能导致银行扩大贷款，也可能使银行缩小、更新或取消现有的融资便利。

客户经理进行现场检查前要进行充分准备，结合资金账户监管、日常跟踪、风险监控掌握的信息，对客户进行定期的现场检查，确定检查重点。一般情况下，短期授信一个月，中长期授信一个季度检查一次。

此外，对法人客户，正常、关注类授信客户至少每季度进行一次现场检查，次级类授信客户至少每月进行一次现场检查，可疑、损失类授信客户、仅与银行发生低信用风险业务的客户可根据实际需要确定检查频率。

3. 专项检查

专项检查主要包括首次检查、全面检查、重点检查等。

(1) 首次检查。贷款发放后15日内，客户经理要进行首次检查，重点检查贷款的使用用途是否符合合同的约定。

(2) 全面检查。除了首次检查外，每个月或每个季度还要进行全面检查，主要检查客户的基本情况，包括客户行业状况、经营状况、内部管理状况、财务状况、融资能力和还款能力等方面的变化情况，以及信贷业务风险和授信担保的变化情况。

(3) 重点检查。授信后一旦发现客户出现新的或实际已经影响贷款偿还的重大风险事项时，银行从发现之日起2日内要进行重点检查。

① 抽查未到期贷款的使用情况，检查的主要内容有：贷款调查是否真实、完整，贷款审查是否准确；贷款是否按约定用途使用，有无挤占、挪用情况；借款人和保证人的资产负债情况，经营状况是否正常，贷款风险以及还本付息的能力等；抵押物是否完好无损，有无擅自处置抵押物、逃废银行债务现象。

② 检查逾期贷款，检查的主要内容有：贷款逾期的原因；分析逾期贷款转为正常贷款的可能性，研究转化或保全的措施；贷款的审、贷、批各环节有无失误，衔接如何，如有问题，要进一步检查对贷款风险造成的影响，核查并提出有关部门和当事人应承担的责任。

检查人员进行重点检查后，要填写《贷款重点检查表》，并附书面检查材料。针对检查中发现的问题，提出责任的划分、整改意见，经主任或审贷委员会审批后，由信贷调查、审查部门组织实施，检查部门负责督办。

上述每种检查后，最终都要形成授信检查报告。

三、贷后检查的操作流程

客户经理要努力培养自己的观察能力，力求对企业进行全面、广泛的了解。一方面，要注意企业在日常的商务活动中是否出现不道德的谋利和不讲诚信的行为，是否出现隐瞒经营情况的现象及其他各种异常情况；另一方面，一定要对异常情况进行检查和分析，找出问题根源。贷后检查的操作流程如图9.2所示。

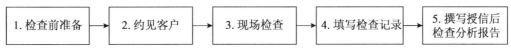

图9.2　贷后检查的操作流程

1. 检查前准备

(1) 拟订客户检查计划，包括检查的依据、时间、对象、事项和方式等内容，并准备好检查所必需的文本资料。

(2) 确定客户检查的主要内容，包括生产经营状况、管理状况、财务状况、融资能力和还款能力等。

(3) 确定客户检查的方式。根据检查的性质确定检查的方法，并确定是由客户经理进行检查，还是由团队或管理部门统一进行检查。

2. 约见客户

检查之前，可以通过电话、信函等形式通知客户此次检查的范围、内容和时间，对被检查客户的具体要求等。

3. 现场检查

(1) 查阅资料。告知客户的权利、义务，查阅、审核、复制被检查客户的相关资料。

(2) 与客户面谈。在进行现场检查时，客户经理一定要与客户管理人员面谈，详细了解客户原材料和主要产品市场、生产技术和组织管理、经营计划和体制人员变动、经济纠纷、与其他债权人的合作、对外担保、关联企业及关联交易等情况。

4. 填写检查记录

客户经理在完成检查后应填写检查记录，检查记录除了全面反映客户生产经营、资产负债、内部管理变化情况及担保落实情况外，还要对客户发展前景、偿还授信能力及授信风险因素进行分析、预测，提出切实可行的意见、建议，报主管领导审定后归档保管。

借款企业有下列情况之一的，经认定后，将其列为有不良记录的企业：

(1) 向银行提供虚假财务报表或情况；

(2) 未经银行同意，擅自处理抵(质)押物；

(3) 有意拖欠到期授信或授信利息；

(4) 通过各种形式逃废银行债务。

对有不良记录的企业，要向人民银行报告，并在辖区内通报，停止对其发放一切授信。

5. 撰写授信后检查分析报告

客户经理需综合客户资金账户监管、现场检查、日常跟踪、风险预警等情况，至少每半年对客户的授信后情况进行一次全面的检查分析，撰写《授信后管理分析报告》。报告中至少包括：

(1) 对客户生产经营情况的评价。

(2) 对客户财务状况的评价。

(3) 对客户管理情况的评价。

(4) 对客户发展前景的评价。

(5) 对客户授信风险状况的总体评价。

(6) 建议采取的措施，包括：继续支持该企业；不再办理收回再贷业务；退出该企业；停止发放新授信；按常规实施授信后管理和检查；提前收回客户未使用的授信；帮助借款人改善经营管理；落实专人负责清收；要求借款人提出更详细的还款计划；追索保证单位的连带责任；列为特殊关注对象，加大授信后检查频率；依法处置授信抵押物、质物和质押权利；与客户协商以物抵贷；从严核定最高综合授信额度，控制对该客户的融资总量；提请法院宣告其破产还债；依法提起诉讼；更换担保单位、补足抵(质)押物；其他措施。

四、问题处理

(一) 贷款检查问题的处理

(1) 借款企业有挪用贷款现象，或故意借用其他用途来骗取贷款的，要勒令其限期纠正，确实不符合银行规定的贷款投向的，要强制收回，不能马上收回的，要按有关规定加收利息或罚息。

(2) 对于贷款项目没有达到预期效益目标，本身已不具有还款能力的，要督促企业动用综合能力偿还贷款。

(3) 如果企业本身暂时周转也有困难，要督促企业采取特别措施偿还贷款，或及时向银行申请贷款展期或重组。

(4) 固定资产项目，若出现工期拖延、概算突破、市场变化的，要督促企业采取一揽子综合措施进行解决。

(5) 对于有还款能力但不积极偿还贷款的企业，要依合同约定直接从企业账户扣收或依法采取其他措施收回贷款。

(二) 借款人检查问题的处理

(1) 发现企业生产经营不正常，产品销售不畅，库存不合理增加，成本费用增大，效益不理想，要督促企业查找原因，制定相应措施。

(2) 发现企业短期偿债能力存在问题的，要督促企业及时调整资产结构，压缩长期资产，增加流动性资产，或及时向银行申请贷款展期。

(3) 如企业长期偿债能力存在问题，应及时检查、调整企业的长期融资策略，控制对企业的融资规模，及时收回短期融资。

(4) 如企业对银行出现欠息、逾期或对其他债务人有上述情况时，要抓紧催收，停止发放新的贷款，除非认为有债务重整的必要。

(5) 如发现借款企业有逃债行为或在银行存款持续减少至不合理水平、有意逃避银行监督的，要及时收回贷款，必要时不惜采取法律措施。

(6) 若企业贷款不合理地大量增加、对外重大投资失败、涉及大额不利诉讼、企业领导人行为异常、存在违法经营的，要摸清情况及时报告，必要时依照合同中的违约条款及时扣收未偿还的贷款本息，或依法处理抵押物和追究担保人的担保责任。

(7) 若企业暂时或局部遇到困难，并未丧失最终还款能力，过去信誉和还款记录良好的，可督促或帮助企业克服困难，根据条件给予企业必要的贷款支持或支持债务重组等。

(8) 对濒临破产、贷款收回无望的企业，要及时申报债权，积极参与破产清算。

(9) 要通过对借款企业的全面检查，及时分析企业信用状况的变化，并据此确定企业的最高风险额度。

(三) 担保检查问题的处理

(1) 在担保检查中若发现保证人的担保能力下降、保证人法律地位发生变化的，应要求债务人调整或补办新的担保。

(2) 在贷款延期时，要重新落实担保。

(3) 采取抵押担保的，如果抵押物价值大幅度下降或抵押物被非法变卖、转移的，应要求债务人补办新的抵押或将抵押物转移至债权人能够监控的地方。

(4) 抵押物保险到期的，要督促债务人及时续办保险。

(5) 抵押物管理不善的，要督促债务人加强对抵押物的管理。

(6) 以有价证券等质押担保的，应注意其价值变动和到期情况，早于贷款到期的，应通知企业及时兑付并转为定单质押。

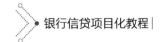

(四) 其他情况的处理

出现下列情况之一的，要及时向总部报告，在全系统范围内通报，对其借款从严掌握，视情况给予加息或罚息：

(1) 向银行提供虚假财务报表或情况资料。

(2) 未经银行同意，擅自处理抵(质)押物。

(3) 有意拖欠到期贷款或利息。

(4) 通过各种形式逃废债务。

五、贷后检查的注意事项

在贷后检查阶段，信贷人员应及时整理、更新有关企业信息，对重大情况应及时报告，并形成文字材料存档。除从企业本身获取信息外，也应努力从企业的外部机构，如合作单位、监管部门、咨询机构、政府管理部门、新闻媒介等，收集企业的信息，注意信息来源的广泛性、全面性、权威性和可靠性，以便对企业变化情况进行全方位的把握。此外，贷后检查还应注意以下几点。

(1) 贷后检查时，重点对借款企业的还款能力(偿债义务)进行定期分析。

(2) 坚持日常检查和定期常规检查相结合。日常检查的主要目的是及时掌握企业的临时性、局部性变化，每次检查后要将检查情况在贷款管理台账上记录备忘，发现可疑及重大情况要及时报告。定期常规检查则是按照一定的时间要求，对企业的总体情况进行全面的检查，检查后要写出专门的检查报告报有关部门及领导。由总部审批的贷款，检查报告应报总部有关部门。

(3) 根据客户的信用等级合理确定检查频率，对信用等级低的客户增加检查次数，对未参加评级的企业，其借款检查间隔不超过一个月。当发生欠息、贷款逾期及造成银行垫款时，要立即进行特别检查，查清借款人发生欠息、逾期及造成银行垫款的原因。

任务三 贷款风险分类

■ 学生的任务

了解贷款分类的含义；掌握贷款风险分类的统一标准；了解贷款风险的处理办法及贷款分类的一般程序。

■ 教师的任务

指导学生进行贷款风险分类。

任务导入

根据所给材料进行贷款风险分类

A城市日报社隶属中共A市市委机关，主要承印日报和其他报纸的出版发行，并承接国内外广告业务。近年来，报纸发行量逐年增加，版面也增加了，广告业务迅速发展，取得了显著的社会效益和经济效益。几年来，该报社屡次被评为该市先进企业，并成为该市十大企业集团之一。

该报社为解决印刷能力不足的问题，新建了一个集报纸印刷和彩色商务印刷为一体的印务中心，总投资7亿元人民币。

印务中心的主要设备是四条高速轮转印刷机生产线和一套自动报纸发行系统，是世界公认的先进设备。

2014年8月，该报社与建设银行A市分行签订了银企合作协议，该报社及下属企业在A市分行开立基本结算账户，并将资金存入A市分行，A市分行承诺向报社提供多方面的金融服务并给予贷款支持。截至2015年12月末，该报社在A市分行的贷款余额为人民币贷款2.5亿元、外汇贷款1万美元。

建设银行A市分行信贷部门分析如下。

(1) 企业偿还贷款的有利因素，主要从财务指标、现金流量、非财务因素、还款意愿等方面进行分析。根据企业提供的资产负债表和损益表，计算企业财务指标(见表9.3)。

表9.3 A城市日报社主要财务指标

日期	流动比率/%	速动比率/%	资产负债率/%	销售收入/万元	利润总额/万元
2010年12月31日	147.08		29.16	30 335	16 179
2011年12月31日	199.28	195.95	19.9	39 200	21 847
2012年12月31日	155.76	151	21.68	43 923	23 133
2013年12月31日	135.58	134.5	32.39	54 785	25 126

该报社财务指标良好，流动比率和速动比率均大于1，说明企业资产的流动性和变现能力较强，而且报社的报纸销售收入大部分能以现金形式当期收回，现金流量充足。此外，该报社还拥有8家报纸、10多家合资企业、50多家报纸销售连锁店和自行发行网络，经营规模较大。企业注重内部管理，拥有较多的高学历专业人才。目前报社已引进世界先进的印刷设备和发行系统，项目建成后，印刷能力和发行能力将会有大的突破。此外，该报社与银行建立银企协作关系以来，信誉较好，从未发生过拖欠银行贷款本息的现象。

(2) 贷款风险分析。报社信誉较好，贷款履约率和收息率均为100%，且贷款均为抵押贷款，抵押品有房产、机器设备、培训中心、土地使用权等，市场价值2亿元人民币。贷款担保人是A市大洋房地产开发公司，该公司现已开发过3个房地产项目，销售情况较好。目前开发的几座房产期房销售已逾50%，估计全部销售不成问题，房屋销售后预计资金回笼15亿元左右。该房地产开发公司经营状况正常，有较强的担保能力，但是由于种种原因银行尚未办理抵押物他项权利登记，一旦贷款不能偿还，银行不能履行抵押物变卖权利，这是贷款的潜在风险。

(3) 影响企业偿还贷款的不利因素。报社的贷款余额较大，按目前的贷款情况，贷款大约需要5年时间才能还清，企业债务负担较重，还款压力较大。同时A市报业市场竞争日渐激烈，现已成立数十家报业集团，估计日报社的发行成本将会上升。此外，由于各家争取广告竞争愈演愈烈，对该报社的收益将产生不利影响。

分析这笔贷款应划归为哪一类贷款？如何区分正常贷款与关注贷款？

知识准备

贷款风险分类是商业银行的信贷分析和管理人员或金融监管当局的检查人员，综合所能获得的全部信息并运用最佳判断，根据贷款的风险程度，对贷款资产的质量所做出的评价。通过贷款风险分类，可以了解贷款所处的状态，准确识别贷款的内在风险、有效跟踪贷款质量，便于商业银行识别和降低风险，及时采取措施，提高信贷资产质量。

一、贷款风险分类的含义

信贷部门根据贷款的风险状况进行有针对性的管理，视风险类别差异，确定贷款检查的频度，特别是不良贷款要增加检查频度，对贷款进行动态监测，可以更准确地识别贷款风险，反映贷款的内在质量。

贷款风险分类是指银行客户经理根据贷款检查情况，通过一定的标准、程序，按照风险程度对借款质量所做的划分。贷款分类通过统一的、标准化的指标体系和操作程序，对各贷款的风险程度进行细分，并在此基础上对借款质量状况做出明确的评价，从而为贷后管理提供更加清晰的信息基础，使管理措施更加有的放矢，使管理人员对企业的经营状况有更为准确的了解，为防范金融风险发挥更大的作用。

二、贷款风险分类的统一标准

各商业银行的贷款管理要求和水平不尽相同，其客户群体、贷款种类也不尽相同，各商业银行一般从银行内部管理实际出发，按照自身标准对贷款风险分类进行不同的定义并将其视为商业秘密。

但是，如果没有统一的贷款风险分类标准，金融监管当局对资本充足率的要求、对流动性的监控等都失去了基础，因此，由具有权威性的金融监管当局制定和发布贷款风险分类的统一定义和分类标准，作为衡量贷款风险的统一价值尺度，所有商业银行照此执行。

2002年1月1日起，我国《贷款风险分类指导原则》施行，中国的银行业全面推行贷款风险分类管理，五级分类不再依据贷款期限来判断贷款质量，能更准确地反映不良贷款的真实情况，从而提高银行抵御风险的能力。五级分类的主要标准如下。

1. 正常贷款

正常贷款是指借款人一直能正常还本付息，银行对借款人最终偿还贷款有充分的把握，各方面情况正常，不存在任何影响贷款本息及时全额偿还的因素，没有足够理由怀疑贷款本息不能按时足额偿还。

2. 关注贷款

关注贷款是指尽管借款人目前有能力偿还贷款本息，但存在一些可能对偿还产生不利影响的因素，本息损失概率不超过30%。

3. 次级贷款

次级贷款是指借款人的还款能力出现明显问题，正常经营收入已不足以保证还款，需要通过出售、变卖资产或对外融资，乃至执行抵押担保来还款，本息损失概率为30%～40%。

4. 可疑贷款

可疑贷款是指贷款到期企业不能归还的事实已经成立，即使执行担保，也肯定会造成较大损失，只是企业进行重组、兼并、合并、处理抵押物、执行担保或诉讼等环节尚未结束，贷款损失金额还不能确定，本息损失概率为50%～70%。

5. 损失贷款

损失贷款是指贷款遭受损失的部分，包括：企业宣布破产，经过清偿后仍然不能归还的贷款；由于自然灾害企业遭到损失，导致无法生产，保险公司赔付后仍然不能归还贷款的；经过国家部门特别批准核销的贷款。这类贷款全部或大部分已经损失，在采取所有可能的措施或一切必要的法律程序之后，本息仍然无法收回，或只能收回极少部分，本息损失概率为80%～100%。

五级分类法是银行依据借款人还款能力，即偿还贷款本金和利息的实际能力，确定贷款遭受损失的风险程度的管理方法。我们把五级分类中的后三类贷款称为银行不良贷款。

三、贷款风险的处理办法

(1) 对于正常类贷款，要注意加强风险预警。

(2) 对于关注类贷款，银行需要密切跟踪企业经营状况和财务状况，分析潜在风险因素的变化，评价其对借款安全的影响，对于未办理贷款担保的，要补办担保或进一步强化原有的担保措施，在风险因素未好转之前，一般不增加贷款。至少每季度要深入企业调查一次，通过积极与企业接触，掌握企业人事、财务、经营状况变动的主要原因。如果企业管理层出现人事变动，贷款银行需要与新的管理层接触，了解未来企业的发展计划和新的领导人与银行合作的意愿，从而确定贷款出现损失的可能性，并采取相应的措施。

(3) 对于次级类贷款，要加强借款本息的催收，保证贷款的诉讼时效，密切注意借款保证及抵(质)押情况的变化，每月要现场检查企业情况和抵押物状况。必要时，应对债务实施重组，并尽可能压缩贷款。

(4) 对于可疑类贷款，银行需要落实债权债务，防止企业逃废银行债务。积极利用法律措施催收，依法追究担保人责任和行使抵押权力，并加强对借款企业资产的监控，专人跟踪和参与企业债务清偿和诉讼进展情况，密切注意与借款人有关的合并、重组、托管等不确定因素，采取相应的资产保全措施，与管理层和律师沟通，防止企业资产的非法流失，争取银行的损失得到最大的补偿。

(5) 对于损失类贷款，要及时足额申报债权，依法参与破产清算，尽可能减少借款损失，对已造成的贷款损失，及时给予呆账核销。对于损失类贷款，银行只能动用"贷款损失准备金"来弥补损失。

> **【教学互动】9.1**
>
> 在市政府的直接干预下，自2012年6月，A银行先后向远航造船厂提供了四笔流动资金贷款，合计4 000万元，期限一年，实际为"流贷搞固贷"。根据贷款风险分类的标准，假定借款人有良好的偿还能力。
>
> 问：A银行的4 000万元余额最高只能划分为(   )。
>
> 答：关注贷款。

四、贷款分类的一般程序

(1) 阅读信贷档案及相关资料，填写贷款状况报告表(见表9.4)。

(2) 分析档案资料，审查贷款的用途、还款来源、还款记录等基本情况。

(3) 进行贷款初步分类，即通过对贷款归还的可能性分析，根据五级分类标准，确认贷款的还款保证程度，反映贷款的内在风险。影响还款可能性的主要因素有借款人的还款能力(借款人的还款能力是一个综合概念，包括借款人现金流量、财务状况、影响还款能力的非财务因素等)、还款意愿、贷款的担保、贷款偿还的法律责任及银行自身信贷管理的有效性等方面。

表9.4　贷款状况报告表

1. 借款申请人的资质及评价			
从事该行业时间	管理能力 优秀□ 良好□ 一般□ 差□	教育背景 初中□ 高中或中专□ 大专或专业技术教育□ 本科及以上□	信用状况 良好□ 可信□ 可疑□ 无记录□
社会评价 好□ 较好□ 一般□ 差□	有无不良嗜好 无□ 有□	住房情况 自有产权□ 按揭住房□ 租房居住□	婚姻状况 已婚□ 未婚□ 丧偶□ 离异□
身体状况 健康□ 一般□ 较差□	有无诉讼情况 无□ 有□	家人对项目是否支持 支持□ 不支持□	家人对贷款是否支持 支持□ 不支持□
借款人发展经历简介：			
借款人发展经历简介			
对借款人的评价			
借款企业名称：			
2. 经营项目的资质及评价			
经营开始时间 经营时间不足1年□ 经营时间1～5年□ 经营时间5年以上□	管理能力弱□ 管理能力一般□ 管理能力强□	企业注册登记 已注册登记□ 正在注册登记□ 未注册登记□	企业类型 个体劳动者□ 个体工商户□ 个人独资企业□ 合伙企业□
企业权属 业主□ 股东□ 股份占比□ 其他□	企业生产经营环境 位置较好：配套设施 齐全/人流量大□ 位置一般□ 位置较差：配套设施 不齐全/人流量少□	生产经营用房性质 自有产权□ 租赁□ 其他□	竞争压力 大□ 中□ 小□
内部管理 制度健全，管理有序 一般□ 有制度，但执行差□ 无制度，管理差□	账务记录 正规记录□ 非正规记录□ 无记录□	工资、税、费支付 无延迟□ 延迟15天以内支付□ 延迟30天以内支付□ 延迟30天以上支付□	经营活动对环境影响 高□ 中□ 低□ 无□
员工 员工队伍稳定，技能高□ 一般□ 员工队伍不稳定□	服务/工艺技术 好/先进□ 一般□ 不好/落后□	销售渠道网络 多□ 一般□ 少□ 无□	产品市场前景 知名度高，被市场接受度 高，前景好□ 一般□ 不被市场接受，前景差□

(续表)

有无诉讼 无□ 有□	企业征信 良好□ 可信□ 可疑□ 无记录□	经营策略/发展战略 切实可行，能够成功□ 不符合实际，很可能失败□ 不明确□

借款企业股权结构

股东	占股比例	在企业中的分工	与借款人关系	是否支持贷款	备注

收益分配方式：
按比例每年分配□　　按比例每季度分配□　　按比例每月分配□
固定金额每年分配□　　固定金额每季度分配□　　固定金额每月分配□

其他分配方式：

贷款用途分析：

借款企业发展简介：

对借款企业资质的评价：

(4) 复审、确定分类结果，完成贷款分类认定表 (见表9.5)及贷款分类汇总表(见表9.6)。

表9.5　贷款分类认定表

贷款行：　　　　　　　　　　　　年　月　日

序号	借款人	贷款方式	贷款金额	借款日期	到期日期	逾期天数	担保状况	信用等级	贷款分类结果					分类理由	分管客户经理
									正常	关注	次级	可疑	损失		

表9.6 贷款分类汇总表

贷款行：　　　　　　原贷款科目：　　　　　　编号：　　　　　　单位：元

借款人名称			负责人			
经济性质			经营项目			
贷款金额			贷款方式			
贷款起止日期			原贷款形态			
调查项目 ＼ 调查日		年　月　日		年　月　日		年　月　日
贷款基本情况	是否按约定用途使用贷款					
	贷款逾期情况					
	贷款欠息情况					
财务情况	资产总额					
	其中：固定资产					
	负债总额					
	经营收入					
	预计年经营收入					
	净收益					
	预计年净收益					
非财务因素	经营情况是否正常					
	产品市场需求情况					
	借款人还款意愿					
	税费缴纳情况					
担保情况	担保合同是否有效					
	保证人代偿能力					
	抵(质)押物及其价值					
	抵(质)押物变现能力					
其他说明						
分类日期		年　月　日		年　月　日		年　月　日
分类理由		经办人		经办人		经办人
分类结果		主任签章		主任签章		主任签章

任务四　贷款风险预警

■ 学生的任务

了解贷款风险预警的制度规定，熟悉客户经理在风险预警工作中的主要职责；掌握各类风险预警信号分类及信号分析方法，以及风险预警的操作流程等；

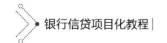

■ 教师的任务

指导学生独立办理风险预警业务。

任务导入

分析F支行信贷工作的失误点及改进措施

H总公司是一家经济实力较强的企业，主要经营铁路运输及与此有关的仓储业务。2013年6月27日，其控股企业M实业公司与某银行F支行签订了一份420万元人民币流动资金贷款的合同，期限12个月，用于某市铁路仓储设施的建设，同时由H总公司担保，承担归还贷款的连带担保责任。

M实业公司经营的主要业务是铁路仓储，具有一定的经营规模和稳定的收入来源。但在贷款出账后，公司主要负责人由于经济犯罪被逮捕，公司几家股东内部产生经济纠纷，公司经营管理和业务发展陷入困境。

贷款到期后，F支行多次上门催收，新上任的公司领导表示目前公司经营陷入困境，暂时拿不出钱来归还贷款，F支行于是要求担保人H总公司承担连带还款责任。当F支行客户经理找到H总公司的办公楼时，原H总公司的牌子已不复存在，取而代之的是H股份有限公司和H实业发展公司。经过了解，原来H总公司经过股份制改造已分裂变成上述两家公司，其中H股份有限公司经过包装后已变成了发行公众股的上市公司，质量比较高的资产大多划给了该公司，而一些质量较差的资产则划给了H实业发展公司。

当F支行向H股份有限公司追讨债务时，该公司表示原H总公司为该笔420万元贷款提供的担保责任已经转为由H实业发展公司承担。F支行经过调查认为，H实业发展公司的资产规模和质量远不如H股份有限公司，如果承认既成的事实，显然给该笔贷款带来了潜在的风险。鉴于原担保人在公司股份制改造和资产债务重组过程中没有事有先通知债权人F支行并征得F支行的同意，F支行于2015年5月对借款和担保人提起了法律诉讼。由于经济实力较强的H股份有限公司担心法律诉讼会影响其在公众中的形象而引起股票价格波动，答应由法院主持调解达成如下协议：由M实业公司作为借款人，H实业发展公司作为担保人，同时加上定期存款质押，办理420万元人民币贷款的借新还旧手续。

知识准备

一、贷款风险预警的含义

贷款风险预警是指通过一些与借款安全密切相关的指标及情况的收集，及时预测和发现贷款可能存在的风险，风险预警主要用于对正常贷款的管理。贷款风险预警是对还未明确出现风险的贷款进行潜在风险的预测，与已经出现风险后的贷款跟踪管理不同，风险预警需要在大量的不确定信息中发现那些对借款安全有潜在影响的因素，难度是很大的，需要客户经理具有高度的责任感、敏锐的洞察力和长期广泛的信息渠道，这是贷款风险预警系统产生效果的根本。

在贷款发放初期，借款人的经营状况和财务状况是好的，但随着贷款时间的延续，借款企业的各种经营因素都会发生变化，企业的经营状况和还款能力也在发生变化，会给贷款带来一定的风险。在实际操作中，企业还款能力的变化是有预先征兆的，只要银行人员在发放贷款后密切跟踪企业经营活动，监测企业的财务变化情况，可以提前发现企业可能出现的拖欠银行贷款的种种迹象。银行如果尽早采取措施，可以避免贷款损失发生。

贷后管理中的风险预警信号识别是指负有贷后管理职责的人员，用感知、判断或归类的方式对贷款风险预警信号的风险性质进行鉴别的过程。风险识别是贷款风险管理的第一步，也是风险计量、化解的基础。

二、贷款风险预警信号分类

1. 缺乏合作诚意

(1) 联系不畅：①与客户关键人员失去联系或联系不畅；②企业负责人、财务人员频繁更换手机号码，经常无法联系，即使联系上，也会故意躲避放款方人员。

(2) 不提供资料：①不提供或不按期提供定期报表；②不愿意提供定期报表以外的信息；③不愿意提供在其他银行的交易流水；④更改或撤回以前提供给放款方的贷款资料。

(3) 不配合检查：①事先约定的会谈时间被无故推迟；②现场贷后检查时，关键人员避而不见；③拒绝或不能对报表数据提供组成明细。

(4) 转移基本账户：①离开合作多年的银行；②改变主办银行；③需要通过所得税纳税单来判断客户经营规模、盈利能力真实性时，客户不愿意提供。

2. 现金流异常

(1) 多头开户：在某一银行开立基本账户，同时在他行开立多个一般账户。

(2) 销售收入减少导致现金流总量减少：①经营出现问题，销售回款减少，结算周期延长；②会计经常打电话咨询账上是否有钱，有时开出空头支票，钱一到账，当天就会支出，无法在账上多待一天；③资金进少出多，存款减少，且无合理解释。

(3) 截留转移资金：①关联交易转移资金；②直接截留销售收入；③突然有大笔资金流出，交易异常；④资金流向非经营性交易方；⑤资金流向与经营范围不符。

(4) 现金流异常：①进出资金以融资或内部调拨为主，缺少经营性资金往来；②交易对手突然改变。

3. 外部评价差

(1) 同业内对授信客户评价不佳。

(2) 上下游合作伙伴对授信客户有负面评价。

(3) 客户的邻里、朋友对其有负面评价。

4. 出现不稳定因素

(1) 队伍不稳定：①财务主管、会计人员频繁更换；②销售、生产、技术等核心部门的关键管理人员离职或被更换；③客户、员工对企业没有信心。

(2) 家庭矛盾：①主要股东或实际控制人、关键岗位管理人员家庭矛盾，包括婚姻关系紧张、离婚、析产等；②家庭共同创业的产权纠纷。

(3) 合作伙伴产生矛盾：①股东要求退出；②联营方不再合作；③共同创业的管理者退出；④客户流失。

5. 产生纠纷

(1) 因诚信原因产生纠纷：①在对方付款后故意不提供相应的产品或服务；②为获得非法利益无理缠诉。

(2) 因管理原因产生纠纷：①因重大质量、技术事故引起诉讼或仲裁；②为他人担保引起纠纷。

(3) 因履约能力的原因产生纠纷：因支付能力造成合同违约。

6. 财务信息虚假、财务指标异常

(1) 财务报表不可信：①财务专家对客户的财务报表的真实性持否定的审计意见；②会计差错明显，报表之间、报表数据之间不衔接；③虚构应收账款；④资产负债表上所列资产没有对应实物。

(2) 指标异常：①主要原材料库存畸高畸低，超过或不能满足正常生产需要；②产品库存异常增长。

(3) 利益流失：①以公司资产对外投资，但权益不在公司名下；②资产处置后，现金未流入公司账户；③非公允关联交易。

7. 客户资金链紧张

(1) 长期占用授信，贷款只能增加不能减少：①不能减少授信总额；②存量贷款依赖借新还旧；③要求将短期借款调整为长期借款；④在多家银行融资，通过融资维持银行信用，缓解资金紧张的矛盾。

(2) 融资不计成本：从私人、典当行、小额贷款公司、担保公司及其他企业高息借款。

(3) 经营环境恶化：①供应商紧缩商业信用；②销售回款不畅，被动延长结算期间。

8. 抵押条件弱化

(1) 抵押品价值发生变化：抵押物价值突然发生变化，价值高于贷前评估的价值。

(2) 抵押品管理不当：①拟提供的增加的抵押物不能办理抵押手续；②权属发生了争议。

9. 主营业务出现问题

(1) 主营业务市场或市场份额萎缩。

(2) 盈利能力下降：①导致产品被迫以降价手段争取市场，导致毛利率下降；②客户对上游产品涨价缺乏成本转嫁能力，导致毛利率下降。

(3) 盲目投资：①跨行业扩张；②盲目追逐投资热点；③投资过于分散；④从核心业务抽调资源到其他领域。

10. 管理混乱

(1) 现场管理混乱。

(2) 设备管理混乱：①设备维护差、带病运行、设备故障率上升；②备品备件不足。

(3) 人员管理出现问题。

三、贷款风险预警信号分析

(一) 风险预警信号级次

一级预警信号是指借款人出现对贷款偿还有实质性影响的事件，包括但不限于借款人或其实际控制人突然死亡、重大意外灾害、提供虚假信息、拖延支付贷款本息、资不抵债、宣布破产、押品价值下降或失控等。

二级预警信号是指借款人出现对贷款偿还可能发生较大影响的情形，包括但不限于借款人财务指标恶化、出现诉讼、支付出现困难、出现内部管理问题、未按规定使用贷款、账户异动等。

三级预警信号是指借款人出现对贷款偿还可能发生影响的情形，包括但不限于行业变化、管理层变化、不配合贷后管理、销售下降、贷款归还率较低或大幅减少等。

(二) 风险预警信息的传递方式

风险预警信息须在信贷风险管理系统中发起、处理、审批、监测和解除。基层客户经理及上一层级的任一管理人员均可发起预警信息，并在当天发起、审核、处理、监测及解除。

(三) 预警信号的发送范围

当出现上述情况时，应立即对借款企业进行全面检查，查清企业发生变化的真实情况及原因，并采取相应的管理措施。当企业情况变化较大，可能影响银行贷款安全时，信贷业务部门要向风险管理部门汇报，或按规定程序转入相应的非正常贷款进行管理。

一级预警信号的发送对象为单位股东、董事长、总经理、部门负责人。二级预警信号的发送对象为单位董事长、总经理、部门负责人。其中，金额500万元以上的贷款预警信号应同时发送至各股东。三级预警信号的发送对象为总经理、部门负责人。

四、贷款风险预警操作流程

商业银行风险预警需要经过如下步骤。

(一) 信用信息的收集和传递

收集与商业银行有关的内外部信息，包括信贷人员提供的信息和外部渠道得到的信息，并通过商业银行信用风险信息系统进行储存。

(二) 风险分析

信息通过适当的分层处理、甄别和判断后，进入预测系统或预警指标体系中。预测系统运用预测方法对未来内外部环境进行预测，预警指标经过运算估计出未来市场和客户的风险状况，所输出的结果与预警参数进行比较，以便做出是否发出警报，以及发出何种程度警报的判断。

(三) 风险预警处置

风险预警处置是借助预警操作工具对银行经营运作全过程进行全方位实时监控考核，在接收风险信号和评估、衡量风险的基础上判断有无风险、风险大小、风险危害程度，并确定风险处置、化解的过程。

1. 风险处置方式

按照阶段划分，风险处置可以划分为预控性处置与全面性处置。

(1) 预控性处置。预控性处置是在风险预警报告已经做出，而决策部门尚未采取相应措施之前，由风险预警部门或决策部门对尚未爆发的潜在风险提前采取控制措施，避免风险继续扩大对商业银行造成不利影响。

预控性处置也可以由商业银行的预控对策系统来完成，根据风险警报的类型和性质调用对策集合，进行辅助决策。

(2) 全面性处置。全面性处置是商业银行对风险的类型、性质和程度进行系统、详细的分析后，从内部组织管理、业务经营活动等方面采取措施来控制、转移或化解风险，使风险预警信号回到正常范围。

2. 风险处置措施

客户风险预警信号出现后，客户部门负责人应组织力量积极进行控制和化解，根据风险的程度和性质，采取相应的风险处置措施：①列入重点观察名单；②要求客户限期纠正违约行为；③要求增加担保措施；④暂停发放新授信或收回已发放的授信额度等。

对于出现的较大风险，客户部门无法自行在3个月内控制和化解处置的，应视授信金额的大小及风险状况及时报告授信审批行风险资产管理部门或信贷管理部门，授信审批部门调整客户分类和授信方案，介入风险认定和处置。

(四) 后评价

风险预警的后评价是指经过风险预警及风险处置过程后,对风险预警的结果进行科学的评价,以发现风险预警中存在的问题(如虚警或漏警),深入分析原因,并对预警系统和风险管理行为进行修正或调整,因此,对预警系统的完善十分重要。

风险预警在运行过程中要不断通过时间序列分析等技术来检验其有效性,包括数据源和数据结构的改善、预警指标和模型的改进、模型解释变量的筛选、参数的动态维护等。

目前,在我国银行业实践中,风险预警是一门新兴的交叉学科,风险预警方法按运行机制划分为三种:①黑色预警法,不引进警兆自变量,只考察警素指标的时间序列变化规律,即循环波动特征;②蓝色预警法,侧重定量分析,根据风险征兆等级预报整体风险的严重程度;③红色预警法,重视定量分析与定性分析相结合。

【案例透析】9.1　　　　贷款分类

借款人红玉卷烟厂成立于2000年,是中原市唯一一家卷烟生产企业,自成立以来,卷烟的生产销售量占全省卷烟销售量的31%,是市里的重点企业和利税大户。企业为进一步提高产品质量、扩大销售、增加利润,于2014年2月向市某商业银行申请了技术改造贷款960万元用于生产高档卷烟,期限三年(2014年2月15日—2017年2月15日),按季归还贷款本息,还款来源为销售收入,并由中原市万利房地产有限公司提供600万元的担保,同时,用红玉卷烟厂的一套价值560万元的卷烟生产设备作为抵押。

一、2015年1月,第一次分类时借款人的情况

1. 借款人按约使用贷款,并能按期偿还贷款本息。

2. 借款人2014年年末的财务报表资料表明其财务状况良好,销售收入和经营利润稳中有升,现金净流量为正值,足以偿还贷款本息。

3. 经过技术改造,借款人的产品质量有所提高,产、销量稳中有升;管理层在加强产品质量管理的同时,积极开拓销售市场,市场占有率从去年同期的31%上升到36%。

4. 在管理、行业、市场竞争和经济环境方面不存在影响借款人未来还款能力的不利因素。

二、2016年1月,第二次分类时借款人的情况

1. 借款人能按期偿还贷款本息。

2. 借款人的财务状况是可以接受的,现金净流量为正值,但经营净利润和净现金流量等几项财务指标较去年同期有所下降。

3. 经调查分析,在2015年度,由于国家宏观调控逐步发挥作用,高档卷烟市场竞争十分激烈;同时,由于国家大幅度调整农副产品价格,卷烟的原材料成本上涨。

三、2017年1月,第三次分类时借款人的情况

1. 在过去的一年中,借款人在还本付息方面出现三次延迟现象,其中一次拖欠利息达两个多月。

2. 借款人2016年度的财务报表分析显示，从2016年7月开始，经营出现亏损，年末累计亏损16万元，净现金流量为-40万元。

3. 受市场竞争和原材料成本上升的持续影响，借款人的生产经营状况不理想；在2016年年末，负责生产管理的副厂长被外省某卷烟厂高薪聘任为厂长，企业的产品质量有所下降，在市场竞争中处于十分不利的地位，销售量大幅度下降，市场份额只有8%，产品积压现象较为严重，大量货款被拖欠。

四、2018年1月，第四次分类时借款人的情况

1. 截至2017年年末，借款人已经逾期贷款本息416万元，逾期时间达319天。

2. 借款人财务报表表明亏损严重，净现金流量和资产净值均为负值。

3. 借款人的大部分生产线已经停工，只保留了原来1/3的生产能力，产品出现滞销，市场占有率已经降到3%。

4. 外市某家卷烟厂有意兼并收购红玉卷烟厂，双方正在磋商过程中，借款人申请对逾期贷款本息进行重组。

银行认为借款人被收购的可能性较小，不愿重组贷款，已经诉诸法律程序，向借款人和担保人追索逾期贷款本息。担保人中原市万利房地产公司，因在房地产投资方面的失败，企业出现严重亏损，资不抵债，另一商业银行正通过法律手段，向其催收巨额房地产贷款，其已无力履行担保人义务。借款人的其他资产已经用作应付票据和应付账款的抵押品抵押给其他债权人。抵押品由于是专业设备，市场变现较难，经评估，市场价值约为288万元，而强迫拍卖价约为240万元。

请对贷款企业阶段使用贷款情况进行分类，并说出理由。

【视野拓展】9.1　　　　　常用的预警信号

一、财务状况

● 资产负债率超过行业平均水平5个百分点

● 资产负债率较年初上升幅度≥10%

● 流动比率低于行业平均水平10个百分点

● 动比率较年初下降幅度≥10%

● 速动比率较年初下降幅度≥10%

● 工业生产企业产成品资金占流动资产比重超过行业平均水平1个百分点

● 工业生产企业产成品资金占流动资产比重≥30%

● 应收账款占流动资产比重≥30%

● 应收账款增幅超过销售收入增幅

● 其他应收款占流动资产比重≥10%

● 应收账款周转率较同期大幅度下降

- 存货周转率较同期有较大下降
- 累计未弥补亏损占净资产比重≥20%
- 对外股本权益性投资占净资产比重≥20%
- 流动负债增加额大于流动资产增加额
- 流动负债大于流动资产
- 注册资本减少
- 或有负债增加

二、经营效益情况

- 销售收入较上年同期下降幅度≥20%
- 利润较上年同期下降幅度≥10%
- 销售利润率较上年下降
- 经营活动净现金流量减少
- 存款下降幅度较大
- 贷款归行率降低
- 存货较年初大幅下降

三、内部核算情况

- 账龄超过一年的应收账款占比≥30%
- 待摊费用占流动资产比重≥5%
- 无形资产占总资产比重≥5%
- 递延资产占总资产比重≥5%
- 存货账实不符
- 固定资产折旧或财务费用计提不足
- 存在负债未入账现象
- 注册资本不到位
- 对外投资有损失

四、担保状况

1. 保证

- 保证人信用等级下降
- 保证人的生产经营状况恶化
- 保证人经营机制和组织结构发生变化

2. 抵(质)押

- 抵(质)押人的经营机制和组织结构发生变化
- 抵(质)押物变现能力降低
- 抵(质)押物被有关机关依法查封、冻结、扣押
- 抵(质)押物所有权发生争议
- 抵(质)押物实际管理人管理不善

- 抵(质)押物市场价值与评估价值差距拉大
- 抵(质)押物变现价值与评估价值差距拉大
- 抵(质)押物保险过期

五、非财务因素

1. 内部管理情况

- 管理层和董事会成员矛盾较大
- 管理层发生重大人事变动
- 主要领导人经常出入高消费场所
- 内部组织机构不合理，管理水平不高
- 财务制度不健全，管理混乱
- 企业财务会计制度发生变化
- 频繁更换会计人员和稽核人员
- 经常拖欠或延迟支付税金及费用
- 重大项目未能达到预期目标
- 对外扩张速度超过自身承受能力
- 报表不真实或多套报表对外
- 经常性拖欠职工工资
- 经营计划不明确
- 存在违法经营
- 内部案件较多
- 公司业务性质发生变化
- 企业可能兼并重组
- 涉足高风险行业

2. 与外部关系

- 业务伙伴关系恶化
- 受到税务部门处罚
- 丧失关键客户
- 受到工商管理部门处罚
- 受到环保部门处罚
- 未按期办理年检手续
- 发生重大诉讼事项
- 结算银行频繁发生变化
- 产生知识产权纠纷
- 用户对产品质量或服务水平的投诉增多

六、关联企业

- 主要股东发生重大不利变化

- 关联企业发生重大不利变化

七、其他非财务因素

- 行业整体衰退或属于新兴行业
- 出现重大技术变革，影响行业的产品和生产技术的改变
- 经济环境发生变化，对行业发展产生影响
- 市场供求变化
- 政府政策对该行业发展做出严格限制
- 遇到台风、火灾、地震等严重灾害灾难

八、与银行关系

- 被中国人民银行或其他商业银行宣布为信用不良企业
- 逃废银行债务
- 不能按期归还债务，被债权人起诉
- 拖欠银行贷款本息
- 对本行的态度发生变化，缺乏坦诚的合作态度
- 领导人约见困难，住所经常无人或失去通信联系
- 不能及时或拒绝提供银行所需的财务报告或其他重要信息资料
- 向银行提供了虚假的财务报表或其他信息资料
- 向他行的信贷申请被拒绝
- 还款来源没有落实
- 固定资产或流动资金的融资计划不明确
- 企业在本行存款余额及占比下降
- 以非正式途径或不合理的条件从其他银行取得贷款
- 企业经常签发空头支票
- 要求减免贷款本息

九、其他情况

略。

综合练习

一、填空题

1. 贷后管理是对( )、( )、( )环节的进一步完善和补充。

2. 贷后管理的内容有( )、( )、( )、( )、( )、( )、( )。

3. 贷后管理的原则包括( )相结合原则、( )相结合原则、( )相结合原则。

4. 贷款发放之后，信贷人员应当( )、不( )地对借款的运行情况进行检查分析，主要是对贷款资金的( )检查、( )检查、( )检查。

5. 贷款检查的方法有( )和( )两种。

6. 贷款分类的主要标准是( )贷款、( )贷款、( )贷款、( )贷款、( )贷款。

7. 对( )贷款，要注意加强风险预警；对( )贷款，银行需要密切跟踪企业经营状况和财务状况；对( )贷款，要加强借款本息的催收；对( )贷款，银行需要落实债权债务；对( )贷款，要及时足额申报债权，依法参与破产清算。

二、单项选择题

1. 某钢铁制造企业最近经营状况发生以下变化，其中可能为企业带来经营风险的是( )。

A. 接获一个政府大订单，获得一大批财力雄厚的国有客户

B. 厂房设备迅速、大量更新

C. 产品质量稳中有升

D. 受金融危机影响，实际盈利比预定目标低30%

2. 下列各项中，不属于企业经营风险的是( )。

A. 产品结构单一

B. 对一些客户或供应商过分依赖，可能引起巨大损失

C. 业务性质、经营目标或习惯做法改变

D. 管理层对环境和行业的变化反应迟缓

3. 根据我国贷款五级分类制度，银行信贷资产分为( )五类。

A. 优秀、正常、次级、可疑、损失

B. 正常、关注、次级、可疑、损失

C. 优秀、关注、次级、可疑、损失

D. 关注、次级、可疑、损失、不良

4. ( )预警法侧重定量分析。

A. 黑色　　　　　　B. 红色　　　　　　C. 黄色　　　　　　D. 蓝色

5. 不设警兆自变量，只通过警兆指标的时间序列变化规律来预警风险的方法称为( )。

A. 橙色预警法　　　　　　　　　　B. 黑色预警法

C. 蓝色预警法　　　　　　　　　　D. 红色预警法

6. 按照我国相关法规规定，银行贷款风险分类不包括( )。

A. 正常类　　　　　B. 损失类　　　　　C. 跟踪类　　　　　D. 可疑类

7. 下列关于档案管理的说法中，错误的是( )。

A. 信贷档案采取分段管理，专人负责，按时交接，定期检查的管理模式

B. 抵押品资料的管理应当按一级文件的管理要求进行

C. 中长期贷款档案的管理，在结清后原则上需再保管10年

D. 信贷档案实行集中统一管理的原则

8. 预警处置是借助预警操作工具对银行经营运作全过程进行全方位实时监控考核，在接收风险信号和评估、衡量风险的基础上判断有无风险、风险大小、风险危害程度，并确定(　　)的过程。

    A. 风险评价　　　　　　B. 风险警报　　　　　　C. 风险定级　　　　　　D. 风险处置、化解

9. 借款人无法足额偿还本息，即使执行抵押或担保，也肯定要造成较大损失的贷款属于(　　)贷款。

    A. 关注类　　　　　　B. 次级类　　　　　　C. 可疑类　　　　　　D. 损失类

10. 关于贷款分类的意义，下列说法错误的是(　　)。

    A. 可以了解贷款所处的状态

    B. 准确识别贷款的内在风险、有效跟踪贷款质量

    C. 便于商业银行识别和降低风险，及时采取措施，提高信贷资产质量

    D. 一般银行在处置不良资产时不需要贷款分类，在重组时则需要对贷款分类

三、多项选择题

1. 关注类贷款的标准包括(　　)。

    A. 借款人的固定资产贷款项目出现重大的不利于贷款偿还的因素

    B. 借款人的销售收入、经营利润下降或出现流动性不足的征兆，一些关键财务指标出现异常性的不利变化或低于同行业平均水平

    C. 借款人或有负债过大或与上期相比有较大幅度上升

    D. 借款人经营管理存在重大问题或未按约定用途使用贷款

    E. 借款人或担保人改制对贷款可能产生不利影响

2. 损失类贷款具有的主要特征包括(　　)。

    A. 借款人无力偿还，抵押品价值低于贷款额

    B. 抵押品价值不确定

    C. 借款人已彻底停止经营活动

    D. 固定资产贷款项目停止时间很长，复工无望

    E. 借款人已资不抵债

3. 下列关于基本信贷分析的说法中，正确的有(　　)。

    A. 需分析目前的还款来源，进而分析可用于偿还贷款的还款来源风险

    B. 不需关注贷款的目的

    C. 要在贷款使用过程中进行周期性分析

    D. 贷款期限的确定要符合资本循环的转换

    E. 还款记录对贷款分类的确定有特殊的作用

4. 次级类贷款具有的主要特征包括(　　)。

    A. 借款人销售收入、经营利润下降，或净值开始减少，或出现流动性不足的征兆

    B. 借款人内部管理问题未解决，妨碍债务的及时足额清偿

C. 借款人已资不抵债

D. 借款人不能偿还对其他债权人的债务

E. 借款人处于停产、半停产状态

5. 在分析非财务因素对贷款偿还的影响程度时，银行可以从借款人的(   )等方面入手。

A. 行业风险   B. 经营风险

C. 管理风险   D. 自然及社会因素

E. 银行信贷管理

6. 银行对借款人管理风险的分析内容包括(   )。

A. 产品的经济周期   B. 经营规模

C. 产品市场份额   D. 企业文化特征

E. 管理层素质

7. 下列情形中，银行可以对借款人采取终止提款措施的有(   )。

A. 贷款用于股市、期货投资

B. 贷款用途违反国家法律规定

C. 贷款用于股本权益性投资

D. 挪用流动资金贷款用于职工福利

E. 套取贷款、相互借贷、牟取非法收入

8. 挪用贷款的情况一般包括(   )。

A. 用贷款进行股本权益性投资

B. 用贷款进行有价证券、期货等投机

C. 未依法取得经营房地产资格的借款人使用贷款经营房地产业务

D. 套取贷款，相互借贷，以获取非法收入

E. 借款企业挪用流动资金用于职工福利

9. 下列各项中，属于贷款风险预警信号的有(   )。

A. 公司囤货用于投机，使存货超出正常水平

B. 公司管理层冒险投资其他新业务、新产品以及新市场

C. 董事会、所有权或重要的人事变动

D. 销售上升，利润减少，相对销售额(利润)而言，总资产增加过快

E. 资本与负债比率低，长期债务大量增加，短期债务过度增加

10. 银行风险预警后的处置措施有(   )。

A. 列入重点观察名单

B. 要求客户限期纠正违约行为

C. 要求增加担保措施

D. 停止发放贷款

E. 暂停发放新贷款或收回已发放的授信额度

四、判断题

1. 贷款分类有助于银行识别已经发生但尚未实现的风险。（　）

2. 如果必须通过履行担保还款，只要抵押物变现或保证人财务实力能够归还贷款本息，这些贷款应划分为可疑贷款。（　）

3. 如果必须通过履行担保还款，只要抵押物变现或保证人财务实力能够归还贷款本息，这些贷款应划分为次级贷款。（　）

4. 借款人无法足额偿还贷款本息，即使执行抵押或担保，也肯定发生一定损失的贷款属于可疑贷款。（　）

5. 对贷款进行分类时，要以评估借款人的还款能力为核心，把借款人的正常营业收入作为贷款的主要还款来源，贷款的担保作为次要还款来源。（　）

6. 如果影响借款人财务状况或贷款偿还的因素发生重大变化，应及时调整对贷款的分类。（　）

7. 贷款分类的过程实质上是对贷款内在损失的认定过程。（　）

8. 贷款风险分类的目的主要是加强不良贷款管理，提高贷款质量。（　）

9. 通过贷款风险分类来评估贷款内在损失，贷款损失准备金制度是反映贷款真实价值的有效手段。（　）

10. 重组后的贷款如果仍然逾期，或借款人仍然无力归还贷款，应至少归为可疑类。（　）

五、简答题

信贷档案的主要内容有哪些。

六、分析题

分析贷款应划归为哪一级。

A公司贷款2 000万元，由于暂时资金周转不畅，贷款刚到期未还，此贷款应划归哪一级贷款？B企业已停产多年，500万元贷款也逾期多年，且并无足够资金和物资保证贷款归还，此贷款应划归哪一级贷款？C企业在银行的结算账户经常出现退票的情况，银行账户上的存款迅速下降，企业高层人事变动，库存大量增加，销售利润近期急剧下降，C企业的贷款应划归哪一级贷款？

项目十 贷款的回收与处置

▶项目目标

职业知识

了解并掌握贷款到期处理的制度规定和到期处理的几种主要形式；熟悉客户经理在贷款到期处理工作中的主要职责；掌握贷款正常回收、提前归还和展期处理三种情况下的处理要点和基本操作流程。

职业能力

掌握贷款到期处理操作流程的关注要点；能够独立办理贷款到期处理的相关业务。

职业道德

培养吃苦耐劳的精神和严谨的工作态度，具有团队合作意识、协作能力、良好的社交能力、语言表达能力、应变能力。

▶项目提出　制定企业不良贷款清收措施

某公司是以经营制造、销售纺织品，出口自产的棉纱、面涤纶纱、棉坯布、棉涤纶坯布等系列纺织品及服装的企业。

2015年以来，公司生产用原材料价格、用工成本涨幅较大，而产成品价格基本维持以往水平变化不大，作为主营业务的纺织品盈利较低，加上受国家纺织行业出口退税政策影响，公司利润空间被严重压缩。2015年8月开始，企业经营困难；由于招行撤资1 000万元等原因，2015年11月起，整个企业资金链濒于断裂，导致企业停产。

该企业在工行××支行融资总额为5 127.64万元，其中：3 760.14万元为房地产和机器设备抵押，1 367.5万元为另一企业担保。自2016年1月开始逾期欠息，至2016年6月底，贷款全部变为不良，五级分类为次级类；当前为可疑类。

1. 请为工行××支行制定企业不良贷款清收措施。

2. 如果在诉讼过程中企业不予合作怎么办？

3. 如果涉及企业职工安置等问题如何处理？

资料来源：中国金融界网　（作者改编）

项目任务

⇨ 贷款到期的处理 ⇨ 贷款的催收 ⇨ 贷款展期 ⇨ 逾期或违约贷款的清收

任务一　提前还贷

■ 学生的任务

掌握提前还贷的两种情形以及提前还贷的操作流程。

■ 教师的任务

指导学生掌握提前归还贷款的操作流程。

任务导入

为减少损失，银行可采取哪些措施

根据央行新政，降息前，一年期的贷款基准利率为6.56%，6月8日这一数字降至6.31%，7月6日再降到6.00%。央企、大型企业出现了一波提前还贷潮，部分大企业与银行讨价还价，要求把贷款利率降下来。

由于大企业往往与银行签订较长的贷款期限，在贷款合同已签的情况下，即使是市场的利率下降了，但要临时调整贷款利率也不易操作，所以贷款时间较长的大企业往往先把贷款还上，再与银行就新的贷款重新议价，或就分期贷款中尚未放贷的那部分贷款利息进行讨价还价。

这些大企业在各家商业银行都有授信额度，现在它们开始与各家银行谈判，哪家银行给出的贷款利率低，它们就会把贷款转向哪家银行。

大企业要求提前还款让银行陷入两难，不降贷款利率就会流失大客户，但降低贷款利率，收益又太低。

提前还贷为什么会对银行造成损失？银行可采取哪些措施？

知识准备

提前归还贷款是指客户希望改变授信协议规定的还款计划，提前偿还全部或部分授信，缩短还款期限的行为。根据授信客户是否自愿，可分为客户主动申请要求提前还款和银行要求客户提前还款或强制收回两种形式。

一、客户主动申请要求提前还款

客户主动申请提前归还授信的原因很多，主要有：①流动资金贷款提前回款；②项目贷款提前完工并取得了良好的经济效益等；③为减少资金占用，降低借款成本，借款人希望提前归还贷款。

如果借款人出于某种原因(如贷款项目效益较好)希望提前归还贷款，应与银行协商。由于借款人的提前还款会打乱银行原有的资金安排，借款人应提前向银行递交提前还款计划，在征得银行的同意后，才可以提前还款。因提前还款而产生的费用应由借款人负担。

实务中，为维护借贷双方的合法权益，应在借款合同中载明提前还款条款。提前还款条款一般包括以下内容。

(1) 未经银行的书面同意，借款人不得提前还款；

(2) 借款人可以在贷款协议规定的最后支款日后、贷款到期日前的时间内提前还款；

(3) 借款人应在提前还款日前30天或60天以书面形式向银行递交提前还款的申请，其中应列明借款人要求提前偿还的本金金额；

(4) 由借款人发出的提前还款申请应是不可撤销的，借款人有义务据此提前还款；

(5) 借款人可以提前偿还全部或部分本金，如果偿还部分本金，其金额应等于一期分期还款的金额或应为一期分期还款的整数倍，并同时偿付截至该提前还款日前一天(含该日)所发生的相应利息，以及应付的其他相应费用；

(6) 提前还款应按贷款协议规定的还款计划以倒序进行；

(7) 已提前偿还的部分不得要求再贷；

(8) 对于提前偿还的部分可以收取费用。

❈【教学互动】10.1

成都的郑先生因为手头资金一时周转不开，去某银行申请了10万元的信用贷款，两个月后，郑先生和妻子拿到了一笔不菲的奖金，两个人计划提前把10万元的贷款还上，可是银行客户经理听完郑先生的话，就很直白地告诉他，提前还贷可以，但要支付未还额5%的违约金，约4 000多元。郑先生相当费解，为什么提前还款需要白交这么多钱？

问： 客户提前归还贷款需要缴纳违约金合法吗？

答： 合法。郑先生的例子并非孤例，站在银行角度，办理贷款也需要各项成本支出，提前还贷就必须支付这些人力和时间成本。事实上，提前还款的违约金也不是一定要收取，有些金融机构就把这项费用免去了，有些银行则规定还贷时间超过1年，提前还款可免交违约金。

二、银行要求客户提前还款或强制收回

按照规定，授信期间客户有下列行为之一的，经办行可停止支付客户尚未使用的授信，并按合同约定，要求客户提前归还授信。

(1) 拒绝接受商业银行授信后检查的；

(2) 提供虚假或者隐瞒重要事实的资产负债表、损益表等财务资料，拒不改正，情节严重的，或挤占、挪用贷款拒不改正的；

(3) 用信贷资金在有价证券、期货等交易市场从事投机经营的；

(4) 未依法取得经营房地产资格的借款人用贷款经营房地产业务的，或依法取得经营房地产资格的借款人用贷款从事房地产投机的；

(5) 套取贷款，相互借贷，牟取非法收入的；

(6) 借款人或担保人未经同意发生兼并、合资等或即将停产、停止经营、解散、关闭、清理整顿、破产清算、卷入或即将卷入重大诉讼或仲裁及其他法律纠纷的；

(7) 借款使用的建设项目被取消或缓建等；

(8) 其他违法违规行为的。

三、提前归还贷款的操作流程

由于借款人的提前还款会打乱银行原有的资金安排，减少银行的收益，银行一般会要求借款人提前一定期限向银行递交提前还款申请，在征得银行的同意后，借款人才可以提前还款。

商业银行授信客户自愿提前还款的操作流程如下。

1. 提出提前还款申请

授信客户要求提前还款的，应于提前还款日前10～30天以书面形式向银行提交提前还款申请，申请包括以下内容：申请人全称；借款合同号及金额；提前还款原因；拟提前还款日期和金额；提前还款账号；承担提前还款违约赔偿金的意愿。

2. 审查及审批

客户经理在收到客户的提前还款申请后，对其是否具备以下条件进行审查，并提出是否同意其提前还款的审查意见。

(1) 客户是否已结清提前还款日之前所有的到期贷款本息，并结清该笔贷款在提前还款日前的所有利息；

(2) 客户是否同意支付银行一定的损失赔偿金；

(3) 客户提前归还部分贷款的，提前还款金额应符合银行的最低额度要求。

客户经理将提前还款申请提交相关人员审批。经审批同意提前还款的，客户经理应通知客户办理提前还款手续；如果不同意客户提前还款，应通知客户并做好解释工作。

3. 会计账务处理

如经审批同意提前还款的，银行即可按照规定从借款人账户或银行卡中予以扣收贷款本金与利息。无论是借款人全额提前还款的，还是部分提前归还贷款本息的，银行均应按提前的期限，调整贷款利率计算利息，已归还的贷款本息不再重新计算。

此外，国内有些商业银行还要区别不同贷款种类，对提前结清授信的客户按提前结清授信金额的一定比例计收违约金。

4. 退还担保证件，办理登记注销手续

对于全额提前偿还的，客户还清全部信用后，经办行应退还抵(质)押物权利凭证。抵(质)押物权利凭证保管部门(一般为信贷管理部)凭会计部门递交的还款凭证和客户提交的抵(质)押物清单，按有关规定到会计部门办理拆包手续，退还抵(质)押物权利凭证，并做签收登记，设定抵押、质押登记的要及时与抵押、质押人共同向登记部门办理登记注销手续。对于提前结清部分授信的，若涉及解除部分抵(质)押权的，在客户按提前结清手续归还部分本金后，还应办理部分解除抵(质)押权手续。

5. 登录授信数据库，归档

对于全额提前结清授信的，授信结清后，应及时在本行的授信管理系统和人民银行的授信管理系统登记此笔授信结清的相关信息，对于文本资料要按规定归档保存。

6. 授信总结评价

此环节与正常回收的操作流程相同。

🕊【视野拓展】10.1　　国内部分银行住房贷款提前还贷规定

工商银行：要求贷款者提前10个工作日书面申请银行，不满一年提前还贷的违约金是提前还款金额的5%，满一年后，提前还款额下限为每月正常还款额的6倍。

中国银行：要求提前15个工作日书面申请，不满一年提前还贷的违约金是提前还款总金额的一个月利息(利率为提前还款日的日利率×30)，满一年后，提前还款暂不收取违约金。

建设银行：不满一年提前还贷不受理，无违约金；特殊情况下(如动拆迁货币化资金)可以考虑，但需要支付同档利率的一个月利息；贷款期限在1年以上的，在借款期内，借款人向银行提出提前还款书面申请后，经贷款行同意，可提前部分还本或提前清偿全部贷款本息，提前清偿的部分在以后期限不再计息，此前已计收的贷款利息也不再调整。提前清偿全部贷款的，经贷款行同意，根据合同约定期限的利率和贷款余额按照实际占用天数计收利息。

交通银行：一年之内一般不受理，一年以后，提前还款额度不得少于6个月的还款金额。

农业银行：要求提前7个工作日书面申请，满一年后，提前还款额下限为每月正常还款额的6倍。

上海银行：一般要求在还款期内已归还满6个月，贷款人就可以申请提前还款，并不收取违约金；如不满6个月，银行将按提前归还本金的4%收取违约金(不超过提前归还本金到期应支付的利息总额)。

任务二 贷款到期的处理

■ 学生的任务

了解贷款正常收回的含义；掌握贷款正常收回程序的要点。

■ 教师的任务

指导学生按照规定的贷款正常收回程序进行操作。

任务导入

填写借款还本付息计划表

某项目建设期为2年，生产期为8年，项目建设投资3 100万元，预计全部形成固定资产。固定资产折旧年限为8年，按平均年限法提取折旧，残值率为5%，在生产期末回收固定资产残值。

建设项目发生的资金投入、收益及成本情况(见表10.1)，建设投资贷款年利率为10%，按季计息，建设期只计利息不还款。银行要求建设单位从生产期开始的6年间，等额分期回收全部贷款。

表10.1 建设项目资金投入、收益及成本表　　　　　　　　单位：万元

序号	项目	年份			
		第1年	第2年	第3年	第4~10年
1	建设投资	930	620		
2	流动资金贷款	930	620		
3	流动资金			300	
4	年营业收入			3 420	3 800
5	年经营成本			2 340	2 600

所得税税率为33%，行业基准收益率为12%。

问题：

1.计算各年固定资产折旧额。

2.编制建设期借款还本付息计划表。

知识准备

贷款的偿还使银行能收回已发放的贷款并获取相应的利息收入，也为银行发放新的贷款提供资金来源，从而形成信贷经营的良性循环。

贷款的收回与处置是指贷款偿还或贷款结束的有关事宜，一般可分为正常回收、提前归还和展期处理三种情况。

一、贷款正常收回的含义

贷款正常收回是指借款人按借款合同约定的还款计划和还款方式及时、足额地偿还贷款本息。

借款人还清贷款后，贷款行应将质押物交还出质人，或者向抵押人出具借款合同履行完结的证明，抵押人凭此到登记部门办理抵押登记注销手续。按照《贷款通则》规定：

(1) 短期授信到期前一周，中长期授信到期前一个月，授信人员要发送到期贷款通知书；

(2) 借款人在规定的付息日付息时，由贷款行会计部门按合同约定的利率和付息方式计算利息，从借款人账户上划收，进行会计账务处理；

(3) 借款人还清贷款后，贷款行应退还抵押物权利凭证登记贷款卡；

(4) 登记信贷台账。

二、贷款正常收回的程序

(一) 到期前通知借款人还款

贷款机构为了确保贷款的归还，除了在贷款合同中确定还款计划和违约责任条款外，在贷款到期前，应向借款人发出贷款到期还本付息通知书并取得回执，告知借款人准备资金，在贷款到期时按时还款。按期还款的贷款在每期还款日三天前，向借款人发送还本付息通知单。还本付息通知单应包括还本付息的日期、当期贷款余额、本次还本金额和付息金额，以及计息利率、计息天数等内容。

每到结息日，银行要按合同约定回收贷款利息和本金。

(1) 每到结息日，客户经理要根据每一计息期实际贷出金额和实际用款天数计算利息。

$$贷款利息=贷出金额×年利率×实际占用天数÷360$$

=贷出金额×年利率×实际占用月数÷12

(2) 客户经理将计息清单尽早寄交借款人，并从借款人存款账户中扣收利息。

(3) 若届时借款人存款账户内资金不足以支付利息，则作为透支处理，要在原利率的基础上每天加收透支利息，并及时将有关情况书面通知借款人，催促借款人尽早偿付当期利息。

 **【教学互动】10.2**   **计算贷款收回率**

某专业银行2015年12月共收回三笔贷款，金额分别为200万元，100万元和150万元，贷款累计收回额为450万元，同期发放贷款1笔，金额为3 000万元。则该月份贷款收回率是多少？并分析贷款收回率的意义。

答： 贷款收回率=(200+100+150)/3 000 =450/3 000×100% =15%

一般情况下，随着社会的发展，年贷款累计发放额总是大于上年度的贷款累计发放额，从而大于本年度的贷款累计收回额。因为贷款的发放与收回之间存在一定的时间差，因此，贷款累计收回率指标常常小于100%。对于个别贷款项目来讲，如果过去陈欠款多，在计算期又控制停止发放新贷款，即主要是清理收回陈欠款时，贷款累计收回率会大于100%。

如果生产周转贷款的累计收回率和净收回率都超过100%，说明本年度在收回过去陈欠款方面比较有成效；反之，说明陈欠款越多。

(二) 贷款收回

借款人在接到贷款机构的还本付息通知单后，应立即着手准备资金按时归还贷款。借款人支付了应归还的贷款本金、利息及其他费用后，贷款机构向借款人出具贷款收据，表明当期贷款已完结。如全部贷款已归还，则《借款合同》终止，借贷关系解除。

商业银行贷款正常收回业务的操作流程如下。

1. 发送贷款到期通知单

为了确保贷款的归还，除了在贷款合同中确定还款计划和违约责任条款外，银行业务操作部门应当在短期贷款到期1个星期之前、中长期贷款到期1个月之前，向借款人和担保人发送××银行提示归还到期贷款通知书(见图10.1)并取得回执。借款人应当及时筹备资金，按时还本付息。

××银行提示归还到期贷款通知书

编号：

××××(借款人全称)：

根据我行与贵单位于_____年___月___日签订的编号_____《借款合同》约定，贵单位于_____年___月___日从我行借款人民币(大写)_____整，尚有借款本金(大写)_____整未归还，将于_____年___月___日到期。请抓紧筹措资金，并于借款到期日前将款项存入在我行开立的存款账户上，确保按期、足额归还贷款本息。

贷款人(公章)

_____年___月___日

～～～～～～～～～～～～～～～～～～～～～～～～～～～～～～～～～～～～～～
～～～～～～～～～～～～～～～～～～～～～～～～～～～～～～～～～～～～～～

今收到××××银行_____行(营业部)_____年___月___日签发的编号为_____《提示归还到期贷款通知书》。

特此复函。

借款人(公章)：

签收人(签字)：

_____年___月___日

注：本通知书一式两份，借款人签收后退贷款人一份作为回执，借款人留存一份。

图10.1　××银行提示归还到期贷款通知书

2. 会计账务处理

授信业务到期日，要按照贷款业务合同约定的期限和还款方式，由客户主动归还。这就要求借款人在收到银行提示归还到期贷款通知书后，要及时筹备资金，按时还本付息。如客户与经办行签订《划款授权书》的，经办行可按《划款授权书》的约定自动从客户的账户或银行卡中予以扣收。

3. 退还担保权利证件，办理登记注销手续

客户还清全部贷款后，经办行应退还抵(质)押物权利凭证。抵(质)押物权利凭证保管部门(一般为信贷管理部)凭会计部门递交的还款凭证和客户提交的抵(质)押物清单，按有关规定到会计部门办理拆包手续，退还抵(质)押物权利凭证，并做签收登记。设定抵押、质押登记的要及时与抵押、质押人共同向登记部门办理登记注销手续。

4. 向中国人民银行信息数据库提供信贷信息，归档

贷款结清后，应及时在本行的授信管理系统和中国人民银行的授信管理系统登记此笔授信结清的相关信息，对于文本资料要按规定归档保存。

在还本付息日当天营业时间终了前，借款人未向银行提交偿还贷款本息的支票(人民币)或支取凭条(外币)的，并且其偿债账户或其他存款账户中的存款余额不足以由银行主动扣款的，该笔贷款即为逾期贷款。业务操作部门对逾期的贷款要及时填制一式三联的逾期催收通知书，分别发送给客户和担保人进行催收。会计部门从授信业务到期的次日起计收授信业务逾期利息。客户经理要做好逾期贷款的催收工作，以保证信贷资产的

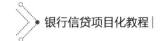
质量，提高贷款的收息率。

5. 授信总结评价

授信全部结清后，客户经理应对授信项目和授信工作进行全面的总结，便于其他客户经理借鉴参考。授信总结评价的主要内容如下。

(1) 授信基本评价，主要就授信的基本情况进行分析和评价，重点从客户选择、授信综合效益分析、授信方式选择等方面进行总结。

(2) 授信管理中出现的问题及解决措施，主要分析出现问题的原因，说明针对问题采取的措施及最终结果，从中总结经验，防范同类问题重复发生，对问题发生后的妥善处理提出建议。

(3) 其他有益经验，针对管理过程中其他有助于提升贷后管理水平的经验、心得和处理方法进行总结。

任务三　贷款的催收

■ 学生的任务

了解贷款催收工作的组织职责；掌握贷款催收措施。

■ 教师的任务

指导学生进行借款人拖欠贷款电话催收、上门催收的具体操作，分析借款人贷款拖欠原因。

任务导入

请提出催收措施并分析今后办理贷款需要注意的问题

E公司2010年6月5日在银行贷款300万元，期限6个月，贷款到期日为2010年12月5日，贷款用途为流动资金。贷款月利率18‰，贷款担保为H电子有限公司，贷款利息现结至2010年12月31日。截至2011年5月底，欠利息及违约金××万元。

通过对该贷款进行分析，发现在发放E公司贷款的过程中存在以下问题：

(1) 贷款额度较大。E公司贷款300万元，数额较大，形成不良贷款占比高，资产风险增大。

(2) 借款人经营状况恶化。借款人借款后，经营状况急剧恶化，未引起足够重视。

(3) 现金流低于公认的标准线之下。由于注重E公司贷款抵押足值，忽视了E公司经营现金流对归还贷款的影响，特别是现金流低于公认的年现金发生额在贷款额的四倍以上，造成贷款到期后，E公司无法以经营收入归还贷款。

知识准备

贷款发放后，银行为保证贷款能按时收回，会组织检查人员定期或不定期对贷款人的经营状况和财务状况进行调查，并关注资金的用途，防范借款人道德风险，确保贷款的按时归还，在贷款到期前，应向借款人发出贷款到期还本付息通知书并取得回执，告知借款人准备资金，在贷款到期时按时还款。贷款到期后，银行为维护信贷资金的安全也会对借款人进行定期和不定期的催收。贷款催收措施有电话催收、上门催收、对贷款抵押人催收，同时客户经理要做好以下工作。

一、对借款人及其财产、经营情况详细信息的收集

在贷款期间，借款人突然消失或死亡，或出现其他使借款合同终止、需提前收回贷款的情形，贷款到期后，借款人不归还贷款或无偿还能力，又不符合贷款展期和重组条件的，就需要对贷款进行催收。贷款的催收是一项技巧性强、复杂、艰苦而又很考验催收人员能力的一项工作。

无论是哪种情况下的贷款拖欠，首先要弄清拖欠的原因，根据不同的原因采取不同的催收措施和不同的催收策略，这就需要对借款人的所有信息进行全面的了解和掌握。需要了解和掌握的信息如下。

(1) 借款人现在的情况，主要包括借款人现在的居住情况、身体健康状况、家庭情况，着重了解借款人现在的还款意愿、本人现在的思想动态和想法、未来有无切实可行的还款计划和方案。

(2) 借款人拖欠贷款的原因，暂时资金不到位、还款能力不足、资产受重大损失或过度负债等。

(3) 借款人现在的经营情况，如不正常，则评估经营下降的原因以及下降的程度，判断这种经营恶化是持续不可逆转的，还是采取挽救措施后可好转的。

(4) 借款人现在的资产情况，包括借款人现在的资产价值有多少，分布在哪些地方，被谁掌控，有无被抵押或质押，有无被诉讼保全，有无被转移等。

(5) 借款人现在的负债情况，包括借款人现在的债务额度、主要的债权人、债务到期情况、其他债权人对借款人的催收力度及已采取或准备采取的措施。

二、借款人拖欠原因分析及催收措施

一般情况下，当借款人不能按时还款时，如果是保证担保贷款，可直接要求保证人承担还款责任；如果是抵押贷款，贷款机构可直接通过法律程序处理抵押物偿还贷款；如果是质押贷款，可依法处理质押物偿还贷款。以上三种方式的贷款处理起来相对简单

容易，如果是信用贷款，催收起来情况则要复杂很多。下面就信用贷款的催收分不同情况进行介绍。

(1) 借款人有还款能力，但信用观念不强，到还款期不主动还款。对于这样的借款人，可采取以下措施：

① 在每期还款前，提前通知借款人还款事宜，要求借款人及早安排资金；

② 对借款人进行信用观念教育，告知借款人信用记录的重要性，如不保持好信用记录，今后无论是贷款或商业贸易，都会面临很大障碍；

③ 对其逾期贷款规定较高的罚息，让借款人知道如发生拖欠会付出很大的成本。

(2) 借款人暂时资金不到位，在还款时资金不足，而出于其他原因又不能进行展期处理。对于这种情况，要时刻关注其经营情况，对其资金进行监控，一发现借款人的资金到位就应督促其立即归还。

(3) 借款人有还款意愿，但还款能力严重下降，利润大幅降低或无利润，现金流萎缩，仅凭经营收入偿还贷款已很困难，这种现象是持续且不可逆转的。在这种情况下，要求借款人将利用率低的资产或全部资产进行处理用于归还贷款，仍不能归还的，确认借款人能否通过其他渠道融资还款。如还是不能还款的，要完善贷款相关的诉讼时效手续，保持贷款的诉讼时效，待借款人以后具有还款能力时再追索。

经评估，如果再给予一笔贷款的救助资金能使借款人恢复正常生产经营和还款能力的，在把控好风险的前提下可以向借款人再提供一笔贷款，让其恢复生产经营，但要严格做好监管工作。

(4) 借款人突然遭遇重大损失，发生火灾、地震、洪水、被盗等。如果资产遭受重大损失，已彻底丧失了生产能力且无法恢复正常经营生产的，可处置借款人现有资产用于偿还贷款，有保险赔偿金的，可要求借款人用保险赔偿金偿还贷款。如果借款人遭受重大损失，但能够继续维持经营生产，目前还款确实有困难，可考虑给予贷款展期或重组，给借款人一定的还款宽限期。如果借款人遭受重大损失，相关生产设备和生产场地严重受损，但人员和相关的技术稳定，只要购置到设备和修复场地就能恢复经营生产，只是又需要一笔资金的，可考虑再给予其一笔贷款的救助资金，让其恢复生产经营能力，同时给借款人的前一笔贷款一定的还款宽限期。

(5) 借款人经营项目停止，或借款人转行经营其他项目。借款人无论是转行或停止经营，都会使信用贷款面临很大风险。如果是停止经营，则意味借款人没有了收入来源，不再有能力还款；如果转行经营新的项目，由于才开始经营，收益不确定，还款也无保障。在这种情况下，要求借款人将停止项目的资产处置后优先用于归还贷款。在增加了可靠的担保条件的前提下，可允许其将资金转投其他项目。

(6) 借款人负债过高，已资不抵债，且大多债务已到期。在这种情况下，其他债权人会向借款人逼债，在各方不能达成和解的情况下，都会想办法控制借款人的资产。同样，由于借款人已无力偿还全部债务，银行为了减少贷款损失，也要第一时间控制借款人的资产，采取诉讼保全措施。对这种情况一定要尽快采取措施，抢在其他债权人前面就能掌握主动，因为根据相关法律规定，同一财产先诉讼保全的先受偿。

(7) 法人代表突然消失。这种情况明显是借款人骗贷欺诈行为，出现这种情况大多是借款人在贷款前，经营状况已严重恶化以致不能持续下去，资产大部分或全部转移或转让，已严重过度负债而不能偿还等。遇到这种情况时，仍然要在第一时间查看借款人资产情况，如有资产则要在第一时间进行控制，并做好财产诉讼保全。

(8) 借款人严重疾病不能自理或死亡。出现这种情况时，要立即与财产继承人或财产的实际控制人进行谈判，要求其承担债务。如果财产继承人或财产的实际控制人愿意承担债务，则应签订债务承担协议。如财产继承人或财产的实际控制人不愿承担债务，应快速向法院申请财产诉讼保全，通过法律程序依法收回贷款。

对于这种情况，贷款机构在评估贷款和处理问题时，一定要弄清借款人的财产情况，并掌握确凿的证据，防止财产继承人或财产的实际控制人否认借款人的财产。

(9) 借款人故意赖账，无还款意愿。对于这种情况，首先与借款人进行充分的沟通，让他认识到贷款是必须要还的，不要存在侥幸心理，不还将要承担罚息、违约金，如诉讼还将承担高昂的诉讼成本。如借款人仍不还款，则依法诉讼催收。

三、贷款催收工作的组织

(一) 要有专门的催收部门负责

银行应成立专门从事贷款催收业务的部门，将收回难度大、需重点跟踪的逾期贷款交由催收部门负责催收。如果没有专门的催收部门，则需由业务部门负责催收，但是既要负责业务的开拓，又要负责催收就会分散精力，会导致两项工作都做不好，有时会耽误最佳的催收时机。

(二) 要有专业的人员负责

催收人员在催收过程中会遇到各种各样的问题，会与不同的人打交道，要成为一名经验丰富的催收人员，应具备以下素质。

(1) 要有分析、判断能力。当接触一个催收项目时，催收人员要能判断出贷款拖欠的原因、主要的关键问题、从哪些方面着手开展工作、要找哪些人员等。需要催收人员进行缜密的分析和判断，没有一定的分析、判断能力是做不好这项工作的。

(2) 要有较丰富的法律知识。在催收贷款时要依法催收，催收和诉讼过程中会遇到很多法律方面的事务，因此，催收人员一定要有相关的法律知识，如要掌握《担保法》《民法》《物权法》《公司法》《合同法》《婚姻法》等相应的法律法规。

(3) 要有很强的沟通技巧和谈判能力。由于催收人员要同与借款相关的人员接触，

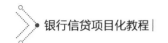

包括借款人及其家庭成员、担保人、抵押人等，这些人会找各种理由来推诿自己的责任，沟通交流起来会很困难，因此就需要催收人员有很强的沟通技巧和谈判能力，说服这些人履行自己的还款责任。

四、贷款催收工作的操作

贷款催收工作主要包括还款日前提醒以及逾期之后的电话催收、上门催收、发律师函、公证催收、法律诉讼、以物抵债、抵押物拍卖及呆账核销等。

(一) 还款日前提醒

1. 短信提醒

对于初次还款的借款人和其他设定范围内的借款人，在贷款扣款日前3个工作日，由信贷系统自动比对客户还款账户可用余额与应扣款金额，若可用余额小于应扣款金额，发送短信给客户善意提示客户及时存款。在贷款还款日前1日，系统重复这一自动处理过程。

如果银行不提供短信提醒功能，需要客户经理打电话给客户进行人工提醒。

2. 电话联系

客户经理应在客户首次还款日和贷款结清日前3日电话联系客户，通知客户其贷款将于3日后执行首次扣款并告知其准确的还款金额和还款时间。电话告知时，客户经理应该使用规范文明的语言，对待客户的回答要耐心倾听，对于客户的疑问要礼貌、清晰的解答。例如：

客户经理："您是××吧？"

客户："我是，你干什么的？"

客户经理："您好。我是××银行××的客户经理×××。您的贷款还有三天就到还款期，本期应归还本息合计××元。请您按时把钱存入账户，以免逾期影响您的信用记录。"

客户："知道了。"

客户经理："谢谢您对我们工作的支持，再见。"

以后客户能够正常还款的，可以不事先通知客户还款。若客户上期发生过逾期，本期客户经理必须提前三天提示客户还款。

若电话通知时客户表示将不能正常还款，则需要在贷款到期前走访客户，了解真实原因，并向营业部主任汇报有关情况，视情况采取进一步措施。

3. 发放银行提示归还到期贷款通知书

略。

(二) 人工电话催收

贷款逾期之后，客户经理在逾期的第一天必须实施电话催收。电话催收人员应使用规范文明的语言，提示借款人还款，记录公司名称、电话催收时间、通话内容，并将催收情况按客户已承诺还款、客户接听但无答复还款、电话无人接听、电话错号和无此号码等几种情况进行汇总，同时将催收情况记录在《贷款催收记录表》(见表10.3)中。

表10.3　贷款催收记录表

贷款支行：　　　　　年　　月　　至　　　年　　月　　　　　编号：

借款合同号		住址					
借款人姓名		电话					
贷款品种		担保方式		保证□ 抵押□ 信用□ 其他□			
贷款期限		放款日		贷款金额			
日/月	违约期数	拖欠本息	催收方式	催收结果	催收人(签字)	负责人(签字)	
			电话□ 上门□ 诉讼□				
			电话□ 上门□ 诉讼□				
			电话□ 上门□ 诉讼□				
			电话□ 上门□ 诉讼□				
			电话□ 上门□ 诉讼□				
			电话□ 上门□ 诉讼□				
			电话□ 上门□ 诉讼□				
			电话□ 上门□ 诉讼□				
			电话□ 上门□ 诉讼□				

客户暂时忘记还款，并表示在3日内归还贷款的，客户经理可不进行深入调查，只登记催收记录；客户表示不能在3日内归还贷款或超过7日仍未归还贷款，客户经理必须

实地了解客户情况，催促客户还款；对逾期3日以内的违约贷款，各支行对违约客户应持续实施人工电话催收。

例如：

客户经理："您好。你是××吧？"

客户："我是，你是干什么的？"

客户经理："您好。我是××银行×××。××月××日，贵公司应该归还贷款本息××元，我们的系统显示只还了××元(或者我们的系统显示您没有还钱)，贵公司的贷款已经处于逾期状态，我们想知道为什么没有还款？"

客户："我们忘了。"

客户经理："我××月××日电话提醒过要及时存款啊。不按时还款的话，我们会按照正常贷款利率的1.5倍计收罚息的。现在逾期一天就要负担××元的利息。大家都是生意人，违约的成本不难算出来的。"

客户："哦。利息我会算，只是公司最近资金有些周转不开，等款项回来，立刻给你们还上。"

客户经理："贵公司贷款时，我们做过信用评级。那时看贵公司的资金流没问题啊，最近遇到什么困难了吗？"

客户：……

客户经理："其实，逾期不仅仅是钱的问题。如果贵公司存在逾期的违约记录，可能影响我们现在和以后的合作关系。而且，我们银行已经参加了中国人民银行全国联网的征信系统，如果贵公司在我行有违约记录的话，通过中国人民银行的征信系统，其他银行都能看到。所以，为了不影响贵公司以后贷款，也为了减少利息负担，还请贵公司按时还款。"

客户："哦。那我们尽快吧。"

客户经理："尽快是多快啊，给我们个准信吧。要不，我在行内也没有办法交代。客户逾期，催收没成果，工资和奖金就拿不到了。"

客户：……

客户经理："我等您的消息。如果您不及时归还贷款，我们将会采取下一步的措施，那样将对贵公司产生不好的影响。"

对于电话联系不到或者是电话号码不存在的情况，应马上上门了解客户的情况。

(三) 上门送达催收函

对于逾期时间超过3日的贷款，或电话无法联系到客户的贷款，以及逾期3日以内客户在电话催收时表示3日内无法归还的贷款，客户经理和营业部主任两人应及时上门催收贷款，同时把银行催收欠息通知书递交给客户(见图10.2)。

```
                                                    编号：
                        ××银行催收欠息通知书
××××(借款人全称)：
    截至_____年____月____日，贵单位已积欠我行贷款利息_____万元，请抓紧筹措资金，
偿还欠息，否则，我行将采取下列相应措施：
    1. 停止受理贵单位贷款、银行承兑汇票等融资业务申请。
    2. 报请人民银行列入信用不良企业名单，向社会公布。
    3. 宣布借款提前到期，取消尚未发放的借款，并提前收回全部贷款。
    4. 依法向法院申请支付令、申请强制执行或直接提起诉讼，追偿欠息。
    借款人公章：                    贷款人公章：
    (或签收人签字)：
                                              _____年____月____日
    注：本通知书一式三份：借款人签收后退还贷款人一份作为回执，借款人留存一份
```

图10.2　××银行催收欠息通知书

上门催收时应向客户详细询问未按时归还贷款的原因，分析客户的还款能力，观察客户还款意愿的变化情况。催收过程中，必须客观、清晰地向客户说明不按时还款需承担的不利后果。第一次上门催收时应避免采用过激的言语和行动，同时注重对客户借款逾期信息的保密，维护客户的既有信誉。例如：

客户经理："你好。我是××银行×××，这位是我们营业部的××主任。我们这次来是想上门了解一下贵公司的贷款使用情况和生产经营情况，因为贵公司的贷款现在已经逾期××天了，我们很关注。"

客户：……

营业部主任："××月××号，我们单位的××给您打过电话，询问过贵公司逾期贷款的事。××天过去了，贵公司的逾期贷款还没有还上，我们想了解一下原因。"

客户：……

客户经理："其实贷款逾期的影响上次电话催收时已经告诉你们了。我们这次上门拜访，一是来了解贵公司的经营状况，二是给贵公司送逾期贷款催收函。通过催收函，我们想让你进一步明确贷款长期逾期将带来的严重的不利后果。如果你的贷款继续逾期下去，我们将采取更加严厉的催收措施，包括通知担保人、动员社会力量，也包括采取法律手段。希望贵公司从自己的信誉和长远切身利益考虑，及时将贷款还上。"

客户：……

客户经理："这是我们行的贷款催收函，上面有贷款逾期的后果说明，请您仔细阅读。贵公司什么时间能把款还上？如果贵公司近期不能把钱还上，我们将会采取进一步的措施，到时会对贵公司产生不良影响。我们等贵公司的回复。"

B客户：……

对借款人初次上门催收后，两日之内借款人仍未按时还款的，应向保证人电话告知借款人的违约情况、催收情况，以及保证人可能因借款人违约而承担的保证责任，要求保证人协助向借款人催收贷款。

(四) 对借款人和保证人的联合催收

对于逾期时间超过10日的贷款，贷款营业部双人继续上门催收。对于联保贷款和一般保证贷款，还需须同时对联保人或保证人进行上门催收。

上门催收前，客户经理应填写《贷款逾期催收通知书》(见图10.3)。

××银行贷款逾期催收通知书

××××(借款人全称)：

贵公司于＿＿＿＿年＿＿月＿＿日，向我行申请贷款并与我行签订了《××银行借款合同》(编号：＿＿＿＿)，我行依＿＿＿＿合同约定向贵公司发放了贷款＿＿＿＿元。贵公司至＿＿＿＿年＿＿月＿＿日止，已连续＿＿期未依合同约定还款，共拖欠我行贷款本息＿＿＿＿元。

贵公司的行为已经严重违反了借款合同的约定，我行有权采取包括依法处分担保物在内的法律措施向贵公司追偿，贵公司有可能被列为金融机构不良信用客户，影响贵公司在我行和其他银行所能享有的金融服务，并承担发生的银行费用及法律费用，导致贵公司时间、精力和经济损失进一步扩大。

请贵公司在收到本函之日起五日内清偿全部欠款(具体金额以我行会计部门计算为准)。否则，我行将通过法律途径予以解决。

××银行

联系人

联系电话

联系地址

图10.3　××银行贷款逾期催收通知书

上门催收时应送达填妥的《贷款逾期催收通知书》，要求借款人或保证人签收，并将回执(见图10.4)带回。

回　执

××银行＿＿＿＿：

我收到本催收通知书，经认真阅读，已知悉本通知书内容。

保证人(签字)：

＿＿＿＿年＿＿月＿＿日

图10.4　回执

返回后，催收人员须填写《贷款催收记录表》，经双人签字后提交负责人审核确认。上门催收后需要将《贷款催收记录表》《贷款逾期催收通知书》复印件、送达回执等相关资料及时整理存档备查。

针对上门催收未找到借款人的情况，客户经理累计不少于3次的反复上门催收，仍无法落实借款人下落的，可视情况采取催收工作流程中的后续催收手段实施催收，并做好有关催收记录。

针对催收工作流程中电话催收期间，出现无法与借款人取得联系的情况，相关信贷业务人员也应及时采取上门催收方式，落实借款人下落，并更新联系方式。

(五) 发律师函催收

对于逾期在15日以上恶意拖欠的贷款，放款营业部隶属的一级支行应及时上报二级分行。在征得二级分行信贷业务部门同意后，聘请律师向借款人送达律师函。律师函发出后，二级支行贷后管理人员应留存一份复印件归档，发出情况应及时记录《个人贷款催收记录表》。

(六) 向地方法院申请支付令

对于逾期15日以上恶意拖欠的贷款，在发送律师函催收的同时，可以向有管辖权的基层人民法院申请支付令。人民法院接到申请后，经过形式和实质审查，认为符合条件且债权债务关系明确合法的，会在受理申请之日起15日内向借款人发布支付令。借款人收到支付令后未于法定期限内提出异议，则支付令生效。生效的支付令与生效的法院判决具有同等法律效力。如果借款人拒不清偿债务，放款营业部隶属的一级支行在得到二级分行批准后，可以向法院申请强制执行。借款人对债务本身没有异议，只是提出缺乏清偿能力的不影响支付令的效力，债务人口头异议无效。

(七) 法律诉讼

对于逾期超过20日的恶意拖欠的贷款，需要提起诉讼清收贷款的，放款机构所属的一级支行应该逐级上报省分行信贷业务部，并向总行信贷业务部备案。

一级支行对于以下逾期超过20日的恶意拖欠的贷款应该向上级机构提出诉讼申请：

(1) 借款人具有还款能力，但采取转移财产等不正当手段逃避到期贷款的。

(2) 借款人遭遇民事纠纷，法院判决借款人承担赔偿责任，致使借款人还款能力降低，无法归还到期贷款。如果借款人不能全额归还到期贷款，保证人也不代其清偿贷款，应该以借款人和保证人为共同被告提起诉讼。

放款机构所属的一级支行诉讼申请获得省分行信贷业务部批准后，应即刻联系律师事务所，准备诉讼资料，配合律师完成诉状及诉前立案、交款等工作。聘请律师后诉讼立案前，应该提醒律师通过法院即刻提起财产保全。诉讼过程中，也可以提请律师提起诉讼中的财产保全。

立案后，随时保持与法官和律师的联系，配合法官将传票送至借款人处。接到法院开庭通知后，配合律师准备开庭所需证据资料；开庭当日记录庭审过程并及时向领导汇报诉讼进展情况，等待判决结果。接收判决结果后，配合法院及律师进行相关执行工作。

任务四　贷款展期

■ 学生的任务

了解贷款展期的原因和条件；掌握贷款展期的操作流程；掌握贷款借新还旧以及贷

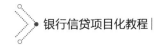

款重组的注意事项。

■ 教师的任务

指导学生进行贷款展期的操作。

任务导入

请设计避免类似事件发生的方案

2014年8月6日，A公司因生产急需资金向B银行申请贷款10万元，2015年8月5日贷款到期。由于A公司资金周转问题，不能按时还款，2015年7月24日A公司向B银行提出借新还旧，延长还款期限。为了降低贷款风险，B银行同意借新还旧，并要求A公司对新贷款提供担保。

2015年7月28日，A公司持空白流动资金借款合同及担保意向书请求C公司为其担保，C公司同意为其提供担保，并在空白的借款合同保证人位置及担保意向书上盖C公司公章和法定代表人印章。

2015年8月4日，B银行与A公司签订了一份借款合同，约定：A公司向B银行借款10万元，用途为借新还旧，借款期限为6个月；C公司是担保人，当借款人不履行合同时由其承担连带偿还借款本息的责任，贷款人可以直接从保证人的存款账户内扣收贷款本息。次日，A公司将10万元借款按事先约定偿还了拖欠B银行的旧贷款。

贷款到期后，A公司未能如期偿还。2016年3月15日，B银行直接从C公司账户上扣收10万元抵偿。C公司认为自己不知道借款合同的借款用途是借新还旧，担保合同应当无效；同时B银行未经其同意，擅自扣划其账户存款，侵犯了储户所有权，请求法院判令担保合同无效，B银行返还被扣划的存款并承担赔偿责任。

法院审理后认为，B银行与A公司恶意串通，利用新贷款偿还旧贷款，签订的借款合同损害了保证人利益，C公司不应承担保证责任。B银行直接扣划C公司账户款项，是侵权行为，应返还被扣划的存款，赔偿相应的利息损失。

设计避免类似事件发生的方案。

知识准备

一、贷款展期的含义

企业申请贷款成功，如果在企业发展中遇到意外状况而不能正常还款，这对企业来说无疑是个灾难，而银行方面也应要求借贷方还清所有贷款和利息。但如果企业发展运营情况良好，双方进行协商也可以申请贷款展期。

贷款展期是指客户不能按照贷款协议规定的还款计划按时偿付每期应偿付的贷款金额，由客户提出申请，经银行审查同意，有限期地延长贷款期限的行为。与提前归还一样，贷款展期也打乱了银行原有的资金安排，因此，客户必须提前与银行协商，经银行同意，贷款才可以展期。

一般情况下，一笔授信只能展期一次。经调查人员核实，按原贷款审批手续送有关部门和领导审查、审批，再由贷款行与借款人和担保人签订《贷款展期协议》作为原借款合同的补充协议。

在评估了借款人的经营收入能力、资产实力等情况后，预计借款人资金的回笼时间，确定贷款展期的期限。如果展期期限过短，还是会存在借款人不能按时归还的问题；如果展期期限过长，会增加贷款风险。一般情况下，短期贷款展期期限累计最长不超过原贷款期限；中期贷款展期期限累计不超过原贷款期限的一半；长期贷款展期期限累计不超过3年，国家另有规定者除外。贷款的展期期限加上原期限达到新的利率期限档次的，从展期之日起，贷款利息按新的期限档次利率计收。

(1) 流动资金贷款到期后，客户因各种原因不能按期归还，可在贷款前10个工作日向银行申请展期。

(2) 项目贷款客户不能按期归还贷款，应提前一个月向贷款行提出展期申请。

(3) 申请保证、抵押、质押贷款展期的，还应由保证人、抵押人、出质人出具书面同意续保或续押文件。如果原保证人、抵押人、出质人不愿续保或抵押，借款人应征得贷款行同意提供新的担保，否则，贷款行不予办理贷款展期。

例如，原贷款期限是6个月，又申请展期6个月，则应按1年期贷款的利率档次开始计息，并由借款人对前6个月的利息补交差额，即补缴1年期与6个月期利率之间的利差。

二、贷款展期的原因

贷款展期的原因：由于国家调整价格、税率或贷款利率等因素影响借款人经济效益，造成其现金流量明显减少，还款能力下降、不能按期归还贷款；因不可抗拒的灾害或意外事故无法按期归还贷款；因受国家经济、金融、财政、信贷政策影响，银行原应按借款合同发放贷款而未按期发放贷款，影响借款人的生产经营，致使其不能按期归还贷款；借款人生产经营正常、贷款原定期限过短，不适应借款人正常生产经营周期需要。

三、贷款展期的条件

允许贷款展期的条件如下。

1. 借款人申请

借款人不能按期归还到期贷款的，应当在贷款到期日之前，向贷款机构申请展期。

贷款展期申请的内容包括：展期理由、展期期限，以及展期后的还本付息计划、拟采取的补救措施。如果是合伙企业或股份企业，应提供股东会或董事会关于申请贷款展期的决议文件或其他有效的授权文件。申请保证授信、抵押授信、质押授信展期的，还应当由保证人、抵押人、出质人出具同意的书面证明。已有约定的，按照约定执行。

2. 担保人同意

如果是担保贷款，应当由保证人、抵押人或质押人同意，出具书面的同意展期文件。如果担保人是合伙企业或股份制企业，应提供股东会或董事会关于同意所担保贷款展期的决议文件或其他有效的授权文件。

四、贷款展期的操作流程

商业银行授信展期的操作流程如下。

(一) 授信展期申请

借款人因特殊情况不能按期归还贷款的，可在贷款到期日之前(短期贷款到期前10日，中、长期贷款到期前一个月)，向银行申请贷款展期，并填写《借款展期申请书》。如果是合资企业或股份制企业，则应提供董事会或股东会关于申请贷款展期的决议文件或其他有效的授权文件。申请保证贷款、抵押贷款、质押贷款展期的，还应当由保证人、抵押人、出质人出具同意的书面证明。已有约定的，按照约定执行。是否展期由银行决定。

(二) 授信展期的审批

1. 审查展期理由是否成立

当借款人提出展期申请后，如贷款机构审查同意，贷款机构要立即对借款人进行重新调查评估，分析借款人不能按时归还贷款的原因。如确因借款人短期的经营周转困难，资金出现临时紧张的，展期理由合理，可准予展期申请。如果借款人现在经营正常，资金充足，有能力还款而申请展期，展期理由不成立，则不准予展期，应立即要求借款人还款，因为在这种情况下要防止借款人挪用还款资金给贷款带来风险。如果经评估分析后认为借款人的经营情况严重恶化，其持续经营能力受到质疑，资产实力和收益能力出现了持续、不逆的下降，即使在展期后也无能力按时归还贷款，应不准予贷款展期，直接进入款项清收程序。

2. 分级审批制度

贷款展期的审批与贷款的审批一样，实行分级审批制度。

3. 贷款展期的担保问题

贷款经批准展期后，应当根据借款人的信用等级和抵押品、质押品、保证人等情况重新确定每一笔贷款的风险度。由于贷款的展期本身就说明借款人的还款可能出现问题，加大了贷款的风险，因此在审批贷款展期时，更应重视其担保问题。

借款人申请贷款展期前，必须征得担保人的同意。对于保证贷款的展期，应重新确认保证人的担保资格和担保能力，其担保金额为借款人在整个贷款期内应偿还的本息和费用之和，包括因贷款展期而增加的利息费用。保证合同的期限因借款人还款期限的延长而延长至全部贷款本息、费用还清日止。对于抵(质)押借款，应重新确认抵(质)押物的状况、价值等，确保抵(质)押物价值充足、手续完备。

(三) 展期授信的管理

在办理展期时，应由银行和客户重新确定有关授信条件。

1. 授信展期的期限

《授信通则》对授信展期的期限做了以下规定：短期授信展期的期限累计不得超过原授信期限；中期授信展期的期限累计不得超过原授信期限的一半；长期授信展期的期限累计不得超过3年。国家另有规定者除外。

2. 授信展期后的利率

经批准展期的授信利率，银行可根据不同情况重新确定。授信的展期期限加上原期限达到新的利率期限档次时，从展期之日起，授信利息应按新的期限档次利率计收。

客户未申请展期或申请展期未得到批准，其授信从到期日次日起，转入逾期授信账户。

(四) 展期授信的偿还

贷款展期说明该笔贷款的偿还可能存在某些问题，因此应特别关注展期贷款的偿还。信贷部门应按照展期后的还款计划，向借款人发送还本付息通知单，督促借款人按时还本付息。

展期授信到期不能按时偿还，授信部门更要加大催收力度，以保证授信的收回；对于设立了保证或抵(质)押的授信，银行有权向担保人追索或行使抵(质)押权，弥补授信损失。展期授信逾期后，也应按规定加罚利息，并对应收未收利息计复利。展期授信的偿还在账务处理上与正常授信相同。

五、贷款展期的风险

(1) 借款人提出贷款展期申请，表明借款人还款出现了问题，贷款机构要立即对借款人进行全面的调查评估，弄清借款人不能按时还款的原因，审慎做出准否展期的决定，防止借款人有可能故意拖延的风险。预计展期后无还款能力的要立即采取相应的清收措施，防止情况继续恶化后增大收款的难度。

(2) 在有多笔债务且其他债务都以借款人的资产进行了抵押担保的情况下，如果借款人还款出现了困难，其他债务人就有可能直接处置抵押品还款，借款人的资产和还款能力会大幅度下降，偿还信用贷款的可能性会大大降低。因此，对于信用贷款申请展期的，应与借款人加强沟通，尽量要求在提供担保措施的基础上进行贷款展期，否则，应采取措施将贷款及时收回。

(3) 对于保证担保贷款的展期，贷款机构要重新评估确认保证人的担保资格和担保能力。借款人申请贷款展期必须有保证人的书面同意，担保金额为借款人在整个贷款期内应偿还的本息和费用之和，包括增加的利息，并且保证时间延长至贷款展期后的到期日。要防止在保证人没有书面同意情况下的展期，及展期后保证人拒绝承担保证责任的风险。

(4) 对于抵押贷款的展期，应与抵押人续签抵押合同，抵押贷款展期后，贷款机构要求借款人及时到有关部门办理续期登记手续，使抵押合同保持合法性和有效性，否则抵押合同将失去法律效力。对抵押物进行跟踪检查，监管借款人对抵押物的占管，防止抵押物被变卖、转移和重复抵押。同时，要对抵押物进行价值评估，确保贷款展期后，贷款本金及产生的利息费用合计在抵押物价值内，防止出现抵押物不足值的风险。

借款人在贷款到期日前未申请贷款展期，或虽申请但银行未同意的，则贷款到期后转入逾期贷款，并按规定加罚利息。

六、借新还旧

借新还旧作为商业银行在贷款的发放和收回过程中经常采用的操作方式，是指贷款到期(含展期后到期)后不能按时收回，又重新发放贷款用于归还部分或全部原贷款的行为。

借新还旧从其本质上讲，是对原借款合同中贷款期限、利率等条款的变更，其实质内容是对借款期限法律契约上的延长，其特殊之处在于该笔借款仅用于偿还前一笔到期借款，借款人只需继续向银行支付利息。这在效果上相当于给借款人的前一笔借款予以延期，而且借款人不需要支付因借款逾期而产生的较高的利息；而对银行来讲，从账面资产来看是办理了一笔新的贷款业务而且避免了追讨旧债的纠纷，还降低了不良资产，稳定了银行信用。

(一) 借新还旧的基本特征

(1) 前一笔借款已经到期，如果借款合同履行期限未满，就不会产生借新还旧贷款。

(2) 借款人是由于银行认可的原因而不能归还。因为实践中，借款人不能归还借款的原因很多，如丧失了偿还能力、因资金周转暂时出现困难、不可抗力、故意逃废、企业转制等。只有银行认可，才可能存在借新还旧的问题。银行一般是在企业经营正常，只是遇到临时性资金周转困难或企业经营体制变更的情况下，并且在对其信贷资产不会造成威胁时才可能采用借新还旧的方式发放贷款。也就是说，只有可能达到双赢效果时，银行才这样做。如果企业已严重亏损、资不抵债，银行是不可能同意采取这种借新还旧方式的。

(3) 借贷双方同意以发放新贷款的方式归还旧贷款借款合同是双务合同，只有双方达成协议，合同才能依法成立。

(二) 借新还旧的类型及条件

1. 非固定资产类贷款借新还旧的类型及条件

(1) 贷款期限不匹配的借新还旧，是指借款人具备较强的还款能力，但由于原贷款期限或还款方式设定不合理，与客户生产、经营周期或现金流量不符造成客户还款困难。

(2) 清收贷款利息的借新还旧，是指借款人生产经营基本正常，具备一定的还款能力，但无法足额偿还贷款本息且还款意愿一般，往往是以偿还部分利息或全部利息为条件，要求借新还旧。

(3) 以保全资产为目的的借新还旧，是指对已丧失、悬空债权的贷款进行保全，如保全诉讼时效、担保时效、完善抵押、担保手续等。

2. 固定资产贷款借新还旧的条件

贷款及项目正常建设或投产，能够按期支付利息，同时原贷款到期能够归还本金30%以上的，对暂未归还的贷款，到期(含展期后到期)时可以转为中、短期贷款，其中，短期贷款期限不超过一年，中期贷款期限不超过三年。

(三) 借新还旧应注意的问题

借新还旧贷款容易滋生风险，由于操作不当、降低贷款条件和连续借新还旧等原因均会产生风险，为降低风险，需要注意以下几个方面。

1. 确保贷款条件不能降低，保证充足的第一还款来源

由于早期贷款准入门槛低，贷款发放给不完全符合条件的客户，造成贷款到期后第一还款来源不足，无力归还到期贷款；也有些贷款发放时符合条件，由于借款人项目经营处于早期投资阶段，生产经营产生的现金流不足以偿还到期贷款本息。因此在办理此类借新还旧贷款时，要首先确保贷款条件不能降低，保证第一还款来源资金充足。

2. 合理设置贷款期限，降低流动性风险

由于借款期限设置与借款人生产经营周期不匹配，造成借款人的借款期限过长或过短，也会诱发借新还旧行为。借款期限过长时，容易造成借款人将信贷资金再次投资或借予他人；借款期限过短时，因借款人未能获得足够的收益及时归还贷款本息，为达到占用信贷资金的目的，只能办理借新还旧，容易造成短贷长用的现象。为避免这种现

象，就需要根据不同企业类型、不同投资项目灵活设置贷款期限，不局限于整年，可以按月为基数设置贷款期限，同时也可以配合贷款利率进行组合设置。

【教学互动】10.3　　乙是否应承担抵押担保责任

甲向某银行借款50万元，用乙房地产作为抵押。借款履行期限为2014年6月12日至2015年6月11日。借款到期后，甲未征得乙同意与银行签订展期协议，将借款展期半年至2014年12月10日。乙得知展期后未予认可。展期到期后，银行因甲未还款而向法院起诉，要求甲偿还借款本息，并要求乙承担抵押担保责任。

问： 乙是否应承担抵押担保责任？

答： 借款展期未形成新的债权，原借贷关系依然存在。

借款展期属于合同变更范畴，而合同变更是债的变更的主要形式。一般认为，债的变更有要素变更与非要素变更之分。要素变更是指债的标的的变更，如标的由A变为B；而非要素变更是指合同标的之外的有关数量(额)、履行期限等条款的变更。在要素变更的情况下，原合同关系消灭，新的合同关系产生，因而这种变更被称为合同更新。合同数量(额)、履行期限等是合同的非标的条款，对其加以变更，合同的性质不受影响，原合同关系依然存在。由此可见，履行期限只是合同的条款之一，对借款期限的延长也只是对合同关系中的履行期限做了修改或补充，是局部的变更。从根本上讲，合同的内容没有发生实质的变化，故原借贷关系没有发生变化，担保责任自然也就存在。

【案例透析】10.1

2012年4月，中国工商银行某县支行(以下简称工行支行)与该县飞翔有限责任公司(以下简称飞翔公司)达成借贷合同。合同约定工行支行自2012年6月起向飞翔公司提供800万元的贷款，为期3年。2015年6月，贷款到期，飞翔公司由于经营不善无力偿还贷款。工行支行与飞翔公司经过多次协商后，于2015年10月达成新的借款合同用于偿还前一笔贷款，贷款期限1年，但该借款合同中并没有注明此贷款的目的是偿还前一笔贷款，同时经飞翔公司要求，该县华悦物资发展有限责任公司(以下简称华悦公司)为飞翔公司的贷款提供连带保证。飞翔公司经过整顿改革仍然未能摆脱亏损的局面，2016年贷款到期后，飞翔公司不能偿还贷款，工行支行要求华悦公司承担保证责任。华悦公司此时才得知其担保的贷款的目的是用于偿还旧贷款，遂以受到欺诈为由，主张担保合同无效，自己不应该承担保证责任。

启发思考： 借新还旧合同是否有效？保证人是否需要承担保证责任？

任务五　逾期或违约贷款的清收

■ 学生的任务

了解逾期清收的基本原则；掌握逾期清收的三个基本阶段；熟悉逾期分类及处理方法；熟悉贷款损失核销以及最终评价。

■ 教师的任务

指导学生完成对逾期贷款的评价。

任务导入

分析F银行为什么会丧失贷款胜诉权

2012年12月31日，F银行与B玻璃有限公司签订了一份100万元人民币流动资金贷款的借款合同，期限3个月，由S工贸公司为其担保。B玻璃有限公司成立于2012年4月，系一家中外合资企业，注册资金为人民币600万元。该公司成立时间短，生产经营不稳定，管理不善，贷款到期不能按期还款。

贷款到期后，经客户经理多次上门催收，直至2014年2月才归还本金25万元，截至2016年8月已逾期3年多时间，从2014年2月最后一次还款和签署催收通知书至2016年8月已超过两年的诉讼时效。2016年年初，B玻璃有限公司的法人代表被秦皇岛市人民法院逮捕，目前借款企业和担保企业均已人去楼空，催收工作无法继续进行，贷款实际已形成呆账损失。

分析F银行为什么会丧失贷款胜诉权。

知识准备

企业管理活动中，往往会遇到反复出现的问题或不良现象，积压下来，就必然给企业经营带来困难，甚至使企业的生产经营活动无法正常进行，严重时还会威胁企业的生存。所以，对企业管理中出现频率较多的问题不应回避，而应及时调查，追根溯源，找出解决问题的途径和办法。

一、逾期清收的基本原则

什么是逾期？借款人在贷款到期日未归还贷款又未办理贷款展期手续的，或申请贷款展期未获批准的，均作为贷款逾期处理。不管什么理由和原因，客户只要没有按时还款就是逾期。

一般来说，在处理逾期的过程中，要遵循及时、渐进、分类、记录等四大基本原则。

1. 及时原则

及时原则是指债权人要快速采取行动，不要无原则地等待，随着账龄的增加，追账的成功率在下降，追账的黄金期是前3个月。

(1) 一定要在24小时内联系客户。对逾期贷款要及时向借款人发送逾期贷款催收通知书，按银行规定计收逾期贷款利息；同时，及时联系借款人，了解逾期情况，要求借款人及时还款。

(2) 前3天一定要去现场。要及时上门与借款人见面沟通，对借款人的所有信息进行全面的了解和掌握，弄清拖欠的原因，根据不同的原因采取不同的催收措施和不同的催收策略。

(3) 一周之内与主管的领导沟通，并提出处理意见。如果借款人已无还款能力或无还款意愿，应立即进入贷款清收程序。

2. 渐进原则

在追讨的过程中要循序渐进。

(1) 前期以了解、纠正客户为主，首先与对方协商，在协商的过程中了解对方逾期的原因并对其情况进行调查和了解。

(2) 后期以施加压力为主，在追讨过程中，要善于找到债务人的弱点，并合理施压进行催收。

(3) 如发现借款人存在多个债权人或还款意愿已经严重恶化，可能转移资产已无还款能力或无还款意愿，应立即在第一时间弄清并控制其资产，及早向法院申请诉讼保全，诉讼法律。如果采取的措施迟缓了，贷款的收回会很被动。但与此同时，在可能的情况下，也应保持与借款人的接触，一方面继续推进通过法律程序对借款人施压，另一方面继续与其商讨还款事宜，最好能让借款人自己归还贷款。

3. 分类原则

分类原则是指在追讨的过程中要分门别类，容易的事情先做，根据不同的业务确定追讨的重点。

4. 记录原则

追讨一定要做好记录，这样才能够提高效率，反映成果并提供法律凭据。

二、逾期清收的三个基本阶段

一般把逾期清收分为以下三个阶段。

1. 第一个阶段：逾期前

这个阶段主要是贷前、贷中和贷后管理工作。这个阶段的关键词是"提醒教导"，在遵守业务流程的前提下主要以提醒和教导客户为主，通过提醒客户和对客户的信用教育督促客户及时还款，有效地减少逾期。

2. 第二个阶段：逾期前期

这个阶段的关键词是"了解纠正"，银行的主要任务是了解客户逾期的原因，并且需要在贷前和贷后的基础上进一步调查和了解客户的信息，并对逾期后客户的还款意愿和还款能力进行分析和评估。在此阶段，以协商为主，施加压力为辅，如果能通过协商的方式改善或纠正客户的还款意愿和还款能力是最理想的，也是成本最低的。

(1) 借款人不按期支付利息、不按期归还到期本金的，要依合同约定直接从借款人或保证人账户上划收贷款本息。

(2) 对逾期贷款，要每季度向借款人和保证人发送一次催收逾期贷款通知书，并留回执。

(3) 对不按期归还贷款的借款人及其保证人，要注意借款合同和保证合同的诉讼时效，确保在诉讼时效期内提起诉讼或依法处理抵(质)押物。

3. 第三阶段：强力催收阶段

这个阶段的关键词是"强力施压"，银行应以施加压力为主，协商为辅，通过给客户施加压力提高其还款意愿，一般先采用非诉的方式施压，非诉不行，再考虑诉讼施压，如果情况紧急，也可以考虑直接提起诉讼。值得注意的是，即便提起诉讼，非诉的追讨手段也要结合诉讼手段一并使用，这样效果会更好。

三、逾期分类及处理方法

根据上述追讨的基本原则，在追讨的过程中，出借人要快速采取行动，但到底该如何行动，这涉及一个基础的问题——对逾期进行分类。作为出借人，应当在对借款人分析评估的基础上及时采取行动。从客户逾期的情况来看，客户如果没有按时还款，要么是还款意愿出问题，要么是还款能力出问题，信贷机构在出现逾期后，应当在贷前、贷中和贷后的基础上对借款人的情况进行调查和了解，在了解的基础上，通过对逾期后借款人还款意愿和还款能力进行分析和评估，根据分析的结果，分类进行处理。

一般情况下，客户逾期可以分为以下四种类型，针对每一笔业务的情形，信贷机构可以分类采取不同的策略进行追讨。

(一) 还款意愿和还款能力良好，客户因特殊原因逾期

1. 客户分析

这种情况下的逾期不会影响贷款的安全，贷款最终还是能收回来，但对这类逾期，信贷机构也要给予必要的重视。出现这类逾期后，一定要检查相应业务是否按照业务操作流程进行贷后管理，主管客户经理有没有按照制度及时提醒客户还款。除此之外，还要及时了解客户的想法，通过沟通，提高其对按时还款重要性的认识。

2. 处理方法

在24小时内联系客户，提醒客户准时还款，加强沟通，告知客户及时还款的奖励和逾期不还的风险。如客户外出，应要求其提前存入还款金额，帮助客户做好还贷管理。

(二) 还款意愿良好，还款能力出现问题

1. 客户分析

在这种情况下，客户的还款意愿是好的，即便还款能力出现问题，也会积极努力地想办法还款。还款意愿好会体现在多个方面，比如客户是否配合提供资料、是否配合出具承诺书、是否在积极努力地筹措资金等。对于这类客户，要重点分析其还款能力，如果其只是短期还款能力不足，还有恢复还款能力的可能，并且恢复的周期不是很长(短期)，比如是应收账款未按期收回等原因，应当对其展期，通过展期等客户恢复还款能力最终回收债权。如果客户已经丧失还款能力或恢复还款能力的周期太长，周期太长意味有很大的不确定性，信贷机构理性的选择就是不给客户展期，积极寻找客户的资产，充分挖掘第一还款来源及第二还款来源，通过软硬兼施的方法让客户配合处置资产或对外融资偿还债务。一般情况下，借款人恢复还款能力的周期不超过两年，如经过评估，借款人恢复还款能力需要两年以上，作为信贷机构一般不应选择给客户展期。

需要注意的是，信贷机构不要因为客户还款意愿良好就放松对其还款能力的评估。比如，客户的还款能力减弱，但并未完全丧失还款能力，根据分析，客户根本就没有恢复还款能力的可能，其还款能力会每况愈下，但客户依然对未来有信心，希望信贷机构再给予其一定时间。在这种情况下，如果信贷机构经分析认为客户根本就没有恢复还款能力的可能或可能性不大，信贷机构理性的选择就是控制和掌握客户现有资产，并通过软硬兼施的方法让客户还款，在这种情况下，虽然会有一定损失，但如贸然展期，有可能损失的更大。

2. 处理方法

一般来说，如果经过评估客户有恢复还款能力的可能，并且恢复的周期不是很长，一般在两年之内，信贷机构可以考虑给客户展期，如果决定展期，应该和借款人签订展期协议，约定好违约责任，增加一些担保和保障措施，最终回收债权。给客户展期的前提是客户有恢复还款能力的可能，且恢复周期不是很长，除上述措施外，信贷机构可以考虑帮助客户寻求其他融资、引进新的投资人、帮助借款人销售货物，甚至在一些特殊

情况下，信贷机构可以再发放一笔新的贷款给借款人帮助其渡过难关(在旧贷款没归还的情况下，信贷机构一般不会选择给客户发放新的贷款，但不排除这种可能性)。

如果经过评估，客户根本没有恢复还款能力的可能或恢复的可能性不大，随着时间的延续，借款人的还款能力在持续下降，即便借款人还款意愿没问题，信贷机构也不应选择给客户展期，理性的选择就是让客户采取处置财产等方式还款。如果客户拒绝配合，还寄希望信贷机构能给予展期，在协商、施压无法改变客户想法的情况下，就可认定为其还款意愿有问题，可视具体情况，把这部分客户归类为第三类、第四类情形。如果客户愿意配合处置财产，作为信贷机构应尽量通过协商、债务重组的方式实现债权，即便不给客户展期，信贷机构也应该想办法在处置财产的过程中让客户的资产价值最大化(比如将资产出售给第三方、引进新的投资人对企业重组等)。

值得注意的是，上面界定的展期不包括债权人给借款人一定时间让其去对外筹集或者处置财产变现，仅包括客户有恢复还款能力的可能下的展期。

如果客户的还款意愿没有问题，出现逾期可能是意外、突然的自然灾害、宏观政策的改变、付款方式的改变等原因，也可能是分析时的失误，高估了客户的还款能力。对于还款意愿没问题的客户，无论借款人有没有恢复还款能力的可能，信贷员首先都应当与客户共同商讨解决的方法，如果客户能恢复还款能力，且恢复周期不是很长，可通过展期、调整还款计划等方式最终收回贷款。即便借款人没有恢复还款能力的可能，也应该积极与客户通过协商的方式，让客户主动配合处置财产。显而易见，通过协商解决一般比诉讼解决成本更低，在这个过程中，切记不切实际地威胁客户，不要让客户的还款意愿从强转为弱。

(三) 有还款能力，无还款意愿或还款意愿恶化

1. 客户分析

这部分客户有还款能力，但出于种种原因不愿意配合还款，导致这种情况出现的原因是多方面的，常见的有客户存在欺诈、未充分意识到逾期的后果、服务或沟通有问题等。

客户是否具有还款能力主要依据对财务信息的分析和评估，财务指标是可量化，并且是看得见、摸得着的，相对好评估，这里不再详细解读。问题的关键是如何判断借款人还款意愿出现问题。还款能力是客观因素，还款意愿是主观因素，主要表现在借款人内心怎么想，可以通过借款人的客观表现来评估借款人的主观意愿。一般情况下，如果出现以下情形就可以认为借款人还款意愿有问题：客户易冲动，所陈述的理由不真实或不一致；不愿意承诺具体日期，或者承诺还款但未兑现；客户不诚实，在逾期的原因上撒谎；客户努力与信贷人员搞好关系，希望能够通过贿赂来获得贷款和展期；客户不配合；客户明确表明拒绝还款；客户在转移资产等。

2. 处理方法

基本的应对策略是不要着急，冷静分析，找到客户的突破口，先协商后逐步施加压力，通过协商和施压纠正和改善客户的还款意愿，前期以协商为主，协商不成，可转为

施加压力(如针对客户的家庭、生意伙伴、保证人、社会舆论等),促使客户的还款意愿由弱转强,如果在一定时间内无法改变借款人的还款意愿,必要时应及时提起诉讼或仲裁。

(四) 无还款意愿,还款能力弱化或完全丧失还款能力

1. 客户分析

导致出现这种情况的原因可能是评估存在缺陷、客户存在欺诈或客户还款意愿由强变弱、交叉验证不够充分、所获信息的质量较差、贷后管理存在问题、员工道德风险等。

注意:一般情况下放贷给这样的客户是分析和审贷会的失误,但也不排除存在客户欺诈及员工道德风险。

2. 处理方法

一般情况下,想改变借款人的还款意愿比较困难,如改变不了,应及时启动诉讼程序,甚至在一些特殊情况下,可直接启动诉讼程序。在这个过程中,可结合其他方式给客户施加压力和加强控制,对于客户的欺诈行为要付诸法律手段。通过启动内审,总结、分析经验和教训,避免这样的情况再次出现。

四、依法收贷

广义的依法收贷是指银行按规定或约定,通过催收、扣收、处理变卖抵押物,提前收回违约使用的贷款,加罚利息等措施,以及通过仲裁、诉讼等途径依法收贷。狭义的依法收贷是指按照法律、法规的规定,采用仲裁、诉讼等手段清理收回贷款的活动。

如果银行贷款到期不能正常收回或银行与借款人之间发生纠纷,就应该依靠法律手段来强制收回。依法收贷要按法律程序规范、有序地进行,达到依法收贷款的目的,提高依法收贷的效果和作用。

为了方便管理,银行向仲裁机关申请仲裁和向人民法院提出诉讼一般以分(支)行的名义进行,分理处及其以下的营业机构不作为独立的诉讼主体。

依法收贷的对象是不良贷款。依法收贷的顺序一般是信用贷款、保证贷款、抵押贷款。

按法律规定,向仲裁机关申请仲裁的时效为1年,向人民法院提起诉讼的时效为2年。诉讼时效期间从贷款到期之日计算。诉讼时效可因银行向借款人发出催收贷款通知函(须经对方签字),或借款人书面提出还款计划、双方重新签订协议等而中断。从中断之日起,诉讼时效重新计算。超过诉讼时效,贷款将不再受法律保护。

(1) 对于逾期贷款,支行信贷部主管必须每季度开出催收贷款通知函,并同时发送担保单位签收。

(2) 及时申请财产保全。财产保全可以在起诉前申请，也可以在起诉后判决前申请，起诉前申请财产保全被人民法院采纳后，应该在人民法院采取保全措施10天内正式起诉。

(3) 做好开庭前的一切准备工作，按时出庭，根据事实和法律陈述理由。

(4) 依法申请支付令。债权人请求债务人偿付贷款本息的，可以不通过诉讼程序，而直接向有管理辖权的基层人民法院申请支付令，但必须符合以下两个条件：债权人与债务人没有其他债务纠纷；支付令能够送达债务人。

(5) 充分运用执行手段，对于已发生法律效力的判决书、调解书、裁定书、裁决书，当事人不履行的，银行应当向人民法院申请强制执行。申请执行期限为两日，执行时效从法律文书规定当事人履行义务的最后一天起计算。

(6) 法律结论得出后，必须将法律文书连同有关的贷款资料复印件送风险管理部门，对被起诉的借款人采取相应的措施。

五、贷款损失核销

贷款损失核销是指银行经过内部审核确认后，动用呆账准备金将无法收回或者长期难以收回的贷款或投资从账面上冲销，从而使账面反映的资产和收入更加真实。健全的核销制度是会计审慎性和真实性原则的要求，是客观反映银行经营状况和有效抵御金融风险的重要基础。

银行应按照相关规定进行呆账核销管理，包括呆账的认定、呆账核销的申报与审批、呆账核销后的管理。

六、贷款最终评价

贷款本息全部还清后，客户经理应对贷款项目和信贷工作进行全面的总结，便于其他客户经理借鉴参考。贷款总结评价的内容主要包括：

(1) 贷款基本评价。就贷款的基本情况进行分析和评价，重点从客户选择、贷款综合效益分析、贷款方式选择等方面进行总结。

(2) 贷款管理中出现的问题及解决措施。分析出现问题的原因，说明针对问题采取的措施及最终结果，从中总结经验，防范同类问题重复发生，对发生后的妥善处理提出建议。

(3) 其他有益经验。对管理过程中其他有助于提升贷后管理水平的经验、心得和处理方法进行总结。

七、如何防止贷款逾期

处理逾期过程中花费的人力、物力以及资金积压导致的成本对于信贷机构而言都是损失，因此，预防是处理逾期最好的办法，逾期管理的最高境界就是无债可讨。信贷机构应当把重心放在贷前、贷中和贷后管理上，贷前和贷后做得再规范一点、再到位一点，就有可能减小贷款在逾期的可能性。

1. 做好贷前调查，筛选客户，排除还款能力差、还款意愿不强的客户

客户能否按时还款与客户的还款意愿和还款能力密切相关，因此，在客户受理与客户调查阶段，就应把那些还款能力与还款意愿都差的客户排除出去。通过了解客户以往的经营历史，以及调查过程中客户是否诚实等因素来判断客户的信用状况是否良好，从而判断客户的还款意愿。而客户的还款能力可以通过对客户的生产经营的客观准确分析得到。

2. 尽可能让客户的还款计划与其现金流相匹配

客户能否按时还款与客户的现金流密切相关，如果在还款之前，客户没有足够的现金流入，那么贷款出现逾期的可能就非常大。因此，信贷员应在详细了解客户经营情况的基础上，分析客户的现金流，根据贷款特点，建议客户采取适合其生产经营活动的还款方式。

3. 切实做好催收工作

对于逾期贷款的催收，一定要让借款人体会到逾期的严肃性和后果的严重性，催收务必要有力度，力争在三次催收内解决问题，多次催收无效会使借款人的还款意愿日益下降。催收人员在催收之前，一定要认真分析情况，研究切实可行的催收方案。催收方案应是一个整体的方案，从开始催收直至催收完成，各次催收的出场人员、话语、手段是相互配合的。

综合练习

一、填空题

1. 如果贷款一切正常，在还款过程中一般经过发送(   )、(   )、(   )、(   )、(   )等程序。

2. 中国人民银行自2014年12月5日起，停止办理(   )和年审工作。

3. 客户主动申请提前归还授信的原因主要有：(   )，(   )等。

4. 提前归还一般经过以下程序：(   )、(   )审批、(   )、(   )。

5. 依法收贷的对象是(   )。

6. 一般情况下，短期贷款的展期期限累计最长不超过(   )；中期贷款的展期期限累计不超过(   )；长期贷款的展期期限累计不超过(   )。

7. 贷款的展期期限加上原期限达到新的利率期限档次的，从展期之日起，贷款利息按(   )。

8. 流动资金贷款到期后，客户因各种原因不能按期归还，可在贷款前(   )个工作日向银行申请展期。

9. 逾期清收的基本原则有(   )、(   )、(   )。

10. 一般把逾期追偿分为三个阶段：(   )、(   )、(   )。

11. 依法收贷的顺序是(   )、(   )、(   )。

12. 允许展期的条件是：(   )、(   )。

13. 贷款催收措施有(   )、(   )、(   )。

二、单项选择题

1. 关于展期贷款的偿还，下列说法错误的是(   )。

A. 银行信贷部门应按展期后的还款计划，向借款人发送还本付息通知单

B. 对于设立了抵押的贷款展期，在到期前银行有权行使抵押权

C. 展期贷款逾期后，应按规定加罚利息

D. 展期贷款逾期后，银行有权对应收未收利息计复利

2. 借款人应当在提前还款日前(   )天，以书面形式向银行递交提前还款的申请。

A. 20 　　　　　　B. 30 　　　　　　C. 50 　　　　　　D. 10

3. 借款人与银行可在(   )约定提前还款有关事宜。

A. 提前还款条款中 　　　　　B. 提前还款申请书中

C. 提前还款时 　　　　　　　D. 贷款到期日前

4. 下列各项中，属于借款人挪用贷款情况的是(   )。

A. 用流动资金贷款购买辅助材料

B. 借给母公司进行房地产投资

C. 用流动资金贷款支付货款

D. 用中长期贷款购买机器设备

5. 下列各项中，不属于借款人挪用贷款情况的是(   )。

A. 将流动资金贷款用于职工福利

B. 借给母公司贷款进行房地产投资

C. 用流动资金贷款支付货款

D. 用贷款进行股本权益性投资本

6. 下列各项中，不属于挪用贷款的一般情况的是(   )。

A. 用贷款进行项目投资

B. 用贷款进行股本权益性投资

C. 用贷款在有价证券、期货等方面从事投机经营

D. 借款企业挪用流动资金用于财政性开支

7. 下列各项中，不属于贷款重组条件的是( )。

A. 借款人申请　　　　　　　　　　　　B. 担保人同意

C. 贷款机构审查同意　　　　　　　　　D. 人民银行同意

8. 下列各项中，不属于贷款展期原因的是( )。

A. 由于国家调整价格、税率、贷款利率原因

B. 因不可抗拒的灾害

C. 因意外事故

D. 因经营不善

9. 下列说法中，错误的是( )。

A. 借款人提前还款需向银行口头提出

B. 借款人可以在贷款协议规定的最后支款日提前还款

C. 借款人可以在贷款到期日前提前还款

D. 提前还款应按贷款协议规定的还款计划以倒序进行

10. 一般情况下，一笔授信只能展期( )。

A. 1次　　　　　　　B. 2次　　　　　　　C. 3次　　　　　　　D. 4次

三、多项选择题

1. 下列关于提前还款条款的说法中，正确的有( )。

A. 提前还款应按贷款协议规定的还款计划以倒序进行

B. 借款人未经银行的书面同意，不得提前还款

C. 借款人发出的提前还款申请在提前还款之前可以撤销

D. 提前偿还部分本金时，借款人要偿付截至该提前还款日当日(含该日)所发生的相应利息

E. 借款人应在提前还款日前30天或60天，以书面形式向银行递交提前还款的申请

2. 贷款人出现任何违约事件，银行有权分别或同时采取( )措施。

A. 要求借款人限期纠正违约事件

B. 停止借款人提款或取消借款人尚未提用的借款额度

C. 宣布贷款合同项下的借款本息全部立即到期，根据合同约定立即从借款人在银行开立的存款账户中扣款以偿还被银行宣布提前到期的所欠全部债务

D. 宣布借款人在与银行签订的其他贷款合同项下的借款本息立即到期，要求借款人立即偿还贷款本息及费用

E. 向人民法院提起诉讼

3. 下列情形中，银行可以对借款人采取终止提款措施的有( )。

A. 贷款用于股市、期货投资

B. 贷款用途违反国家法律规定

C. 贷款用于股本权益性投资

D. 挪用流动资金贷款，用于职工福利

E. 套取贷款，相互借贷，牟取非法收入

4. 挪用贷款的情况一般包括(　　)。

A. 用贷款进行股本权益性投资

B. 用贷款进行有价证券、期货等投机

C. 未依法取得经营房地产资格的借款人使用贷款经营房地产业务

D. 套取贷款，相互借贷，以获取非法收入

E. 借款企业挪用流动资金用于职工福利

5. 借款人如出现违约，银行有权采取的措施有(　　)。

A. 加罚利息

B. 期限纠正

C. 停止或取消借款人尚未提用的借款额度

D. 宣布贷款合同项下的借款本息全部立即到期

E. 宣布与借款人签订的其他贷款合同项下的借款本息立即到期

6. 以下选项中，正确的有(　　)。

A. 借款人应在提前还款日前30天或60天以书面形式向银行递交提前还款的申请，其中应列明借款人要求提前偿还的本金金额

B. 由借款人发出的提前还款申请应是不可撤销的，借款人有义务据此提前还款

C. 借款人可以提前偿还全部或部分本金

D. 提前还款应按贷款协议规定的还款计划以倒序进行

7. 以下选项中，正确的有(　　)。

A. 已提前偿还的部分不得要求再贷

B. 对于提前偿还的部分可以收取费用

C. 借款人如果偿还部分本金，其金额应等于一期分期还款的金额

D. 借款人如果偿还部分本金，其金额应为一期分期还款的整数倍

8. 发生下列行为(　　)，经办行有权要求客户提前归还贷款。

A. 拒绝接受商业银行授信后检查的

B. 提供虚假或者隐瞒重要事实的资产负债表、损益表等财务资料，拒不改正

C. 挤占、挪用贷款，拒不改正的

D. 用信贷资金在有价证券、期货等方面交易市场从事投机经营的

9. 贷款催收前需要了解和掌握的信息有(　　)。

A. 借款人现在的情况　　　　　　　　B. 借款人拖欠贷款的原因

C. 借款人现在的经营情况　　　　　　D. 借款人现在的资产和负债情况

10. 借款人申请贷款展期时，向银行提交的展期申请内容包括(　　)。

A. 展期理由　　　　　　　　　　　　B. 展期期限

C. 展期后还本计划　　　　　　　　　D. 展期后付息计划

E. 拟采取的补救措施

四、判断题

1. 在企业出现挪用贷款的情况下，银行可以宣布贷款合同项下的借款本息全部立即到期，要求借款人立即归还贷款本息及费用，但无权在借款人的存款账户中直接扣款。（　　）

2. 借款人必须提前与银行协商，经银行同意，贷款才可以展期。（　　）

3. 贷款经批准展期后，银行应重新确定每一笔贷款的风险度。（　　）

4. 借款人贷款需要展期还款的，必须向开户行提出展期申请，填写借款展期申请书，不必出具保证人、抵押人、出质人同意担保的书面证明。（　　）

5. 不能按期归还的贷款，借款人应该在到期日向贷款人申请展期。（　　）

6. 借款人与贷款人协商同意后，可提前归还贷款。（　　）

7. 贷款到期后借款人确实无其他偿还能力的，在经过三次以借款人为主变卖或公开拍卖拟抵债的资产仍无法变现的，方可申请以资产抵偿贷款本息。（　　）

8. 借款人未按照约定的期限返还借款的，应当按照约定或者国家有关规定支付逾期利息。（　　）

9. 借款人可以在还款期限届满之前向贷款人申请展期，贷款人同意的，可以展期。（　　）

10. 贷款人要按借款合同规定按期发放贷款，贷款人不按合同约定按期发放贷款的，应偿付违约金。（　　）

五、简答题

简述贷款正常收回程序。

六、分析题

甲向某银行借款50万元，用乙房地产作为抵押。借款履行期限为2015年6月12日至2016年6月11日。借款到期后，甲未征得乙同意与银行签订展期协议，将借款展期半年至2015年12月10日。乙得知展期后未予认可。展期到期后，银行因甲未还款而向法院起诉，要求甲偿还借款本息，并要求乙承担抵押担保责任。

乙是否需要承担抵押担保责任？如果需要，乙应该承担什么抵押担保责任？

参考文献

[1] 中国银行业从业人员资格认证办公室. 公司信贷[M]. 北京：中国金融出版社，2010.

[2] 赵素春. 商业银行信贷业务[M]. 北京：经济科学出版社，2010.

[3] 屈建国，龙小宝. 新信贷：银行客户经理业务手册[M]. 北京：北京大学出版社，2009.

[4] 伏琳娜，满玉华. 商业银行客户经理[M]. 北京：中国金融出版社，2010.

[5] 邱俊如，金广荣. 商业银行信贷业务[M]. 北京：中国金融出版社，2009.

[6] 张树基. 商业银行信贷业务[M]. 杭州：浙江大学出版社，2005.

[7] 杨家才，杨再平. 解读贷款新规[M]. 北京：中国金融出版社，2010.

[8] 彼得 S.罗斯，西尔维娅 C.赫金斯. 商业银行管理[M]. 北京：机械工业出版社，2011.

[9] 贾芳琳. 商业银行信贷业务[M]. 北京：中国财政经济出版社，2009.

[10] 张峻. 商业银行新兴业务[M]. 北京：中国金融出版社，2009.

[11] 闫红玉. 商业银行信贷与营销[M]. 北京：清华大学出版社，2009.

[12] 谢世清. 个人贷款科目[M]. 北京：中国发展出版社，2009.

[13] 立金银行培训中心教材编写组. 银行票据承兑与贴现实务培训[M]. 北京：中国经济出版社，2010.

[14] 杨家才. 信贷管理新论[M]. 北京：中国金融出版社，2010.

[15] 鲁毅. 商业银行防范化解风险案例研究[M]. 深圳：海天出版社，1997.

[16] 王艳君. 公司信贷[M]. 北京：中国金融出版社，2010.

[17] 宋炳方. 商业银行客户营销[M]. 北京：经济管理出版社，2011.

[18] 韩瑾. 商业银行管理学[M]. 杭州：浙江大学出版社，2007.

[19] 华夏银行. 信贷管理手册.

[20] 中国工商银行. 信贷管理手册.

参考网站

[1] 银行客户经理专业网站. http://www.abc861.com/.

[2] 中国人民银行. http://www.pbc.gov.cn/.

[3] 中国银监会. http://www.cbrc.gov.cn/.

[4] 中国证监会. http://www.csrc.gov.cn/.

[5] 中国保监会. http://www.circ.gov.cn/.

[6] 中国建设银行. http://www.ccb.com.cn/.

[7] 中国银行. http://www.bank-of-china.com/.

[8] 中国工商银行. http://www.icbc.com.cn/.

[9] 中国农业银行. http://www.abchina.com/.

[10] 香港金融管理局. http://www.info.gov.hk/.

[11] 国研网. http://www.drcnet.com.cn/.

[12] 微软中国. http://www.microsoft.com.

[13] 中华企管网. http://www.wiseman.com.cn/.

[14] 中国营销传播网. http://www.emkt.com.cn/.